安心社会を創る

ラテン・アメリカ市民社会の挑戦に学ぶ

「失われた10年」を超えて──ラテン・アメリカの教訓

第3巻

篠田武司
shinoda takeshi
宇佐見耕一
usami koichi
〔編〕

共同編集代表
内橋克人
佐野誠
田中祐二
小池洋一
篠田武司
宇佐見耕一

新評論

何を学び、何を学ぶべきでないか。

シリーズ〈「失われた一〇年」を超えて——ラテン・アメリカの教訓〉 発刊の辞

一九九〇年代の日本経済は、「失われた一〇年」と呼ばれる長期の低迷と幾多の社会経済的困難を経験した。その喪失感は、二一世紀に入ってもなお払拭されていない。私たちは「長い失われた一〇年」の罠にとらわれているのである。

地球の裏側に、同じく「失われた一〇年」と呼ばれた社会経済現象を、一足先に患った地域が存在する。一九八〇年代のラテン・アメリカ、あるいは中南米諸国である。一部の国は一九九〇年代にも「もうひとつの失われた一〇年」に陥った。

日本とラテン・アメリカの「失われた一〇年」、そしてその前後の社会経済病理は、症状や原因いずれをみても、必ずしも同一の現象というわけではない。しかし、そこに一定の共通する側面が厳存したことを見逃してはならない。新自由主義とも呼ばれる、市場原理を過信した自由化・規制緩和政策であり、それがもたらした一連の負の累積効果である。

この事態の「先進」地域であるラテン・アメリカから、日本はまず「なにをなすべきでないか」について反面教師的な教訓を得ることができる。同時にまた、ラテン・アメリカの政府、企業、市民社会が、「失われた一〇年」の罠から逃れるために編み出してきた政策や戦略、そしてそれらの成果と限界から、「なにをなすべきか」についても、より積極的な教訓を読み取ることができる。

私たちは以上のような問題意識を共有しながら、ラテン・アメリカ地域研究の豊富な成果を現代日本の問題状況とつき合わせる作業を重ねてきた。その成果をいまここに、シリーズ〈「失われた一〇年」を超えて——ラテン・アメリカの教訓〉全三巻として発刊する。ラテン・アメリカの経験から何を学び、何を学ぶべきでないか。読者諸賢と共に考えていきたい。

二〇〇五年三月一日

［共同編集代表］

内橋克人
佐野　誠
田中祐二
小池洋一
篠田武司
宇佐見耕一

はじめに

内橋克人

二〇〇八年秋、アメリカの「サブプライムローン」破綻に端を発した世界経済危機は、いっそうの深化と広がりをみせている。それはもはや局地的豪雨ではなく、資本主義をおおいつくす「全般的危機」の大波にまで拡大してしまった。

過去三〇年間におよんだ新自由主義路線の破綻は、いまやだれの眼にも明らかとなった。

しかし、この危機を全体的・総体的に把握し、目指すべき未来への針路を見きわめる作業は、いまだ途上である。

世界経済危機に至った必然の道を解きほぐし、新自由主義の仕組みを見破ることのできるポリシー・インテレクチュアル（政治知性）が、これまで以上に求められている。私たちは、危機を回避し未来をさぐるために、この政治知性の重要性を何度でもとらえかえしていかなければならない。

分断・対立・競争を原理とする「競争セクター」に代えて、連帯・参加・協同を原理とする「共生セクター」に軸足を移す。それによって、人間を第一義とする社会への模索が始まる。そのとき、私たちにはラテン・アメリカという先達がいることに気づく。

本書に刻まれたラテン・アメリカの数々の現実、そして再生への模索は、私たち日本社会の目指すべき針路を、豊饒な人間営為の成果として見せてくれる。

私たちの社会はいまや、「不安社会」以外のなにものでもない。

二〇〇〇年代初頭の小泉・竹中路線による「構造改革」は、社会を成立させるさまざまなセクター間の格差を天文学的な規模にまでおしひろげ、日本はいまや世界最大の「不均衡国家」となっている。そこへ襲った新自由主義的市場原理主義の破綻という事態をまのあたりにしてなお、政府は国際競争力強化をうたい、その政策が逆に「自律的回復力」を衰えさせている。雇用・労働を企業活動にともなう単なる「派生需要」の一つに過ぎない、としかみない主流派経済学、労働経済学に支えられて、グローバルズ（日本型多国籍企業）は景気変動に瞬時に反応し、雇用調整に手をつけるようになった。衝撃に脆く、回復力に弱い「条件反射型社会」、そしてついには人びとが不安にさいなまれ、未来への夢も希望ももてない「ホープレス社会」が出現したのである。

この混沌とした不安社会の向こう岸に何がほの見えているのだろうか。

市場一元支配主義の説いてきた分断・対立に代えて、そしてまた原理主義の非妥協・排他に代えて、人間自然の姿として対抗できる脱出口は存在するであろうか。

私たちはそれを問い、夢でなく現実を模索したいものと願う。作業はいつも常識や通念への根源的な疑いに助けられる。求められているのは通念を自然な人間のあり方を基底に据えて、まったく新しい地平の上に引き出し、そして問い直すことである。

数々の新しい尺度が生まれる。

私たちの社会とは人びとの生きる、働く、暮らす、を統合する場としてあったはずだ。

本書『安心社会を創る』の各章に溢れる優れた研究者たちの新たな尺度への希求心、そしてそこから見いだされたラテン・アメリカの人びとの再生への挑戦が、いま危機に立ち向かおうとする私たちを勇気づけてくれるはずである。

安心社会を創る◈目次

第10章 ラテン・アメリカからの移民労働者が日本にもたらす貢献
――千葉県の事例から

グロリア・トリニダ・サルガド・メンドサ 269

＊各章の注は行間に番号で示し、章末に掲載した。
＊本文中、引用・参考文献は（　）内に著編者名と刊行・発表年で示した。たとえば（内橋［一九九四］）は、内橋克人の一九九四年の著作を参照、の意である。また参考文献は巻末に章ごとにまとめて掲載した。
＊本文中の重要な用語や概念はキーワードとして抽出し（ゴチックで表示）、頁下に囲みで解説を示した。
＊各章ごとに設けたコラムは、特に断りのない場合は各章の筆者が執筆したものである。

シリーズ「失われた一〇年」を超えて——ラテン・アメリカの教訓　第3巻

安心社会を創る

ラテン・アメリカ市民社会の挑戦に学ぶ

現代日本への示唆
日本社会でも近年「格差」が拡大し，失業や貧困のリスクが高まっている。これは中南米の90年代以降の状況と共通している。社会的排除が拡大する中で市民社会の諸活動が活性化している中南米の状況から，われわれは「安心社会」を構築する上で社会結束が重要な役割を果たすことを学び得る。
中南米の多くの国と日本の現在の社会は，エンパワーメントと協治に不可欠の社会関係資本を損なう「不安社会」である。われわれは今こそ中南米の正負両面の経験に学びつつ，社会関係資本論の視点を採り入れながら，自発的協同に基づく「安心社会」に向けて具体的な歩みを進めなければならない。
日本でも社会保障制度は再編の岐路に立たされている。その将来を考える時，中南米の経験は我々に国家の一義的役割を再確認させるとともに，市民社会組織の可能性と課題についても考察を促す。市民社会組織は直接的援助だけでなく，未組織の人々の声を政治に反映させる役割も担うことができる。
日本でも一部に絶対的貧困がみられるようになり，バブル崩壊後は相対的貧困も急激に拡大している。絶対的貧困に対する緊急の手当ては不可欠であるが，相対的貧困をも含めた全ての貧困の要因である不平等・不安定な構造そのものを解決しつつ，個人のエンパワーメントに取り組む必要がある。
市民の政治参加においては，課題を克服する責任を政治家に委任する態度をとっていないか，また，その関心が特定の課題や関心領域，地区，短期的な視座に限定されていないか，が常に問われなければならない。それは，第一義的には指導者の課題であり，民主主義の空洞化を防ぐことに繋がる。
日本では男女共同参画社会基本法が施行された一方で，ジェンダーフリー叩きや性教育批判，急増する高齢者の介護を家族（すなわち女性）に委ねる動きが強まっている。だが，女性のエンパワーメントやジェンダーバイアスの是正は，男性にとっても暮らしやすい社会への転換に寄与するはずである。
学力向上の重視など自由競争原理に基づく公教育システムは，社会格差の拡大をもたらす。「安心社会」の構築に必要な教育とは，子どもの意思を尊重し，表現力・創造力を奪うことなく，社会問題を認識・批判し，自ら行動する力をつける教育であり，それには地域社会との連携・協力関係が不可欠である。
政策の変化が我々の生活にどのような影響を与えるのかについて関心を持たなければならない。政策の意思決定のプロセスに国民が能動的に関与できることも必要だ。この点について，市民が参加し連帯できる市民社会組織が大きな役割を果たしたエクアドルの事例は，現代日本に示唆を与えるものである。
まちづくりの主人公は，車や産業ではなくそこに住む市民である。この原点に立ち，市民の主体的参加によって「人間の生活を中心に据えたまちづくり」を実現したクリチーバの経験は，依然として自動車優先・上意下達の手法に終始している日本の都市計画・環境政策に多大な示唆を与えるはずである。
日本でも特に地方では自治体の財政危機により経済的に疲弊が進んでいるが，このような地域において地元の富を最大限に活用し，生活物資の確保のみならず雇用創出や新規起業につなげてゆけるような補完通貨を導入してゆくことが肝要ではないか。アルゼンチンの試みは我々にそのためのヒントを与える。
中南米日系人の就労条件を改善し，彼／彼女らに社会的権利としての市民権を実質的に保障することは，将来的に労働力不足が想定される日本社会にとって有益である。また，地域コミュニティが彼／彼女らを受け入れることは，日本社会がより開放的になり「安心社会」となるきっかけを与えてくれる。

部	章および執筆者	訴えたいこと
第I部　理論編	序　章　「安心社会」へ向けて――第三の道，人間・社会開発，参加と連帯 篠田武司・宇佐見耕一	90年代，中南米各国には新自由主義政策が導入され，失業や貧困の拡大がみられた。それは人々の社会参加意識を損ない，自尊心を喪わせ，総じて広くかつ深く社会的排除が進んだ。一方で市民レベルの様々な活動が活発化し，社会結束を再構築する試みもみられる。
	第1章　社会関係資本と「安心社会」 篠田武司	「安心社会」の構築に最も必要な基盤は，人々の間の相互信頼に基づく自発的な協同行動すなわち「社会関係資本」である。しかし貧困と格差が放置された社会でこれを育むことは難しい。この困難な課題に直面している中南米の現実を検証しつつ，日本の課題を探る
	第2章　ラテン・アメリカにおける新たな福祉社会の可能性と市民社会 宇佐見耕一	第二次大戦後，正規部門を対象に整備された中南米の福祉国家はいま変容を迫られている。その中で進行する社会保障制度改革や非正規部門の拡大等の問題を検証するとともに，福祉サービス供給の重要な一翼を担いつつある市民社会組織の存在意義と課題を探る。
	第3章　「貧困」概念と政策の変遷 細江葉子	「貧困」概念が，経済面のみならず人間開発の視点からも把握されてきた経緯を整理する。また絶対的貧困層と相対的貧困層が混在し新自由主義改革の中で貧困が拡大の一途を辿る中南米において，貧困削減に向けた取り組みがどのように行われているかを概観する。
第II部　実践編	第4章　地域社会開発への住民参加――ペルーの事例から 村上勇介	1980年の民政移管以降のペルーで観察された下層の人々による政治参加の重要な事例として，貧困地区の住民運動や左翼勢力による地方政府への住民参加の試みを取り上げる。そこではパトロン・クライアント関係に基づく伝統的，権威主義的な支配が存続した。
	第5章　女性のエンパワーメントと開発――メキシコの民衆組織・NGO・政府機関 畑　惠子	メキシコでは民衆組織，NGO，政府機関の間に目的や関心をめぐる齟齬や軋轢があり，女性のエンパワーメントに逆行する動きも見られる。だが，民衆女性にまで浸透しつつある権利意識によって，市民組織と政府の関係のあり方も変わっていくことになろう。
	第6章　NGOによる教育実践と子どものエンパワーメント――ブラジルの事例から 田村梨花	ブラジルでは軍政の歴史を背景にNGOが成長し，民主化・地域開発において強い影響力を持っている。社会的排除層の子どもに対しNGOが展開する教育活動は，子どもの主体的参加，地域社会との連携を主軸に，子どもに社会的意識の向上の機会を与えている。
	第7章　多民族の共生と市民参加――エクアドルの事例から 野口洋美	エクアドルでは，新自由主義的改革によって生活が悪化する可能性のある人々が，地域の組織を起点として国内外の諸組織と連帯することで，政府と国際金融機関が強引に押し進める改革の変更をせまり，さらに人々による新たな開発プロジェクトの実施に成功した。
	第8章　人間の生活を中心に据えた都市計画――環境都市クリチーバの取り組み 中村ひとし	ブラジル南部の都市クリチーバは，街から自動車を極力排し「人間の生活の質」を軸に据えた都市計画を成功させた。しかもそこには環境の持続可能性や貧困層の包摂も課題として盛り込まれている。クリチーバの成功要因を解明することで，都市政策の未来像を探る
	第9章　補完通貨と地域の再生――南米諸国の例から学ぶ 廣田裕之	2001～02年にかけて深刻な経済危機に見舞われたアルゼンチンでは交換クラブと呼ばれる補完通貨システムが数百万人もの市民の生活を支えた。交換クラブ自体はその後凋落したが，南米諸国では同様のシステムが見られ，今後のさらなる発展が期待されている。
	第10章　ラテン・アメリカからの移民労働者が日本にもたらす貢献――千葉県の事例から グロリア・T・サルガド・メンドサ	1990年の入管法改正以降，日本で働く中南米日系人の数は増え続けまた永住化傾向を見せている。安価な労働力を求める企業に対する多大な貢献，またコミュニティへの参加にもかかわらず，彼／彼女らの多くは劣悪な条件下で働いており，生活上の不安を抱えている

本書の基本キーワードの解説

新自由主義／構造改革／構造調整政策／市場原理主義

新自由主義（ネオリベラリズム）とは、市場機能を重視し（時に過度に信認し）、市場の調整を通して経済的・社会的に最適な配分が達成できることを主張する経済思想であり、これに基づいて行われる規制緩和、自由化、公的部門の民営化などを新自由主義政策と呼ぶ。そこでは、経済過程への国家の介入、所得の根本的な再分配政策や積極的な国家介入型社会政策は、市場機能を歪めるものとして回避される（「小さな政府」志向）。

「新自由主義」と「新」をつけるのは、主に「自由主義」と区別するためである。自由主義経済政策は、アダム・スミスの古典派経済学を思想的背景にもち、その典型は一九世紀に世界経済の機軸国であったイギリスのレッセフェール（laissez-faire　自由放任主義）的経済政策である。（他方で、自由主義の別の系譜として、一九二九年世界恐慌以降のアメリカにおいて支持された、公的な介入を行ってでも実質的な自由が保障されるべきであるとする政治的リベラリズムの流れも存在する。）

これに対して新自由主義政策は、市場機能を重視する新古典派経済学を思想的背景とし、一九八〇年代以降のイギリスのサッチャー政権やアメリカのレーガン政権で本格的に実施された。また世界銀行や国際通貨基金（ＩＭＦ）は、八〇年代の「失われた一〇年」で混乱するラテン・アメリカ諸国をはじめ多くの開発途上国に対して、借款の供与や債務繰り延べと引き換えに、債務の根本原因となる非効率な経済を合理化するための「**構造改革**」を求めるようになる。これが**構造調整政策**である。そこで求められた改革とは、貿易自由化、国営企業民営化、国内規制緩和、外国からの投資の自由化、を主要な内容とした（小池洋一・西島章次編『ラテンアメリカの経済』新評論、一九九三、一六八頁）。この構造調整政策は、新自由主義の政策の重要な柱の一つとなった。しかし債務国の国民に過酷な犠牲を強いる面が多く、各国でしばしば「IMF暴動」と呼ばれる騒乱が起きることにもなった。

日本でもサッチャー、レーガンと並行する形で、中曽根政権（一九八二～八七年）において通信事業や国鉄の民営化など「小さな政府」への政策が実施され始め、周知の通り小泉政権（二〇〇一～〇六年）では「聖域なき構造改革」「民間でできるものは民間で」というスローガンのもとに、郵政民営化や各種の規制緩和をはじめ、さまざまな新自由主義政策が実施された。

また、新自由主義の思想のうち、市場機能を過度に重視する立場を特に**市場原理主義**と呼ぶ場合もある。

ジニ係数

社会における所得分配の不平等さを測る指標。一九三六年、イタリアの統計学者コッラド・ジニ（一八八四～一九六五）が考案した。

所得分配の平等・不平等度を測る尺度のうち最も有効な指標の一つである。縦軸に所得比率、横軸に人口比率をとったグラフを描いたとき、完全平等社会の場合は両者を結ぶ線は対角線となる。しかし通常の社会は所得格差があるので、所得分布はこの対角線の下方に曲線として現れる。これをロー

ローレンツ曲線の例

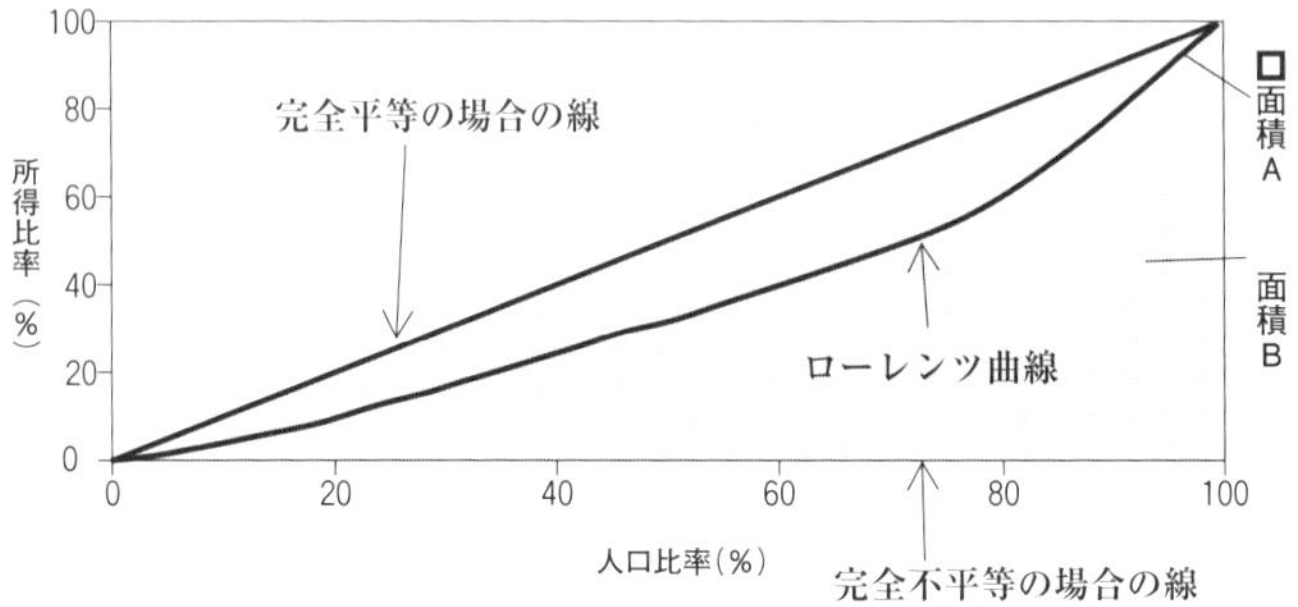

レンツ曲線と呼ぶ（上図）。ジニ係数は、図の面積A÷面積Bで求められる。したがってジニ係数の数値は、完全平等なら0となり、完全不平等なら1となる。通常の社会のジニ係数は0から1の中間の数値を示し、0に近いほど平等度が高く、1に近いほど不平等度が高いことを意味する（参考：アマーティア・セン／杉山武彦訳『不平等の経済理論』日本経済新聞社、一九七七年）。

貧困ライン

「貧困線」ともいう。生活（というよりむしろ生存）に必要な最低限の物資を購入しうるぎりぎりの収入水準を表す統計上の指標である。貧困ラインがどこに引かれるかは国・地域によって、また一国内でも（物価等の違いのため）場所によって異なる。世界銀行は「一人一日当たりの生活費一ドル」を貧困ラインとしているが、それは生存水準ぎりぎりの絶対的貧困概念に近い貧困ラインである。一方、国連ラテン・アメリカ／カリブ経済委員会（スペイン語略称CEPAL、英語略称ECLAC）は、ベーシックニーズの充足度を基準として、「世帯構成員全員の収入を充てても栄養（カロリー、タンパク質）摂取が充足されない状態」、ないし「基礎食糧バスケット（成人一人が一カ月生活するのに最低限必要な食糧品）購入費以下の所得の状態」を「極貧困」と定義し、それに最低限の生活費を加えた状態を「貧困」としている。また、都市部ではこの「極貧困ライン」の約二倍、農村部ではその約一・七五倍を「貧困ライン」としている（CEPAL［2007］p.57）。

インフォーマルセクター

多くの開発途上国で見られる、労働法や社会保障の保護を受けない非正規部門の経済活動。一九七〇年代に学界や国際機関等により形成された概念である。実際にはきわめて幅広い経済活動分野を表し、大道芸人、屑拾い、物乞い、靴磨き、路上販売人、家事サービス労働者、日雇い労働者、暴力団員、零細自営業者、零細企業経営者とその従業員など、多様なものが含まれる。一般に不安定な就業、低所得、低生産性などを特徴とする。ラテン・アメリカ／カリブ海地域雇用プログラム（ＰＲＥＡＣ）は「非専門自営業者、家事サービス労働者、従業員五人以下の零細企業従業員」と定義している。一九九三年の労働統計国際会議（ＩＣＬＳ）では、「典型的に労働と資本の間にわずかかほとんど区別がなく、レベルが非常に低くかつ小規模で運営されており、その労働関係は、制度的保証がある契約的取り決めというより、多くが臨時雇用、血縁関係、個人的社会関係をベースにしているような生産ユニット」と定義された。

市民社会組織

政府や企業とは異なる領域すなわち市民社会に活動基盤を置き、さまざまな公共の問題への対応を目的として、政府や企業から自律／自立的に活動する市民の組織。その形態は民間の非営利組織（非政府組織＝ＮＧＯ、特定非営利活動法人＝ＮＰＯ）などのほか、教会組織、草の根の住民組織、協同組合、民間財団など多様なものを含みうる。相互の連帯や信頼に基づいて市民が誰でも参加することができる点、地域コミュニティや市民社会のニーズにきめ細かに対応しうる点、活動の専門性・柔軟性・機動性、国境を越えた活動ができる点などが特長である一方、真に市民の側に立った活動ができているか、財政や活動の自律性の面において政府や企業から真に独立を保っているか、組織内部で民主主義が実現されているか、などの課題に常に直面している。

第Ⅰ部

理論編 ラテン・アメリカの経験から「安心社会」を考える

Más allá de la década perdida

Além da década perdida

序章

「安心社会」へ向けて

第三の道、人間・社会開発、参加と連帯

篠田武司・宇佐見耕一

はじめに

本書はシリーズ〈「失われた一〇年」を超えて――ラテン・アメリカの教訓〉全三巻の第三巻目にあたる。第一巻（二〇〇五年刊）では、一九七〇年代以降ラテン・アメリカで実施されてきた新自由主義政策の実態と、そこから読み取られるべき日本への示唆が語られた。また第二巻（近刊）では新自由主義政策による市場万能主義の蔓延の中で同地域の産業が置かれてきた状況と、そこから構想される地域産業のありうべき未来が示されるだろう。これに対して本巻は、新自由主義政策の中でラテン・アメリカの市民が独自の社会空間をどのように創り出し、「安心社会」を生み出そうとしてきたのかを紹介し、そこから日本が引き出すべき教訓と課題を提示しようとするものである。

まず序章では、新自由主義政策の展開とそれによってもたらされた「不安社会」の構造を明らかにし、ラテン・アメリカにおいて「安心社会」に向けたどのような取り組みが行われているかを概観する。

1　社会的排除と「不安社会」

新自由主義の台頭とケインズ主義的福祉国家の変容

いま世界的に、社会的排除のリスクに晒された人々が増えている。先進国、途上国を問わず、失業の増加や不安定雇用の拡大による労働市場からの排除、さまざまな経済機会からの排除のみならず、医療、教育、住宅といった基本的な社会資源を享受できない人々が急増している。あるいは低所得による生活不安から家庭が崩壊してしまった人々や、そもそも家庭を持ちえない人々も増えている。さらに、経済的、社会的に排除された人々は政治的にも声を上げる機会を奪われてしまうことが少なくない。

こうした社会的排除によって脆弱な立場に追いやられた人々の多くは、自分が社会から拒絶されていると感じている。そして、人間同士の絆が織り成す社会関係から離脱し、孤立感と生活や人生への不安に苛まれながら毎日を生きている。

こうした社会的排除は個人に帰されるべき問題ではなく、社会全体の構造の問題である。というのは、社会的排除は不可避的に社会的不平等を拡大し、それが人々を分断し、安定や安心を保証してきた社会結束を破壊するからである。いいかえれば、社会的排除は近年「社会関係資本」(第1章参照)として注目されてきた「信頼、互酬性、社会的ネットワーク」(これらは社会の安心、政治的民主主義、経済的パフォーマンスの極めて重要な要因である)を大きく損ねるのである(パットナム[二〇〇六])。

社会的不平等は、人々の間に不信、不寛容、恵まれた人々への嫉妬とより弱い立場にいる人々への蔑視の感情を呼び起こし、社会結束を崩していく。そしてそれは人々の共に生きることへの信頼や協同する能力を奪っていく。このような能力の喪失は、「アノミー[無規範]と暴力を生みだし、アイデンティティの作り変えも促す」(バラ&ラペール[二〇〇五]ii頁)ことになる。すなわち、一方で排他的なナショナリズム、あるいは

●社会関係資本(social capital)　社会の効率性は人々の協同性が活発化することにより高まるという考え方のもと，人間同士の信頼関係，互酬性，規範，ネットワークなどの重要性を説く概念。初めてまとまった定義を行ったのはフランスの社会学者ピエール・ブルデュー(1930-2002)。1980年代後半以降の開発分野における議論や概念規定については，本書第1章を参照されたい。

宗教原理主義やエリートクラブといった偏狭な共同体主義、他方で極端な個人主義が台頭し、そうした排他的なイデオロギーが、分断された人々にとってのアイデンティティの拠り所となる。

こうしたアイデンティティのあり方がさらに、人々の間の協同性を傷つけ、争いをもたらし、犯罪を増加させていくことは明らかである。そして社会は不安定さを増し、人々は幾多の不安に囲まれた不安社会（内橋［二〇〇〇］）の中で生きることを余儀なくされる。協同する能力の欠如、分裂する社会、それによる不安社会の登場、というリスクの連鎖に社会全体が脅かされているのである。

では、ひるがえって「安心社会」とはどのような社会だろうか。それは何よりもまず排除と不平等を解消し、地域コミュニティを軸とした人々の参加を保証する社会である。そして、これらを通して社会結束が強められ、その中で人々が協同性と個人の自尊心やアイデンティティを育むことができ、社会に包摂されているという実感がもてる社会である。本章では、こうした社会を「安心社会」として定義しておきたい。平たくいえば、それは人々が互いに助け合い、尊敬し合いながら、一個の人間として相互に認め合い、「共に生きている」ことを実感できるような社会、ということになる。

グローバル化した世界における貧困と社会問題への新しいアプローチを提起したA・S・バラとF・ラペールによれば、社会結束を傷つけ不安社会をもたらす社会的排除が先進諸国において大きな課題となったのは、一九八〇年代だという（バラ&ラペール［二〇〇五］）。八〇年代とは周知のように、先進諸国がグローバル化進展の中で財政危機や生産性の危機に直面し、第二次大戦後の経済的好循環を支え、調整してきた諸制度や価値規範を見直そうとした時期だった。ではこの時期になぜ、どのようにして社会的排除が顕在化してきたのだろうか。本書で展開される文脈に沿って見ておこう。

ところでここでいう諸制度とは、社会的セーフティネットによる生活の保障をめざした包括的福祉国家制度（ケインズ主義的福祉国家）、労働市場の安定性を保障した労使関係、また（問題を孕んでいたとはいえ）男女分業によって秩序づけられた核家族、社会参加を支えた教育制度、あるいはまたデモクラシーを原理とした政治制度などである。そして、こうした諸制度を原理的に支えていた価値規範が「平等」であった。一九六〇～七〇年代の先進諸国を特徴づけるいわゆるケインズ主義的福祉国家は、ケインズ主義（マクロ経済政策による市場介入や完全雇用を主張する立場）によって可能となったシステムであり、それはすべての人に平等に最低限の生活保障を提供する最も直接的な保護政策であった。そのもとでは、たとえ社会の内実が不平等な階級社会であれ、諸制度や価値規範に支えられて好循環の果実が社会の各層に広く分配されたことにより、極めて安定した社会が築かれていた。そこでは家族や社会の結びつきは強く、また平等を志向する連帯によって人々は共に社会を築き上げていた。そして社会の安定性が人々に心理的な安心感と帰属感を与え、そのことがさらに社会結束を強めてもいた。したがってこの時期は、ジェンダー差別・格差等の未解決の問題を抱えていたとはいえ、ひとまず「安心社会の時代」だったといってよい。

しかし八〇年代に入ると、こうした安心社会を下支えしてきた資本の蓄積体制とその調整様式（前述の諸制度）や平等という価値規範が危機に陥った。グローバル化による市場競争の激化、認知資本主義の進展、知識基盤社会の

●認知資本主義（cognitive　capitalism）　人間の知的生産を情報財に転換し，開発・収奪する資本主義。ポストフォーディズム（賃労働者だけでなく，社会全体を剰余価値生産に総動員させる体制）下の新しい資本主義の形態といえる。認知資本主義では知識やコミュニケーション能力，ネットワーク形成など人間の高度な知的活動が資本を生み出す重要な要素として重視される。このとき生産は市場の恣意的な動向に左右される度合いが高まる。それにともない労働の形態はより柔軟化・流動化していくことになる。まとまった考察としてはヤン・ムーリエ＝ブータン『認知資本主義』（Yann Moulier-Boutang, *Le capitalisme cognitif: La Nouvelle Grande Transformation*, Editions Amsterdam, 2007）など。

出現にともなう労働の高度化やそれがもたらす雇用の多様化・柔軟化、財政危機による福祉国家の見直し、そして個人主義の台頭といった構造的な変化が現れてきたのである。そして、そのことが経済的・社会的な不確実性や不安定さをもたらす可能性を生み出した。

こうした不安定化を促進したのが新自由主義というイデオロギーだった。新自由主義の最大の特徴は、福祉国家を徹底的に批判し、その上で市場原理主義を推し進めたことである。新自由主義によれば、福祉国家が悪であるのは、第一にそれが経済や社会に課すさまざまな規制が、経済発展の源ともいうべき市場の自由な競争を阻害し、社会の活力を奪っているからである。新自由主義を唱導する人々はこれを「政府の失敗」と呼び、批判した。第二には、福祉国家が人々を福祉依存症にさせ、自立心を殺ぎ、自らの生への「自己責任」を不明確にするからである。

新自由主義の唱導者たちはこのように福祉国家を批判した上で、市場の自由化こそが富を最大化させ、人々に広く恩恵をもたらすという市場原理主義を説いた。そして、彼らはこれまで社会の安定を生み出してきた平等の理念ではなく、「自己責任」「自助努力」をモットーとする利己主義的個人主義を称揚していく。

新自由主義は、このように一方で市場自由化によって経済の成長と安定化をはかり、他方で「自助精神に溢れた個人」をつくりだすことで社会の活性化をはかろうとする立場である。しかしそれは、全く逆の結果を生み出しつつある。市場はしばしば暴走したからである。特に金融市場では投資というより短期の利益を求める投機が常態化し、そのことがかつてないほどの経済の不安定性、不確実性を生み出している。社会に関しても同様であり、自由競争の強制と「自己責任」言説は社会をむしろ不安定さの中に大きく投げ出している。新自由主義は、それまでまがりなりにも安定した社会を実現してきた諸制度を作りかえ、

ブラジルの貧困地区ファヴェーラ（撮影：近田亮平）

富の拡大に向けて市場に大きな信認を置いた新たな枠組を構築しようとした。しかし、それは社会的不平等を拡大するとともに、新たな貧困をつくりだし、従来平等の理念のもとで社会統合を実現してきた（福祉をはじめとする）さまざまな諸制度を人々から剝奪した。つまり新自由主義こそが社会を不安定化させたといえる（その具体的な実情については本シリーズ第一巻を参照）。

他方で一九九〇年代以降には、新自由主義に拠らない道の模索も始まった。新自由主義が結局は経済的・社会的な不安定さをもたらし、私たちの生と社会をリスクに晒しているということに多くの人が気づき始めたからである。いいかえれば、人々が自らの生を選択でき、経済的にも社会的にも自尊心をもって生きられる社会、市民として参加し、協同の中で自らのアイデンティティを育むことができる社会、新自由主義にはそうした「安心社会」のヴィジョンが欠けていることが明らかになったからである。しかし、新たな道とは、それまで「安心社会」を支えてきた従来型のケインズ主義的福祉国家に戻ることではない。ことはそれほど単純ではない。なぜなら、私たちの社会は財政危機、資本・労働の流動性の亢進、認知資本主義のもとでの労働・雇用の多様化、個人主義の台頭といった構造的な変化に晒されているからである。かといって、もちろん不平等を拡大する市場原理主義をそのまま容認することは問題外である。したがって、こうした構造的変化をふまえた上で安心社会を築くためには社会制度をどのように再編していくべきなのか、どのような福祉国家の再編があり得るのか、また損なわれた社会結束を結び直すためにはどのような価値規範を育てていくべきなのかが、新たに問われるようになってきたといえよう。

「第三の道」の出現とその意義

九〇年代には、こうした問いの中で「第三の道」と呼ばれる新たな潮流が現れた。ヨーロッパではイギリスのブレア首相（任期一九九七～二〇〇七）が積極的に推進し、以後フランス、ドイツなどの社会民主主義政権へと広がっていく。ラテン・アメリカでも同時期ないしヨーロッパに先行する形で、チリのコンセルタシオン政権（中道・左派連合）やブラジルのカルドーゾ政権（社会自由主義）など、「第三の道」を政策的言説に取り入れる例が出現した。むしろラテン・アメリカでは新自由主義の弊害がヨーロッパより深刻であり、「第三の道」が注目されたのは自然なことだったといえよう。

では、「第三の道」とはどのような主張であるのかを、ここではブレア首相の理論的後見人ともいうべき社会学者A・ギデンズの議論（ギデンズ［一九九九］、［二〇〇三］）に沿って見ておこう。

①地域コミュニティの重視　「第三の道」がめざすのは、ケインズ主義的福祉国家のように国家中心で

もなく、また新自由主義のように市場中心でもない新たな社会の再編である。そしてそのさい、これら従来の社会システムが引き起こしてきた「政府の失敗」や「市場の失敗」を乗り越えるための基盤として、地域コミュニティが重視される。それは「第三の道」がまず第一に、効率性や財政的観点から分権化を提唱するからである。第二に、地域コミュニティは人間にとって最も身近な生活空間であり、人々の参加を促し、人々が協同を確認できる場として位置づけられるからである。すなわち、市民社会諸組織を通した市民の積極的参加が、社会コストや責任の分有を可能にし、社会結束を促すという議論である。つまり「第三の道」においては、地域コミュニティは生活空間であると同時に政治的空間でもあり、新たな社会再編の中心に位置づけられる。こうした地域コミュニティへの注目は、ある意味自明なことがあらためて確認されたに過ぎないともいえるが、その重要性と画期性は広く共有されてきたとはいいがたい。

②価値規範の再考　次に「第三の道」では、これまでの価値規範が問い直される。新自由主義がもたらした社会的不平等の解消が課題とされる中で、「不平等」あるいは「平等」の概念を再定義する必要が生じたためである。「平等」は、従来は「結果の平等」として、福祉国家の価値規範の中心をなしていた。しかしいま強調されるべきは「機会の不平等」、すなわち特定の個人が経済的機会や社会的参加から排除されているという事態である。したがって、ここではまず「機会の平等」が主張されることになる。しかしそれは新自由主義が主張する「機会の平等」とは大きく異なることに注意する必要がある。

新自由主義者は「機会の平等」を、「能力のある者が相応に恩恵を受けることができる状態」ととらえ、それを市場が自動的に保証すると考える。しかし現実には市場原理主義それ自体が、市場と社会への参加の平等そのものを大きく損なっている。たとえば、人間にとって労働市場への参加の平等性は決定的に重要である。それが担保されないとき経済的・社会的排除が生まれ、さらにそれが次世代へと再生産されていってしまうからである。しかし現在、そもそも労働市場での競争に参加さえできない層が増えていることに気づくだろう。多くの人々が、「能力に欠ける」として機会の平等さえ奪われているのである。「第三の道」は、そうした労働市場や社会への参加の平等、真の機会の平等を支えるためにこそ福祉があると主張し、その中心基盤を地域コミュニティに置くのである。そこでは、「平等」は従来のように物質的・分配的平等（結果の平等）に限定されるのではなく、参加・機会の平等として捉え直されている。だがこれは、新自由主義的な自己責任論に基づく「機会の平等」ではなく、すべての人々が同じスタートラインに立つことを社会が支えるという意味での「機会の平等」であり、そこでは社会による「可能性の再配分」が重視される。

③個人の参加のありかたと責任　「第三の道」はまた、新自由主義による福祉依存批判を受けとめつつ、社会に生きる一人ひとりの個人が責任を自覚することや自助の精神を育むことを称揚する。しかしこれは新自由主義の唱えるような「自己責任」、つまり国家が「小さな政府」の名の下に人々の生存条件の維持における役割を放棄し、個々人にあらゆるリスクを負担させるためのレトリックにすぎない「自己責任」言説とは異なっている。

現代を「産業社会」から「リスク社会」への移行期と捉えた社会学者ウルリヒ・ベックは、その移行の重要な特徴は、生活様式における「個人の社会化」から「社会の個人化」への変化であるという。ベックは、現代のリスク社会を「個人化した社会」として特徴づけ、それは「個々人が自分の生存保障と人生計画および人生編成の行為者」となって、「自分自身に対する義務」を負うような社会だという（ベック［一九九八］一九一、二五八頁）。ベックによると、現代の脱産業社会では、社会的問題の解決における社会階級の意義は薄れ、個々の状況や問題ごとに個人が連帯し、問題を解決していくことになる。そしてその際に、社会権を備えた個人の参加が重要な意義を持ってくるという。

ギデンズはこのベックの「社会の個人化」の議論に沿って、「個人の責任・義務」とは社会連帯の中で果たされるものであるとする（ベックはそれを「自己啓蒙と自己解放」の過程とみている）。つまり、「第三の道」の述べる「責任」とは、人々がコミュニティの支援を得ながら社会に参加することを前提としたうえで、個々人が自分の責任において「人生編成の行為者」としてふるまうという意味での「責任」である。この点でそれが新自由主義的な利己的個人主義に基づく「自己責任」言説とは大きく異なっていることがわかる。また、地域コミュニティが社会結束の基盤として機能するためには、一人ひとりの責任ある参加が不可欠であることは言うまでもない。

「第三の道」の課題

以上のように「第三の道」のめざす社会は、地域コミュニティを基盤とし、それに支えられながら人々が自らの人生を編成し、社会に平等に参加し、さまざまな機会を得ることのできる社会である。

では、「第三の道」は実際に、社会的排除をなくし社会結束を促しつつあるのだろうか。この問いに一言で答えることは難しい。必ずしもそうした結果を生み出していないという批判も多くある。「第三の道」は結局は市場競争を容認し、その暴力性を抑制できていない、また「結果の平等」に対する国家の役割を等閑視してい

●社会権　基本的人権の一つで，人間らしく生存・生活していくための権利。生存権，教育を受ける権利，労働基本権などが含まれる。他の基本的人権と比べて比較的新しい（資本主義の高度化に伴う貧困の構造化以降）ことから，20世紀的人権ともいわれる。なお日本の場合社会権は，国籍を有しない外国人には原則として認められておらず，仮に認められた場合でも「国民」と「外国人」の間で異なる取り扱いが許容されている。この問題については，本章第3節および第10章の「おわりに」も参照されたい。

る、あるいは「個人の責任・義務」論は新自由主義的な利己的個人主義と紙一重ではないか、といった批判である。特に強く批判を浴びているのは、「第三の道」が福祉給付を就労と結びつけている点である。「第三の道」では、労働市場への参加は人々が経済的排除から脱するための最も重要な手段とされ、就労は人々の権利であるとともに社会に対する人々の義務でもあるとされる。イギリスをはじめ「第三の道」を掲げる多くの政権ではこの理論に基づき、福祉受給者を就労へと誘うために「就労意欲」を福祉給付の条件としている。いわゆる「ワークフェア」と呼ばれる制度である。

しかし特にヨーロッパでは、こうしたワークフェア型福祉は「第三の道」の理念にそぐわないのではないかという批判が高まりつつある。失業が恒常化し雇用が多様化している現実の中では、このようなワークフェア型福祉再編は社会結束を促すどころか、新たな社会的不平等を生み出し、福祉から排除される人々を増やすだけではないか、就労意欲という条件を課すことは社会による包摂の理念に悖《もと》るのではないか、という問いが出されてきている。こうした問

●ワークフェア（workfare）　福祉を再雇用と結びつけ，個人の就労と自立を促す方向で福祉政策の再編をめざす考え方。福祉国家の形成・拡大期には，失業や貧困は社会的要因によるものであり，失業者・貧困者の救済は国の責務であるという理念のもと，失業保険や公的扶助が実施された。そこでは種々の就労促進策は行われたが失業者はその能力に不適合な就労を強制されることはなく，生活困窮者は「権利」として福祉を受けることができた。デンマーク出身の社会学者G.エスピン＝アンデルセンはこれを「労働力の脱商品化」と呼び，福祉国家の類型化の指標としている。しかし1980年代以降，新自由主義の立場からの福祉国家批判が高まる中，「福祉依存者」バッシングが強まり，社会保障引下げ，給付期間の短縮などが行われるようになる。その後1992年，米クリントン政権による政策転換を契機にワークフェアへの流れが加速し，アングロサクソン圏からヨーロッパ諸国に広がり，韓国などでも政策化されていった。具体的な政策内容としては，福祉受給者に労働義務を課すような懲罰的な政策から，求職活動，職業訓練，家事やボランティア活動を含む広い意味での労働への参加を促進するものなど多様である。ワークフェアは労働市場における社会的排除を解消する政策として評価しうる面がある一方，何らかの理由で働けない人々を福祉から排除することで新たな社会的排除を生み出してしまう，すなわち福祉の普遍性を損なう政策であるという批判も高まっている。

いを受けて近年、就労等の一切の条件を課さずに所得を保障するベーシックインカムの運動が活発化している（主導的論者としてベルギーの社会学者P・ヴァン・パレースらがいる。Van Parijs［1992］,［1995］）。いまやその導入をめぐって世界的な運動が起きつつあり、ラテン・アメリカも例外ではない。

ベーシックインカム運動が高揚している背景には、明らかに新自由主義的政策・言説の拡大があり、また従来のケインズ主義的福祉国家のリスク構造の変容と新たなリスクの発生という状況がある。ベーシックインカムは、このようなリスク変容に「第三の道」は必ずしも対応できていないのではないかという批判に対する左派からの新たな代案ともいうべきものであり、そこでは新しい社会結束の可能性が展望されている（宮本［二〇〇五］九一、九四頁）。

なるほど「第三の道」に対するこれらの批判にも根拠はある。まず第一に、「第三の道」は民営化や規制緩和といった新自由主義的市場化の理論を基本的に受け入れている。またワークフェアは福祉の削減につながるものであり、その理念は福祉受給者に新たなスティグマ（社会集団によって個人に付される負の表象・烙印）を押しつけかねない。そもそも、社会にとってあるいは個人にとって、所得が得られる就労だけが意義ある活動だといえるのかという根本的な疑問もあり得るだろう。さら

●ベーシックインカム（Basic Income: BI）　すべての個人に無条件に，生存と生活を保障する一定額の所得を給付する所得保障制度・社会構想。最大の特徴は，就労・労働意欲・年齢・性別・資産状況などの一切の条件を問わず，個人単位で支給されることを主張する点にある。イギリスでは「市民であること」との関わりが重視されて市民所得（Citizen's Income），フランスでは「遍くすべての個人に」という点が強調されて普遍給付（Allocation Universelle）とも呼ばれる。BIは福祉（所得）と就労（労働）を切り離すことで，従来の福祉制度において不可避の問題であった，賃金水準の変化にともなう生活不安を払拭しうる点で，所得と就労とが強固に結びつけられたワークフェア（右頁参照）とは対極にある。P.ヴァン・パレース（ルーヴァン・カトリック大学教授）が主宰するBasic Income Earth Network（BIEN）は，ヨーロッパを中心に広くBIの運動を主導している。

に「個人の責任」の強調は、それだけを抽出すると新自由主義的な「自己責任」言説と変わりがないように見えてしまうことも確かである。したがって「第三の道」は今後、これらの批判を受けとめた上でいかに包摂的な社会を建設しうるかというビジョンをより積極的に提示する必要がある。

しかし、社会像に関して解決すべき課題が残されているとはいえ、そのことによって「第三の道」の意義が過少評価されるべきではない。「第三の道」は、地域コミュニティをあらためて社会再編の基盤として位置づけた。そしてそれを支えるものとして、人々が平等に機会を得て参加する「積極的な市民社会」（ギデンズ［二〇〇三］）を提唱し、新自由主義によってもたらされた社会的排除、そしてそれによる「不安社会」の出現を、ひとり国家によってではなく、「積極的な市民社会」と国家とのパートナーシップによって克服できると提起した。数々の批判があるとしても、ここにこそ「第三の道」の理論的・政策的意義がある。

以上みてきたように、一九八〇年代後半以降、「社会的排除」が特に先進諸国の主要な課題としてクローズアップされてきた。しかしいうまでもなくこれは先進諸国だけの問題ではない。新自由主義がもたらした経済的・社会的不安定、社会的排除とそれによって生じる社会的不平等は、深刻さにおいても広がりにおいても開発途上国のほうがより顕著である。当然ラテン・アメリカ各国も例外ではない。こうした背景のもとで、「第三の道」や「社会的排除」の議論に、特にラテン・アメリカは大きな影響を受けていく。そこでは、排除の「関係的側面」だけでなく「分配的側面」（経済的側面）（バラ＆ラペール［二〇〇五］第六章）がより強調されつつ、九〇年代以降、「社会的排除」が新たな貧困論、新たな開発論の中で議論されていく。

次節で述べるように、新自由主義政策がラテン・アメリカにもたらした負の影響は、先進諸国と比べてより深刻であった。ではラテン・アメリカの人々は「社会的排除」の議論を受けとめつつ、その結果に対してどのように対処し、社会の再編をめざしたのだろうか。そして現在その取り組みは、新たな社会結束を創出し、「安心社会」への礎を生み出しつつあるといえるのだろうか。

本書の第1章以下の各章では、新自由主義がラテン・アメリカにもたらしたさまざまな経済的・社会的問題を見ながら、人々がその克服をどのように模索しているのか、その経験が実証的に明らかにされていく。ラテン・アメリカでは、新自由主義の深い痛手の中でいち早くその負の側面が明らかにされ、困難をともないつつも「安心社会」をめざす新たな挑戦が始まっている。こうした経験は、「遅れてきた新自由主義」に翻弄されてきた日本に警告を与えるとともに、「安心社会」を創る上での正負両面の示唆を与えてもくれると考える。その際、本書で強調されるのは、社会結束を促し「安心社会」を創出する上で、「積極的な市民社会」の役割がきわめて重要だという視点である。

2 ラテン・アメリカの新自由主義と社会的排除

一九九〇年代の新自由主義改革

一九八〇年代後半から九〇年代にかけて、ラテン・アメリカは新自由主義経済改革の実験場であった(ただし、その実験の起点は七〇年代にさかのぼる)。それは、戦後のケインズ主義的福祉国家の見直しを求める声と、ソ連・東欧圏の崩壊を機に市場経済の「勝利」を謳う言説が、先進諸国で影響力を強めたことによって促進された。八〇年代末にアルゼンチンのブエノスアイレスに滞在していた編者の一人（宇佐見）は、「政府介入型の経済モデルはモスクワからブエノスアイレスに至るまで崩壊した」と、テレビの政治討論番組で熱心に新自由主義改革を説いていた論者の言葉が今も耳にこびりついて離れない。実際、その後新自由主義テクノクラートによって進められた諸改革は、それまでの「政府介入型」の輸入代替工業化（国内工業の振興によって輸入工業品から国産品への代替を進め、保護政策の下で工業化を図ろうとする開発政策）に基づく経済発展モデルを終焉させ、市場原理を重視した新たな経済発展モデルへの移行をめざすものだった。

こうした新自由主義改革は「ワシントン・コンセンサス」として知られており、直接には世界銀行、国際通貨基金（ＩＭＦ）といった国際金融機関によって主導された。それは輸入代替工業化の行き詰まりと、「失われた一〇年」と呼ばれる深刻な八〇年代経済危機を経て成立したもので、その後ラテン・アメリカの多くの国で積極的に採用されていく。

もちろん、同じラテン・アメリカでも国によって改革のテンポや時期は異なる。しかしそこで採られた政策の柱は、規制緩和、民営化、税制改革、資本と貿易の自由化など各国共通のものだった。いうまでもなくそれは先進諸国における新自由主義改革とも共通していた。それらの政策が意図したのは、政府の役割を小さくし、市場中心の経済的・社会的調整によってインフレを抑制しつ

●ワシントン・コンセンサス　米国ワシントンD.C.所在のシンクタンク「国際経済研究所」の研究員J.ウィリアムソンが1989年に発表した論文に基づく一連の政策。80年代を通じ，先進諸国の金融機関とIMFおよび世界銀行は，途上国の累積債務問題に関して「最大公約数」となる以下の10項目の政策を抽出し，融資と引きかえにこれらの実施を強制した。①財政赤字の是正，②補助金カットなど財政支出の変更，③税制改革，④金利の自由化，⑤競争力ある為替レートの設置，⑥貿易の自由化，⑦直接投資の受け入れ促進，⑧国営企業の民営化，⑨規制緩和，⑩所有権法の確立。このワシントン・コンセンサスこそ，80年代以降途上国の経済と社会を破壊し多くの人々を貧困に陥れた新自由主義政策の一つの重要な柱となったものである。

表0−1 ラテン・アメリカ各国の消費者物価上昇率

（%）

国＼年	1989	1990	1991	2000	2001	2002	2003	2004	2005
ラテン・アメリカ全域	1212.6	1191.7	199.0	9.0	6.1	12.2	8.5	7.4	6.3
アルゼンチン	4923.3	1343.9	84.0	−0.7	−1.5	41.0	3.7	6.1	12.0
ブラジル	1863.6	1584.6	475.8	6.0	7.7	12.5	9.3	7.6	6.2
チリ	21.4	27.3	18.7	4.5	2.6	2.8	1.1	2.4	3.6
コロンビア	26.1	32.4	26.8	8.8	7.6	7.0	6.5	5.5	5.1
エクアドル	54.3	49.5	49.0	91.0	22.4	9.3	6.1	1.9	3.8
メキシコ	9.7	29.9	18.9	9.0	4.4	5.7	4.0	5.2	2.9
ペルー	2775.3	7649.6	139.2	3.7	−0.1	1.5	2.5	3.5	1.1
ウルグアイ	89.2	129.0	81.3	5.1	3.6	25.9	10.2	7.6	4.8
ベネズエラ	81.0	36.5	31.0	13.4	12.3	31.2	27.1	19.2	15.3

出所）CEPAL, *Balance preliminar de las economías de América Latina y el Caribe*, 1994 and 2005

つ、市場の効率性を生かして経済成長を実現することだった。そしてラテン・アメリカの場合は、これにもうひとつ、貧困の削減が大きな目的として掲げられた。したがってこの市場中心の経済的・社会的調整は、不可避的に福祉改革、労働市場の柔軟化をともなってもいた（後にみるように、このことがラテン・アメリカ社会にとって社会結束の障害となる要因をさらに広げることとなる）。

ここで、ラテン・アメリカにおける新自由主義改革の結果が実際にどのようなものだったのかを見ておこう。経済的不安定の最大の原因だったインフレ抑制については、改革を経て劇的に改善された。消費者物価上昇率は、各国間でかなり違いがあるとはいえ、ラテン・アメリカ全域平均で一九八九年には1212・6%だったのが、二〇〇〇年には9・0%へと大きく低減した（表0−1）。また経済成長率は、「失われた一〇年」と呼ばれた八〇年代には域内年平均1・2%（一人当たりマイナス0・9%）であったのに対し、九〇年代には3・3%（一人当たり1・5%）まで改善された（表0−2）。このように、マクロ経済の安定化と成長については一定の成果を見ることができる。また政治面では、八〇年代以降、ラテン・アメリカ各国では軍政から民政への移行

表0－2　ラテン・アメリカ各国のGDP平均成長率

(%)

国＼年	1981～90	1991～00	2001	2002	2003	2004	2005
ラテン・アメリカ全域	1.2	3.3	0.3	−0.8	2.0	5.9	4.3
アルゼンチン	−0.7	4.2	−4.4	−10.9	8.8	9.0	8.6
ブラジル	1.6	2.6	1.3	1.9	0.5	4.9	2.5
チリ	3.0	6.6	3.4	2.2	3.7	6.1	6.0
コロンビア	3.7	2.6	1.5	1.9	4.3	4.0	4.3
エクアドル	1.7	1.7	5.1	3.4	2.7	6.9	3.0
メキシコ	1.9	3.5	0	0.8	1.4	4.2	3.0
ペルー	−1.2	4.2	0.2	4.9	4.0	4.8	6.0
ウルグアイ	0	3.0	−3.4	−11	2.2	12.3	6.0
ベネズエラ	−0.7	2.0	3.4	−8.9	−7.7	17.9	9.0

出所）CEPAL, *Balance preliminar de las economías de América Latina y el Caribe*, 2000 and 2005

表0－3　ラテン・アメリカ各国の都市失業率

(%)

国＼年	1991	2000	2001	2002	2003	2004	2005
ラテン・アメリカ全域	5.7	10.4	10.2	11.0	10.9	10.3	9.3
アルゼンチン	6.5	15.1	17.4	19.7	17.3	13.6	11.6
ブラジル	4.8	7.1	6.2	11.7	12.3	11.5	9.9
チリ	8.2	9.2	9.1	9.0	8.5	8.8	8.1
コロンビア	10.2	17.2	18.2	17.6	16.7	15.4	13.9
エクアドル	7.7	14.1	10.4	8.6	9.8	11.0	10.9
メキシコ	2.7	3.4	3.6	3.9	4.6	5.3	4.8
ペルー	5.9	8.5	9.3	9.4	9.4	9.4	9.6
ウルグアイ	8.9	13.6	15.3	17.0	16.9	13.1	12.1
ベネズエラ	9.5	13.9	13.3	15.8	18.0	15.3	12.4

出所）CEPAL, *Balance preliminar de las economías de América Latina y el Caribe,* 2000 and 2005

が進み、九〇年代に入って軍政は姿を消した。この間、市民社会の活動も活発化している。

ところが、こうした経済・政治面の一定の成果にもかかわらず、社会的状況はむしろ全体として悪化したといわざるを得ない。都市失業率を見てみると、ラテン・アメリカ全域平均では一九九一年の5・7%から二〇〇〇年には10・4%へと大きく悪化している（表0―3）。なかでもアルゼンチンの都市失業率は、九〇年代後半以降常に15%以上と高く、特に二〇〇一年の経済危機を経た〇二年度には19・7%まで悪化し、大量失業の常態化ともいうべき事態となっている。同国の九〇年代におけるマクロ経済の成長率はおしなべて好調だったことから、アルゼンチンは当時典型的な「雇用なき経済成長」の国という評価を与えられていた。〇五年、危機的情況が続いていたアルゼンチン経済は回復基調に入るが、低下傾向にあったとはいえ〇五年第1四半期の失業率（国内全域）は13・0%となお高率であった（INDEC [2005]）。

一方でこうした状況は、アルゼンチンでは逆に「隣人集会」などの市民組織に見られるように市民活動を活発化させている。また本書の第9章で詳説されるように、人々は生活の防衛のために補完通貨・地域通貨活動を大規模に展開してもいる。

不安定雇用の拡大

失業率10%台という数値自体はヨーロッパ並であり、失業の社会的影響もヨーロッパと同程度と思われがちかもしれない。しかし、ことはそれほど単純ではない。ヨーロッパでは、失業は保険や社会扶助のシステムによって社会的に支えられるため、経済的貧困、いいかえれば所得貧困として直接には現れない。したがって、社会的排除は「分配的な側面」（貧困、窮乏、所得の不平等など）というより、むしろ「関係的側面」（参加の欠如、社会的疎外、アパシー［政治・社会問題等への無関心］、自尊心の喪失等々）において現れることになる（バラ&ラペール［二〇〇五］）。

他方ラテン・アメリカでは、失業は貧困という、社会的排除の「分配的側面」に直接に帰結する。ラテン・アメリカでは、ヨーロッパに見られるような、失業保険をはじめとする普遍的な福祉制度の普及が不十分だからである。そこでは、貧困層に対して最低生活保障が社会的になされているとはいいがたい。したがって、人々は生きるためには「失業している余裕」がない。このことがラテン・アメリカでは、低賃金での不安定雇用を強いる膨大なインフォーマルセクターを生み出すひとつの要因となっている。失業率がヨーロッパ並という数字のカラクリもここにある。つまり、先進諸国の人々ならばむしろ失業を選択するような低賃金で劣悪な労働環境のインフォーマルセクターでの雇用拡大が、数字の上ではラテン・アメリカの失業率を低く抑えているのである。

したがってラテン・アメリカでは、失業率の高さだけが問題なのではない。むしろ不安定雇用の拡大こそ問題なのである。貧困は「失業している余裕」を人々に与えない。その結果、インフォーマルな就業が膨大に発生することになる。「過去一〇年間に生まれた就業増のうち70%がインフォーマルセクター」（CEPAL［2005］p. 7）との分析さえある。それは失業率としては現れてこないが、こうしたインフォーマルな雇用形態においては最低賃金すら守られず、貧困ライン以下で生活する人々を大量に生み出している。「所得貧困層40%に属する労働者の67%以上が、こうしたインフォーマルセクターで就業している人々なのである」（*ibid.*, p. 7）。

もちろん不安定で低賃金の就業は、こうしたインフォーマルセクターだけに見られるものではない。正規労働市場における雇用の柔軟化、いいかえれば非正規雇用の拡大・一般化の中で、不安定就業は大きく広がっている。ラテン・アメリカの一九八〇年代以前の正規労働市場においては、雇用労働者は輸入代替工業化政策と厳格な労働法により雇用・賃金を制度的に保障されていた。そして、こうした労働者保護によって労使団体と政府との協調、つまりコーポラティズム（団体統合主義）が成立し、ひとまず安定した社会を作り上げていた。しかしこの社会システムが九〇年代、新自由主義の市場競争重視の立場から非効率・高コストという批判を浴びることになり、雇用の柔軟化が進められ、非正規雇用が大幅に拡大していった。ラテン・アメリカで最初に雇用柔軟化政策が行われたのは、一九七九年軍事政権下のチリであるが（Lagos［1995］p. 3）、本格化の契機は九一年民主政権下のアルゼンチンである。この年アルゼンチンでは大規模な労働法改正が行われた。こうした雇用柔軟化の動きは、労働法改正を伴うかどうかは別として、やがてラテン・アメリカ全域で大きな流れとなっていった。

しかし、こうした雇用柔軟化の流れは大きな問題を孕んでいた。それは、従来正規労働者に与えられていたような制度的保障のない労働者層が、正規労働市場において拡大してきたことである。このことが、正規労働市場内部に二つの雇用労働者層を生み出すとともに、従来のインフォーマルセクターの労働者の賃金低下および雇用条件悪化をもたらした。いわば全体として、「正規雇用のインフォーマル化」ともいうべき事態が広がっていったのである。このようにラテン・アメリカでは、失業が解消されないばかりか、全体として不安定雇用の拡大が今でも進んでいる。

一般的にいえば、人々の所得の源は雇用であり、賃金である。したがって、このように恒常化した高い失業率と低賃金かつ不安定な雇用の拡大は、先に見たマクロ経済の安定・成長の割には貧困層の比率を減らすことにつながらなかったのである。

具体的に見てみよう。貧困ライン以下の所得しか得られない域内貧困人口（所得貧困層）の比率は、一九八〇年40・5％、九〇年48・3％、九九年43・8％、二〇〇二年44・0％と、二〇年間ほぼ同じ水準のままである。また、基礎食糧バスケット（成人一人が一カ月生活するのに最低限必要な食糧品）さえ購入できない最貧困人口比率も、同18・6％、22・5％、18・5％、19・4％と二〇年前の水準をむしろ上回った状況にある（CEPAL［2004］p. 119）。このことは、ラテン・アメリカにおいて社会的排除の「分配的側面」たる所得貧困の解決が依然最重要課題として残されていることを示している。

また、マクロ経済の安定・成長の中で貧困が削減されてこなかったことは、所得分配の不平等が拡大していることを意味している。事実、ラテン・アメリカ各国のジニ係数は、ほとんどの国で九〇年代に拡大した。特にブラジルのジニ係数は、八五年の0・57が九六年には0・59、九八年には0・61と上昇し、世界で五指に入る所得不平等度の高い国の一つであり続けた（World Bank［2002］）。

3 開発の新たな道

市場重視から人間重視へ——開発論の転換

一九九〇年代のラテン・アメリカで広範囲に導入された新自由主義政策は、前節で見たようにマクロ経済の安定と成長、ならびに政治的民主主義の普及など一定の成果を上げたものの、本来最も重要な課題であるはずの貧困や社会的不平等の削減についてはこれを実現できなかった。いやむしろ、新自由主義政策はそれらを拡大したといえる。こうした背景のもと、国連の開発援助機関内部でも、開発に関する新たな議論が起きてきた。そこでは貧困や開発に関する従来の考え方が問い直された。それは第1節で述べた

「第三の道」の影響を受けつつ、開発途上国の実状を反映した施策を志向するものであった。

これまで開発途上国では、貧困は「所得貧困」としてのみ捉えられる場合が多く、その削減のために何よりも経済開発が重視されてきた。その根拠は、経済成長さえ実現すれば、その果実がめぐり巡って貧困層にも行き渡るというトリクルダウン仮説にあった。そして新自由主義は経済開発を効率的に促すために、市場での調整を重視した。しかし九〇年代に入り、開発論は大きな転換期を迎える。その契機を作ったのは、国連開発計画（UNDP）および同じく国連機関であるラテン・アメリカ／カリブ経済委員会（CEPAL）が主張した人間・社会開発論である。UNDPとCEPALは、インドの経済学者アマルティア・セン（一九三三〜）の理論に依拠しながら、貧困とは所得貧困や経済的貧困にとどまらず「潜在能力の欠如」という広いパースペクティヴで捉えられるべきものであり、したがって開発も経済開発だけでなく「人間開発・社会開発」をも重視すべきであるとした。

この議論においては、開発の関心の中心は「人間」であり、開発の目的は「人々が自由と自尊心をもって十分かつ創造的な生活を送れるように、人間の潜在能力、すなわち人間がなしうるさまざまな事柄の範囲を拡大すること」、いいかえれば、人々自身が自らの潜在能力を掘り起こし、「人間

●トリクルダウン仮説（Trickling-Down Hypothesis）　先進地域の経済発展の成果が後進地域に「水が滴り落ちる（trickle）ように」浸透することによって，後進地域の発展を促すことが可能となる，という仮説。「サプライ（供給）サイド経済学」（マネタリズムに基づき，生産‐供給能力を高め，モノの価格を下落させて消費意欲を拡大させるという発想の経済学）の代表的な主張の一つであり，1980年代，この仮説に忠実に政策を実行した米国レーガン大統領の支持者・批判者が共に用いた言葉でもある。その政策によって米国の景気や失業率は改善したが，財政赤字は爆発的に膨張し，クリントン政権まで解消されなかった。また，何が真に景気回復の原因となったかについては議論が続いている。レーガンの経済顧問を務めたD.ストックマンは後に「サプライサイド経済学やトリクルダウン仮説はレトリックだった」と述べている。

各自の選択肢、自由、尊厳の拡大を妨げている制約を緩和すること」（UNDP［2003］pp. 33, 34）とされた。またこの「人間開発」にとっては、人間をとりまく社会環境の開発が不可欠であって、両者はともに進められるべきものとされる。こうした人間開発・社会開発論によれば、所得貧困の削減は個人の選択肢を増やすための必要条件ではあるが十分条件ではない。また、こうした潜在能力の開発から疎外されていること、つまり自らの人生の決定に参加できず、教育や雇用といった社会的資源との結びつきを剝奪され、自尊心をもって生きるための選択肢が閉ざされている状態が「人間貧困」であると定義された。人間開発・社会開発論ではこのように、「貧困」の概念の拡大が図られている。「貧困」が、前節で述べたような「分配的側面」（最低限の生活を保障する所得さえ手にできない状態）だけでなく、「関係的側面」（社会への参加や社会結束を剝奪されている状態）も含んだ形で新たに定義されたのである。

このように広く捉えられた「貧困」は、いわばここまで見てきた「社会的排除」の概念と重なるものである（バラ&ラペール［二〇〇五］三二―三九頁）。というのも、「社会的排除」に関する議論も、「排除された人々に対して排除の結果を補償するというよりも、［排除されないために事前に］個人が潜在能力を増大させ、個人が自らエンパワーするのを手助けする」（同上、三四頁）ことを強調するからである。（開発論ではこうした排除の問題が「貧困」の概念において語られているといえる。なぜなら、先に述べたように開発途上国においては先進諸国と異なり、社会的排除の「分配的側面」すなわち所得貧困の削減や格差縮小がいまなお決定的に重要だからである。）

今日のラテン・アメリカが抱える貧困問題の複雑性は、たとえばアルゼンチンの所得貧困層比率の高さからもうかがえるように、すでに一定の教育や技能を習得した人々が失業により貧困に陥った場合と、潜在能力の開発からの疎外によって貧困に陥った場合とが混在しているところにある。潜在能力の開発と同時に、失業保険や最低生活保障など事後的に「結果の平等」を保障する福祉制度の充実が重要となる所以はここにある。先進諸国においては、ともあれ日常的な経済生活が可能であるから、社会的排除の「関係的側面」への対応が鍵となる。具体的には、個人が自らエンパワーしつつ地域コミュニティへ参加できるよう促すとともに、労働市場への参加促進や不安定就労への事前的対応が中心的な政策となろう。他方、ラテン・アメリカ諸国においては、社会的排除の「分配的側面」と「関係的側面」の両者をともに解決していくことが、人間開発・社会開発を推進するための不可避の課題となるだろう。

すでにみたように、ラテン・アメリカにおける新自由主義政策は、社会的排除＝人間貧困の削減に成功しなかったばかりか、社会に深い亀裂を生み出し、社会結束の危機をもたらした。その危機は所得貧困、社会的不平等、人間貧困のいずれの面においても先進諸国に比べてより苛烈である（第3章では、「貧困」概念の変遷とともに、ラテン・アメリカの貧困の現状が述べられる）。そうした「不安社会」の中で、多くの人々が社会に包摂されているという実感を持てず、協同の能力を奪われ、自らの生に希望を見出せないままぎりぎりの生活を送っている。

人間開発論が描き出す社会のヴィジョン

このように「不安社会」がラテン・アメリカに広がる状況の中で、CEPALは特に「人間開発」による社会結束の強化を訴えてきた。その集大成ともいうべきものが、「二一世紀に向けたラテン・アメリカのヴィジョン作り」をめざすメキシコ会議（二〇〇〇年）であった。この会議では、「公平、開発、市民性」が「二一世紀に向けた開発政策の中心的課題になる」（Ocampo［2001］p. 53）と宣言された。これは国連の「ミレニアム開発宣言」（二〇〇〇年の国連ミレニアム・サミットで採択）が、二一世紀社会を基礎づける新たな価値観として掲げた「自由、平等、連帯、寛容、自然尊重、共同かつ個々人固有の責任」（UNDP［2003］p. 32）と呼応するものである。

ＣＥＰＡＬによるこのような価値規範と課題の設定は、すでに見てきた社会的排除の議論、あるいは「第三の道」と問題意識を共有するものであると同時に、ラテン・アメリカ固有の問題の所在を示すものでもある。たとえば「公平」の概念は、ラテン・アメリカにおいては社会・福祉政策によって実現されるものという前提があり、その上であらためて「公平」の原理が「普遍、連帯、効率」として確認される。効率性の観点からは、公私ミックスの福祉制度の推進や、貧困・社会的不平等を削減するためのより事前的な政策、あるいは個人レベルの対応・努力を条件とする政策（個々人の就労能力の形成を促す教育政策等）が強調されることになる。特に、雇用と教育の政策は貧困や不平等の世代間継承を断ち切るための優先課題とされる（第6章は、ブラジルのＮＧＯによるユニークな教育実践を報告するものである）。このような政策は「第三の道」とも共通している。これに加えて、ラテン・アメリカでは福祉の普遍性が強調される点が重要な特徴である。この背景には、ラテン・アメリカでは「すべての人が参加できる福祉」という「福祉国家の特徴を実現してこなかった」（Ocampo［2001］p. 54）ことに対する反省がある。いうまでもなく新自由主義の福祉政策は選択的なものであり、すべての人を包摂する福祉にはほど遠かった。そのことがまた逆に社会不安をよび、社会支出の増大を促すことになった（ラテン・アメリカの福祉政策・社会保障制度についての議論は第2章で展開されている）。新自由主義の経験をふまえて、ラテン・アメリカでは現在、普遍的福祉を通した「結果の平等」もまた不可避の課題として受けとめられているのである。

また人間開発はもう一つの特徴として、市民権あるいは市民性（citizenship）を重視する。人間開発においては、人々の社会への参加は潜在能力の拡大のみならず、連帯的な社会の形成にとって決定的に重要である。そして連帯的な社会においては、「市民が公共領域に参加し、役割を果たす」ことが求められる。市民は参加に責任を有し、政府当局は参加を市民の権利として保障しなければならない。人間開発においては、「未来社会への積極的な参加」こそ社会結束を強める最も重要な要素とみなされる（*ibid*., pp. 76-77）。なおこの市民権・市民性についても、ラテン・アメリカでは地域固有の意味がある。市民の社会参加は、ラテン・アメリカにおいて顕著であった政府の腐敗と政治的民主主義の欠如を是正し、社会と経済の「良きガバナンス（協治）」を実現するのに資すると捉えられている。これは新自由主義が一九九〇年代以降に強調してきたような、政府の効率性を高める一手段としての官製パートナーシップとは異なるものである。新自由主義的政権の下では、政府が海外からの援助の受け皿として市民組織を作り、見せかけのパートナーシップを喧伝するケースも多く、この場合は自律的な市民社会諸組織の政治的回路が成熟する気運は育たない。ラテン・アメリカにおいて目指されているのはこのような官製パートナーシップではなく、市民社会

コラム

左派政権の興隆

ラテン・アメリカの一九九〇年代は新自由主義改革に席巻された時代と言えるが、二一世紀に入る前後からは各国で左派ないし中道左派が政権を握る動きが顕著となった。二〇〇六年末現在において、主要国の中で右派あるいは中道右派政権の国はメキシコとコロンビアのみで、それ以外の主要国は左派あるいは中道左派が政権を掌握しており、二〇〇〇年代は左派がラテン・アメリカを席巻した時期ということもできるだろう。

こうした左派政権登場の背景には、いうまでもなく九〇年代に行われた新自由主義的経済改革がある。それは経済的安定と経済成長をひとまずはもたらしたが、その反面、貧困、所得格差、不安定雇用といった問題をむしろ拡大した。それゆえ新自由主義政策を実施した右派・中道右派への人々の不信が高まり、社会的公正と社会政策の拡充を主要な公約とする左派勢力が選挙を通して国民の支持を集めることになったといえる。

とはいえ、ラテン・アメリカの左派政権も決して均質ではなく、市場の捉え方や対米関係などについては各国間で差異も大きい。ベネズエラのチャベス政権は反米的言説や社会主義への志向など、域内でも急進左派の代表といえる。ボリビアのモラレス政権は社会運動を基盤と

が真に「協治」の一端を担い、政治的回路を自ら創造していくような社会のヴィジョンである。

このように新自由主義的な道に替わる開発の新たな道（人間開発）は、個人の潜在能力の拡大を基礎とし、公平、市民性などの新たな価値観に基づきながら、「より参加的、連帯的な社会形成」（*ibid.*, p. 76）のもとで所得貧困と人間貧困をともに克服し、「協調のための社会の能力すなわち社会関係資本」（*ibid.*, p. 78）を育てつつ社会結束を強めようとするものである。ここに、「安心社会」を創っていくための理念的な柱が示されているといえるだろう。

前述したように、今日ラテン・アメリカにおいても、ベーシックインカムなどのように労働と切り離された最低生活保障を政策として要求する市民運動が出現している。市民権に基礎を置くこうしたアドボカシー（政策提言）型の運動には、各種の社会扶助プログラムに普遍的性格を付与する一定の貢献を確認することができる。またこうした動きは、一九九〇年代の新自由主義政策によってラテン・アメリカ社会に生じた従来型のリスクが変

した先住民出身の大統領であり、ガス田国有化など民族主義的政策への志向が強い。エクアドルのコレア政権も反米・反新自由主義的言説を採っている。他方、チリのバチェレ政権、ブラジルのルーラ政権、ウルグアイのタバレ・バスケス政権のように、市場機能の有効性を認めた経済政策を継続する一方で、貧困や社会的格差の緩和を目的とした社会政策を重視するという穏健左派も見られる。アルゼンチンのキルチネル政権は急進左派的言説を特徴とし、その一部は実行されてもいる。

ニカラグアのオルテガ政権やペルーのアラン・ガルシア政権は、過去政権を握っていた時期に社会主義路線を追求し、時には国際金融機関と対立し経済危機に至った経験を有している。二〇〇六年六月の大統領選挙で勝利したペルーのアラン・ガルシア大統領は、過去の失敗を認め穏健路線を採ることを表明し、ニカラグアのオルテガ大統領（サンディニスタ民族解放戦線）も同様の主旨の発言で政権に復帰した。

このように、一口にラテン・アメリカの左派政権といっても、外資に対する姿勢、市場機能の評価、対米関係等でそれぞれ異なる立場をとっている。しかし、仮に穏健左派政権であっても最低限市場万能主義路線は回避され、社会的公正の確立をめざしてあらためて国家の役割を規定し直すことでは共通している。これら左派政権と市民社会との関係も多様である。ある政権では市民社会の政治参加を促す政策が採られる一方で、他の政権で

容しつつあることと表裏でもある。つまり、正規労働者への従来の生活保障機能（雇用の安定や社会保障など）が正規労働市場のインフォーマル化の進展によって低下したために、従来の貧困層と新たに出現した貧困層とを包摂したより包括的な生活保障のあり方が求められているといえる。

そして、このような新たな価値観に基礎づけられた運動の主体が、従来型の階級を軸としたものではなく、問題に共感する幅広い市民の連帯・結集によって形作られていることが、現代ラテン・アメリカ市民運動の特徴といえる。ベックのいう「社会権」（市民権）に基づいて個人が参加するという、リスク社会に固有な社会運動の形態がラテン・アメリカに生まれているのである。現在のラテン・アメリカにおける反新自由主義的代替案は、「第三の道」や市民権・社会権の議論に基づいて活動するいくつものグループの合流によって生まれてきているといってよい。さらに、こうした運動の波は政府をも突き動かすものとなっている。ブラジルのカルドーゾ政権やつづくルーラ政権（小池［二〇〇三］）、アルゼンチンのデ・ラ・ルーア政権やキルチネル政権、あるいはチリのラゴス政権がそれを証明している（本章コラム参照）。

は既存の市民運動を政権に取り込み、パトロン・クライアント関係（一種の親分・子分関係）の形成をはかろうとするケースも見られる。

いずれにせよ、軍政、経済危機、社会的格差の拡大による苛酷な社会状況を経験してきたラテン・アメリカ諸国では、生存権・社会権の見地から多くの住民組織・市民社会組織が生まれ、それらの経験を通して市民の政治的学習が深化していると考えられる。ラテン・アメリカにおける左派政権の登場は、このような人々の政治意識の高まりが生んだものであるといえよう（遅野井・宇佐見編［二〇〇八］）。

4 参加的・連帯的な社会形成

市民参加の拡大

前節で見たような開発の「新たな道」が強調する市民の社会参加は、単に「政府の失敗」や「市場の失敗」を補完するだけの消極的なものではなく、人間開発や社会結束の強化のための重要な要素である。すなわち人々が社会的課題をめぐって「熟議し、また決定する過程に参加すること」(Ocampo［2001］p. 77)をめざすものである。このとき市民は、住民組織・市民社会諸組織を通して熟議や決定の過程に参加していくことになる。そこでは政府、市場、市民社会の間の新たな協治関係が模索されているといえる。

人々の日常的な生活空間である地域コミュニティは、こうしたガバナンス関係が最も凝縮される領域である。一九九〇年代以降のラテン・アメリカでは、このようなコミュニティ・レベルでの市民参加が各地で多様に展開され、活発化している（第4章では、これまで十分に紹介されてこなかったペルーの住民の政治参加が詳説される）。ここでは市民参加の一つの実践例として、ブラジルのポルトアレグレ市の「参加型予算編成」について簡単に紹介しておこう。

同市では住民自身の手で予算の審議、決定、実施が行われている。一六の行政区ごとに開かれる総会（年二回）で前期の予算評価、各区の優先的支出事項が審議され、予算決定を行う市の「参加型予算審議会」に参加する区の代表二名が選ばれる。年二回の行政区総会の間には地区集会や各種の中間集会が開かれ、多くの市民が参加する中で、教育、水道、保健医療、交通などの予算の優先順位が審議されていく。

またこの間、さまざまな市民社会諸組織が、各種の集会を支援し参加型予算のプロセスを支えている（松下［二〇〇四］、小池［二〇〇五］、国連開発計画［二〇〇三］一七六―一七七頁）。市は参加型予算審議会によって決議された予算に対して拒否権を持つが、審議会もまたこの拒否権を無効にする権限を持つ。この試みは、他にもサンパウロ市、カンピナス市などで採用されるに至っている。これらの都市では、「社会的パートナーシップ」と呼ばれる新たなガバナンス形態をとりながら、「より参加的・連帯的な社会形成」がめざされているのである（第8章では、同国クリチーバ市における市民参加型都市行政の事例が紹介される）。

ブラジルの住民運動の集会の様子（撮影：近田亮平）

ところで「市民の参加」は、必ずしも社会的パートナーシップという形態のみを指すわけではない。バングラデシュのグラミン銀行で著名となり、ボリビア、ホンジュラスなどラテン・アメリカでも見られるマイクロ・ファイナンス（低所得者・貧困層向け小規模金融）運動もまた、住民の自主的・自律的参加形態の一つであり、それは市場経済の枠組の中で連帯的・協同的空間を生み出そうとする試みである。本書第9章で取り上げられている補完通貨運動もその一つであろう。こうした市民社会諸組織による運動は、人々が貧困から脱出する一助となり、特に女性の経済的自立を促し、家庭内・地域内での地位を高める効果をもたらしている。そして何よりそうした運動は、人々に自らの社会的役割に対する自負と責任を実感させ、そのことによって人々が相互に支え合う空間＝公共領域を作り出している。

くりかえせば、社会的パートナーシップあるいは自主的・自律的な市民・住民運動は、人々の潜在能力を拡大し、「より参加的・連帯的な社会形成」の拠点となるものであり、それが社会関係資本の蓄積を高め、社会結束を促すことになる。ラテン・アメリカでそうした運動が目覚ましい発展を見せていること、特に最も脆弱な立場に置かれている女性、先住民、貧困層の人々の運動が活発化していることは注目に値する（第5章ではメキシコにおける女性のエンパワーメントに関する活動が検討され、第7章ではエクアドルの先住民組織および先住民の政策決定への参加が分析される）。

しかもこうしたさまざまな市民運動は、政権の交代を促すほどの力を持つに至っている。たとえばアルゼンチンでは、一九九六年に内陸部で国営企業の民営化に伴う大量失業が発生した際、失業者らが街頭に出て道路封鎖デモを行った。このような直接行動によって社会扶助や賃金支払いを求める失業者や貧困者の運動は「ピケテーロ」と呼ばれ、この動きはやがて全国に広まっていった。二〇〇一年末に経済危機が起きると、ピケテーロと預金封鎖に抗議する中産階級とが合流し、ついに時のデ・ラ・ルーア連合政権を崩壊に追い込んだ。またエクアドルでは先住民の運動が政治的影響力をもち、やはり大統領を辞職に追い込んだ（新木［二〇〇〇］）。エクアドルの先住民たちは九〇年代に多民族国家の認定、土地問題や自分たちの生活領域の合法化などをめぐる運動で徐々に力を強めていき、九九年の金融危機に対し迷走する政府をよそに市民社会組織や時には軍とすら連合しながら、〇一年一月、首都キトの三権機関を占拠し、時のマワ大統領を辞任させたのである。同国ではその後も民衆の抗議運動が続き、〇五年四月にはグティエレス政権を崩壊させた。〇七年に成立した現コレア政権は、先住民や都市市民組織を基盤としている（上谷［二〇〇八］）。このようにエクアドルの政治では、先住民組織をはじめとした市民社会組織が重要な役割を果たしている。

ラテン・アメリカと日本における安心社会

私たちをとりまく経済・社会状況は、その原因を「社会的排除」として語ろうが「貧困」として語ろうが、社会結束の危機に瀕していることは間違いない。もはや維持不可能な従来型の福祉国家、あるいは市場原理主義を盲信し、平等を捨て利己的個人主義を慫慂《しょうよう》する新自由主義、いずれの道にも私たちは戻り得ない。ここまで述べてきたように、ラテン・アメリカやヨーロッパではいま、「安心社会を創る」ためのさまざまな試みが盛んに行われている。では、ひるがえって日本ではどうか。

すでに本シリーズの第一巻で明らかにされたように、日本はいま、一九九〇年代の「失われた一〇年」を経て「遅れてきた新自由主義」に覆われる中で、大きな政治的・経済的・社会的変化を経験している最中である。「一億総中流」などの言葉が象徴するように、戦後の日本社会はきわめて平等性の高い社会とみなされてきた。長期雇用という戦後日本に固有な雇用調整のもと、雇用の安定と社会の安定が保たれてきたのである。また「企業社会」ともいわれるように、企業への従業員の統合が日本独自のコミュニティを作り出し、数々の問題を含んでいたとはいえ、ともあれそれが社会の安定の基礎ともなってきた。そして家族や地域もそれぞれに補完的役割を与えられ、社会の安定を支えていた。こうした非常に特有な形の福祉国家（居神［二〇〇三］）を形成してきた戦後日本社会は、しかし九〇年代以降のグローバル競争激化の中で解体を余儀なくされていく。企業福祉が見直しを迫られ、能力主義的賃金制度の導入や非正規雇用の拡大により企業内所得格差が拡大し、企業というコミュニティの結束は確実に壊れつつある。

所得格差は日本の社会全体にも及び、社会結束を壊しつつある。日本の所得格差は、米国等の一部の先進諸国やラテン・アメリカと比べてまだ相対的に大きくはない。しかし、それ以前が比較的に「平等社会」だったため、格差がもたらす心理的な影響は決して小さくはない。さらに深刻なのは、所得格差の固定化によって生じる「所得格差の世代間継承」の問題である。親が被る所得格差によって子どもの高等教育へのアクセスが制限され、そのことが次は子どもたちの将来的な雇用条件に負の影響を与えることになる。こうした社会的不平等の拡大は、さらなる社会的排除を呼び起こしていくだろう。このような貧困の世代間継承は、ラテン・アメリカでは積年の懸案事項であり続けてきた。このことが結局、社会関係資本（信頼や互酬性、協同の能力）を衰退させ、社会結束の危機をもたらしてきたのである（この問題については第1章で詳説する）。私たちはあらためて、このような格差の拡大とその固定化がもたらす負の影響について、ラテン・アメリカの経験から学ばなければならない。

しかもこうした所得格差の拡大・固定化を食い止め、社会的に排除された層へのセーフティネットを保障すべき福祉システムが、財政危機の呪縛により大きな制約を受け、機能しなくなりつつある。年金問題はその典型であり、多くの人々が将来に大きな不安を抱えている。このように、社会の安定を支えてきた福祉諸制度の機能不全および所得格差が、日本社会にいま不安をもたらしている。いうまでもなくこうした不安社会は、けっして健全な社会ではない。なぜなら、それはいつしか人々の間に排他性を広げていくからである（第10章では、ラテン・アメリカから日本にやってきた移住労働者の社会権の検証を通して、日本の「安心社会」のありようが考察される）。

新自由主義的な道では「安心社会」を創出できないことは、すでにラテン・アメリカの経験が語っているところである。だからこそ、ラテン・アメリカは新たな道を模索し、「安心社会」の主体としての市民社会と市民社会諸組織の活動を重視しているのである。日本はそこから多くのことを学ぶことができるし、すでに新自由主義的な道に対抗するさまざまな運動も出現している。たとえば貧困や格差の問題に関しては、非正規雇用の人々を支援する労組「フリーター全般労働組合」、生活困窮者の自立を支援するNPO

法人「自立生活サポートセンター・もやい」、人間らしい生活と労働の保障を求める運動体「反貧困ネットワーク」などが積極的な活動を展開している。このほかにも、新自由主義政策の破綻が私たちの生活を直に破壊し始めた二〇〇〇年代以降は、連帯と協同に向けた多様な取り組みが展開しつつある。

また環境の分野では、一九九〇年代後半以降さまざまな形態の市民運動が活発化してきた。たとえば早いところでは九七年の京都会議（第三回気候変動枠組条約締約国会議）で、「気候ネットワーク」など多くの環境市民団体が「京都議定書」の作成に向けて活躍した。二〇〇一年段階で五〇〇〇余りであったNPO法人（特定非営利活動法人）は、〇四年末には約四倍の一万九〇〇〇にまで増えている（内閣府国民生活局［二〇〇五］、内閣府［二〇〇四］）。こうした市民社会諸組織による多分野の活動（福祉、自然環境保護、地域づくり、文化・教育など）は、人々自身の手による安心社会の構築に向けた試みといえるだろう。こうした運動や社会参加は、それが外に対して排他的でなく、内において民主的であるかぎり、社会結束を促し、人々の自尊心とアイデンティティ、そして協同性を育むものとなるだろう。

おわりに

私たちの住む社会を「安心社会」に編み直すためには、このような市民の運動、市民の参加、そこに住む人々自身による取り組みを護り育てなければならない。そのとき、新自由主義政策の弊害によって苛酷な状況を強いられ、それに力強く抗ってきたラテン・アメリカの人々の経験は、私たちに多大な示唆を与えてくれるはずである。

Más allá de la década perdida

Além da década perdida

第1章

社会関係資本と「安心社会」

篠田武司

はじめに――社会関係資本（ソーシャル・キャピタル）への注目

開発学分野や国際機関において、一九九〇年代半ば以降、貧困の削減や開発のあり方をめぐって「社会関係資本（ソーシャル・キャピタル）」という概念が大きくクローズアップされるようになってきた。「社会関係資本」とは、一言でいえば市民の自発的協同を促す規範やネットワークのことである（序章二五頁参照）。この概念が急速に広がるきっかけになったのは、世界銀行が九六年に「ソーシャル・キャピタル・イニシアティブ」というワーキンググループを設立したことである（すでに世銀は九三年の段階で「環境の持続可能な開発に関する副総裁諮問委員会」を作り、研究者やNGO関係者とともに社会関係資本についての議論を始めていた）。世銀はその後、二〇〇〇／〇一年度版の『世界開発報告』において、社会関係資本を開発における重要な概念として位置づけた。

国連開発計画（UNDP）もまた、二〇〇〇年にチリで開かれた会議でこの概念を取り上げた。また国連ラテン・アメリカ／カリブ経済委員会（CEPAL）は、二〇〇一／〇二年度版『ラテン・アメリカの社会状態』（CEPAL［2002］）の中に「社会関係資本――社会政策と社会プログラムに対するその可能性と限界」と題する章を設け、本格的に社会関係資本論を展開した（CEPALは、開発や貧困削減にとってそれがもつ「可能性」を世銀ほどには楽観的に捉えていないが、積極的に評価していこうとはしている）。

よく知られているように、同じ国際機関であっても、UNDPやCEPALと世銀との間には、拠って立つ開発のコンセプトに違いがある。前者には人間的・社会的側面を重視する「人間開発」「社会開発」

という視点があるが、後者は経済成長重視の傾向が強い。したがって、両者の社会関係資本への注目には、開発コンセプトの違いによって微妙な差異が生まれてくる（坂田［二〇〇四］）。もちろん世銀も一九九〇年代以降、経済開発だけでなく社会開発をも重視し始めている。さらに、経済の調整を市場だけに委ねる政策から国家の役割を再評価する方向に、しかも市民社会の国家へのアプローチを国家の「良きガバナンス（協治）」を担保するものとして積極的に位置づけ、ガバナンス構造を変えようとする方向に開発戦略を変化させている。つまり九〇年代までの市場一元主義的な開発戦略を見直し、国家、市場、市民社会という三元的社会構造に基づいて開発戦略の再構成を目指そうとしているのである（とはいえ世銀の方針はいまだ市場中心主義的である）。

社会関係資本への注目は、こうした開発コンセプトの変化の延長線上にある。というのは、社会をこうした三元的構造として捉えつつ国家の役割を再評価し、市民社会をガバナンス構造の中に組み込むことを構想しても、そうした構造がよりよく機能するためには、社会の諸資源を動員する「何か」が必要だと理解されたからである。そしてその「何か」について世銀の見出した答えが、「諸個人間の相互行為を導き、経済発展やデモクラシーを容易にするような諸制度や諸関係、あるいはまた社会アクターの態度や価値観」（CEPAL［2002］p. 143）であった。そして、このような人々の自発的な協同（連帯）行動を導く制度や価値観、規範を社会関係資本として概念化したのである。

良き経済的・政治的パフォーマンスが人々の間の信頼関係や互酬性の深さと大きく関係していること、そしてそうした関係性を育む規範、諸制度、ネットワークを社会関係資本として理論的に概念化したのは、アメリカの政治学者R・パットナム（一九四〇〜）であった。世銀はこのパットナムの議論（本章第3節で詳述）を開発理論として援用したのである。

またUNDPあるいはCEPALは、開発のあり方を考える上で、世銀よりも「貧困の削減」「人間開発」「社会開発」を重視し、市民社会の役割をより強調する立場から、社会関係資本の可能性を積極的に受け止めようとしている。

本章では、このように近年注目されている社会関係資本論が、ラテン・アメリカの現実の中でどのような意味をもっているのかを、さまざまな議論を参照しながら考えていく。またそれらの考察を通して、それが日本の社会にとってどのような意味をもっているのかも考えたい。

社会関係資本論では、開発途上国においては社会関係資本の蓄積が人々のエンパワーメントを促し、人間開発と貧困削減を促進すると主張される。たしかにラテン・アメリカでは、かつてないほど市民社会を基礎とした社会運動が活発になりつつある。それによって人々の間に、あるいは諸組織間に社会関係資本が育まれ、それがまた市民アクターのエンパワーメントを促し、人間開発を進めていることは確かである。

他方で課題もある。貧困そのものが、いやそれ以上に格差の拡大が、社会関係資本の蓄積を阻害しているという現実である（宮川［二〇〇四］）。貧困や格差は人々の間の信頼関係を損ない、協同行動を阻む。そのことが社会結束を弱め、「不安社会」を生み出す。したがって、社会関係資本論がラテン・アメリカの現実の中で生かされるためには、貧困の削減と格差の是正が不可欠の前提となる。

一九七〇年代以降ラテン・アメリカで進められてきた新自由主義的開発路線は、絶対的貧困を部分的には減少させた。しかし経済的・社会的格差は克服できず、むしろ階層の固定化をいっそう強固にし、社会関係資本を蓄積するどころか減少させてきたといえる。

ひるがえって日本はどうか。なるほどラテン・アメリカと比べると経済的にははるかに豊かである。人間貧困指数（ＨＰＩ）（第３章一一四頁参照）もきわめて低い。しかし九〇年代以降、経済的・社会的格差の固定化が進んでいる点では、ラテン・アメリカの後を追いかけているかに見える。そのことが社会関係資本を減少させ、「不安社会」を生み出している点でも、日本はラテン・アメリカと共通の問題に直面しているのではないだろうか。「安心社会」の創出を考える上で、われわれはラテン・アメリカからの「警告」を無視してはならない。

1 人間開発を阻害する貧困の実情

貧困とは何か

まず「貧困」についてみておこう（「貧困」概念の変遷と対策の歴史については第3章参照）。貧困を所得貧困だけで捉えることができないのは、もはや広く認められていることである。インドの経済学者A・セン（一九三三〜）は、貧困を「潜在能力（ケイパビリティ）アプローチ」から捉えることを提唱した。「潜在能力」とは、人々の生活を構成する「機能の集合」（いわば「生き方の幅」）を示す概念である。そしてその機能とは、具体的には「適切な栄養を得ているか」、「健康状態にあるか」などの「基礎的な機能」から、「自尊心を持って生活できているか」、「社会生活に参加できているか」といった「社会的達成」を可能にする複雑な機能まで多岐にわたる（セン［一九九九］五九頁）。センはこうした機能の選択可能な組み合わせを「潜在能力」と呼ぶ。

この潜在能力が、個人の自由と不可分の関係にあることは容易に理解できよう。というのは、ある人の潜在能力を考える時に本質的に重要なことは、「達成された機能」よりも、むしろその人がどのような生活を選択できているかということであり、したがってそこでは「個人の自由」(同上、六〇頁)が重要となるからである。

こうした「潜在能力アプローチ」からみると、「貧困」とはたんに所得貧困をさすのではなく、「潜在能力の欠如」となる。複雑多岐にわたる機能の具体的な「満たされ方」は、社会のあり方に応じて異なるものであり、所得の大小だけでは計り得ないからである。一定の所得を得ていても人間らしい生活、自尊心を持った生活を剝奪されている場合があるし、また高所得者であってもそれを潜在能力に変換できなければ、彼／彼女は「潜在能力が欠如した状態」にあるといえる。問題は、機能の組み合わせを達成するための自由や機会を得られているかどうかである。

一九九〇年代以降、開発分野では、このセンの潜在能力アプローチに基づく「人間開発」の概念が支持され、国際機関(特にＵＮＤＰ)やＮＧＯなどの国際協力市民組織の間に広がっていく。ＵＮＤＰは九〇年以降毎年『人間開発報告(Human Development Report)』を発行し、この概念の普及に努めている。そうした中で、「選択の幅の拡大」には「機能や良き生とは何であるかを定める決定過程やその実施・評価に人々が完全に参加することが不可欠である」(『国連世界社会開発サミット・宣言』一九九五年)ことが確認され、そのための潜在能力の発掘・育成を人々自身が行うことを「エンパワーメント」という概念で表すことが一般的となった。選択の幅の拡大は、人々のエンパワーメントなくしてありえない。したがって「貧困」とは、人々のパワーの剝奪状態、いいかえれば個人が自己の発展する機会や人権の内容をなす「良き生」を実現・享受する機会を剝奪されている状態を意味するだろう(本シリーズ第一巻、第８章参照)。

図1―1　ラテン・アメリカにおける貧困と極貧困の実態（1980〜2006年）

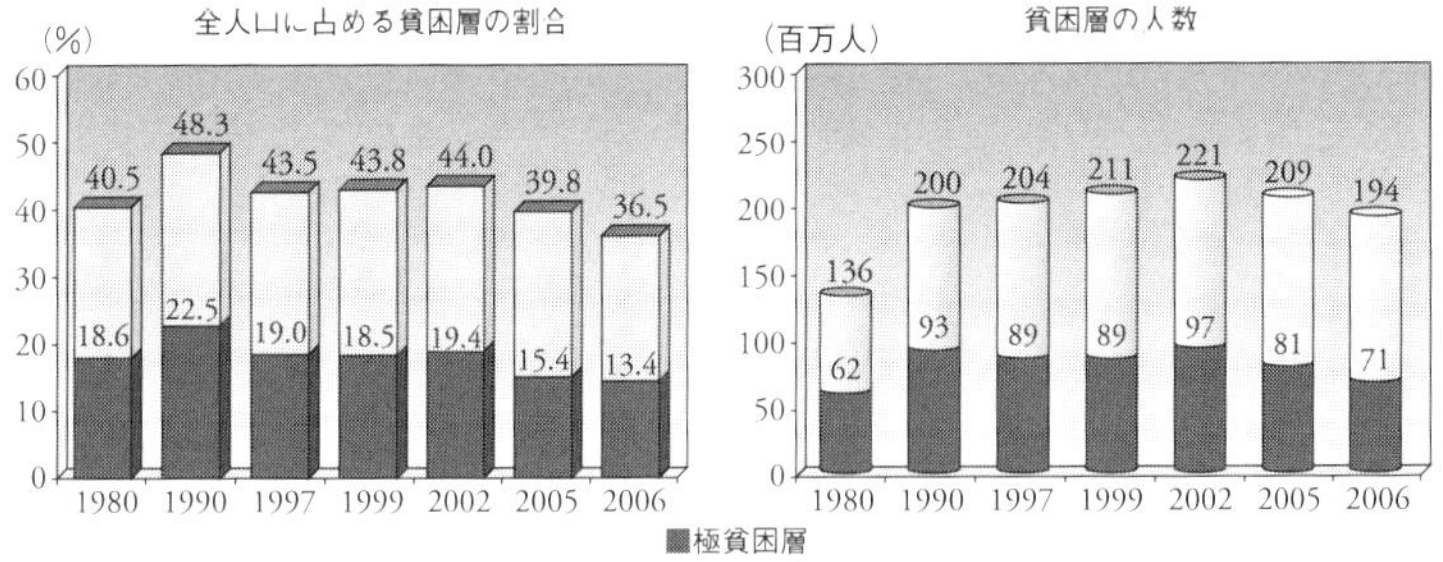

注）調査対象はラテン・アメリカ18カ国，1人当たり所得をもとにした調査。
出所）CEPAL［2007］

所得貧困の実情

しかしその上でなお、所得貧困の削減があいかわらず開発途上国にとっては最大の課題であることも事実である。なぜならP・タウンゼントがいうように、「ある一定の所得水準以下の状況では、剥奪は著しく強まるか、加速するか、拡大する」からである（Townsend［1985］p. 662）。そこで次に、基本的な機能をも人々から奪う所得貧困の実情に焦点を当て、ラテン・アメリカにおける実態をみながら考えていこう。

二〇〇〇年九月、世界一八九カ国が参加した国連総会において、「ミレニアム開発目標」が合意された（UNDP［2003］）。これは八つの基本目標と一八の特別ターゲットからなり、人間開発を促すさまざまな分野での目標を設定したものである。その基本目標の第一に挙げられたのが、「二〇一五年までに極度の貧困と飢餓を半減する（一九九〇年との比較）」というものであった。ここでいう極度の貧困（以下「極貧困」）とは、国際的な貧困ラインといわれる「一人当たり一日一ドル」を下回る収入で暮らす状態をさす。

ではその目標に対して、ラテン・アメリカの現実の貧困はどうなっているのか。図1―1に見るように、目標の実現性は高くなっている。極貧困層の割合は二〇〇六年に13・4%まで下がってきている。といっても、国によって貧困削減の達成度には大きな違いがある。いち早く目標を達成したチリ（2・7%）とともに、アルゼンチン、ブラジル、メキシコでは極貧困率が10%以下までに下がってきた。しかし、最も高いホンジュラス（49・3%）をはじめ、グアテマラ、ニカラグア、パラグアイなどはいまだ30%を超えており、各国間の格差が大きい。「極度の貧困」を二〇一五年までに半減するという目標に対して、ラテン・アメリカ全体では現在87%を達成し、目標の実現は「可能になってきた」（CEPAL［2007］p. 61）とはいえ、貧困が問題でなくなったというわけではない。割合においても総数においても、貧困の削減はラテン・アメリカにとって引き続き主要な課題であり続けている。

2 所得不平等がもたらす社会階層分裂の固定化

大きい所得不平等

しかしラテン・アメリカの場合、人間らしい生活を送ることができない「絶対的貧困」（第3章第3節参照）の問題以上に人間開発を阻害するものとして深刻なのは、所得の不平等である。図1―2は、一九九〇〜九七年と、九九〜二〇〇一／〇二年を比較しながら各国のジニ係数の推移を見たものである。ここから読み取れるのは、九〇年代以降にジニ係数を低下させた国はホンジュラスやウルグアイ、メキシコなど少数に留まり、多くの国はむしろ上昇させていることである。ブラジルのジニ係数は二〇〇一／〇二年に約0・64と、世界五指に入る不平等さを示しており、九〇年からわずかながら上昇してもいる。数字が

図1－2　ラテン・アメリカ諸国のジニ係数の推移（1990〜2001／02年）

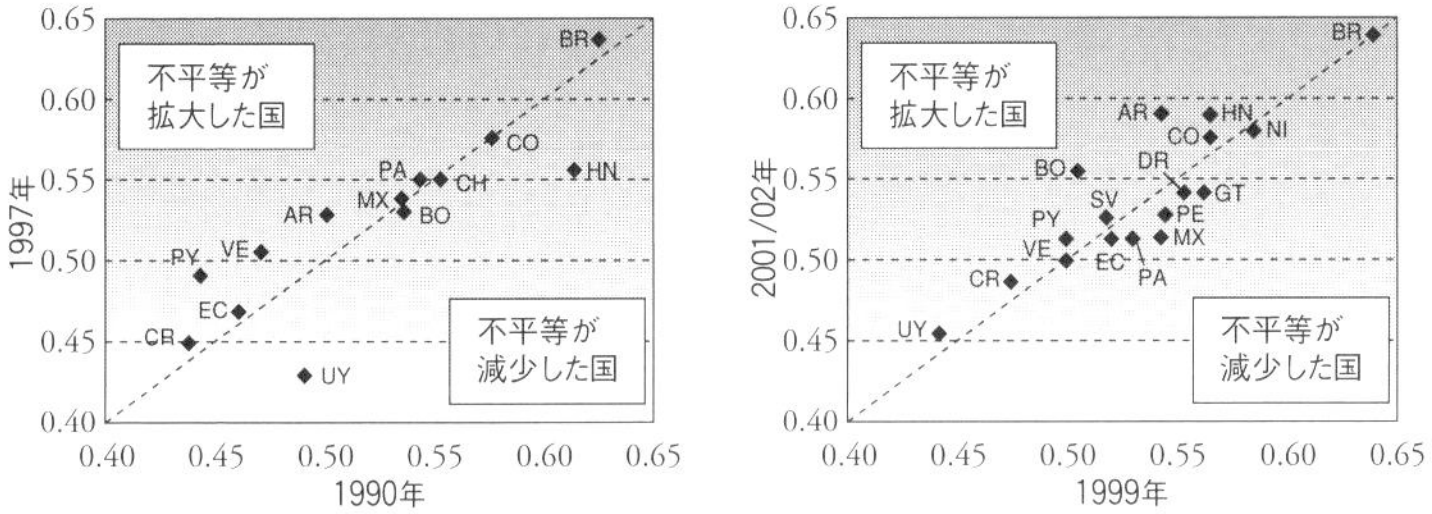

AR アルゼンチン	DR ドミニカ共和国	PA パナマ
BO ボリビア	EC エクアドル	PE ペルー
BR ブラジル	GT グアテマラ	PY パラグアイ
CH チリ	HN ホンジュラス	SV エルサルバドル
CO コロンビア	MX メキシコ	UY ウルグアイ
CR コスタリカ	NI ニカラグア	VE ベネズエラ

注）１人当たり所得に基づく計測。ボリビア，コロンビア，エクアドル，パナマ，ウルグアイは都市部，アルゼンチンは大ブエノスアイレス地区，ボリビアはエルアルト他８都市，パラグアイは首都圏の数値。
出所）CEPAL［2002］および ECLAC の各国特別統計資料より。

少々異なるが、ブラジルは世銀の統計においても、ジニ係数が八五年の0・57から九六年には0・59に上昇しており、この間不平等が拡大していることが確認できる（World Bank［2002］）。ちなみに、V・アフヤによる九六年時の地域比較をみると、アジアが0・61で突出して高く、ラテン・アメリカ（0・55）はアフリカ（0・53）より不平等度が高いという結果が出ている（Ahuja［1997］）。全体としてラテン・アメリカは不平等社会であり、八〇年代後半以降、あいかわらず不平等の解消が進んでいないことがわかる。

二〇〇二年以降には全体として貧困の削減が進んだとはいえ、所得不平等はいまだ大きい。たとえば、ブラジルの二〇〇三〜〇五年のジニ係数は0・61であり、一九九八〜九九年の0・64と比較してさほど変化したとはいえず、依然として0・5を超えており極めて不平等度が高い（CEPAL［2006］）。

「貧困の罠」

しかも社会階層間の流動性の低さ、すなわち貧困からなかなか抜け出せないことも深刻な問題である。これは「貧困の罠」あるいは「貧困の悪循環」と呼ばれ、近年特に開発途上国における人間開発・社会開発を阻害する重大な要因として浮かび上がっている。

「貧困の罠」を考える際に最も重視されるのが教育との関連である。多くの調査によって、貧困層は教育水準が低く、そのことが職業選択の幅を狭め、結果として収入も低くなること、またそれによって社会的な上昇意欲も失い、貧困状態を継続させてしまうということが明らかにされている。

しかも、「貧困の罠」は貧困の再生産をも意味する。開発途上国の貧困家庭の子どもは高水準の教育機会を与えられず、貧困が次の世代に継承されてしまう。つまり「貧困の罠」は、たんに一個人、一世代の問題ではなく、世代間に及ぶ問題なのである。

ラテン・アメリカでは、「貧困の継続」を調査する目的でパネル調査を行っている国はない。パネル調査とはある集団を経年的に継続調査していく方法で、貧困の力学《ダイナミクス》、とりわけ階層間の移動を調べるのに適している。しかし調査がないとはいえ、ラテン・アメリカに「貧困の罠」が厳然として存在することは明らかである。ＣＥＰＡＬは二〇〇一／〇二年度版の『ラテン・アメリカの社会状態』（CEPAL [2002]）で、域内の一五～一九歳の子どもの中途退学について初めて考察を行った。それによると、中学校までの中途退学率は、（都市部が低く農村部が高いという地域間の違いはあるが）域内全体で一九九〇年４２％、二〇〇〇年３０％となっている。しかもこれらのうち約４０～５０％は小学校段階での中途退学である。減少傾向にあるとはいえ、依然として子どもの中途退学率は高い状態にある。ＣＥＰＡＬはその主要因として家庭の低所得を挙げ、次のように結論した。「児童期の［教育の］不平等を永続させていくものは、社会・経済階層間の不平等である」(*ibid.*, p.25)。

　このような「貧困の罠」の世代間継承を、本章では「階層分裂の固定化」と呼んでおこう。ラテン・アメリカでは一九八〇年代以降、こうした固定化が続いてきた。貧困の解消を一つの大きな目標として進められてきた七〇年代末以降の新自由主義的改革は、社会的不平等と階層分裂の固定化を解消することができなかった。いやむしろ、新自由主義的改革は、「貧困の罠」に陥った社会においては、格差の拡大や階層分裂の固定化をさらに強めることにしかならなかったのである。

3 社会関係資本論の展開

人間開発を阻む不安社会

　ＵＮＤＰは、貧困や不平等の大きさについて次のように考えている。「貧困や不平等の大きさは人間の上昇能力を弱め」(UNDP［2000］p.55)、「人間開発と社会的安定に深刻な影響を及ぼすことになる」(UNDP［2003］p.49)。貧困は人々から人間としての尊厳や自信を奪い、人々を萎縮させ、社会から孤立させていく。他方で、安定を失った社会は彼／彼女らを排除し、さらに孤立させていく。そして階層分裂の固定化が社会に閉塞感をもたらし、人々に無力感と絶望感を引き起こしていく。人々の間に不信感が広がり、市民社会の基盤たる人々の「自発的な協同性」は衰退してしまう。その結果、社会結束は弱まり、社会は「不安社会」となるだろう。

　先にみたように、人間開発とは「選択の幅の拡大」であり、自らの「良き生」を実現する機会の拡大である。そのためには、自らの「良き生」に関する事柄を決定する過程に自らが参加しうることが不可欠だ。つまり人間開発とは、具体的には、人々が市民社会組織における運動や熟議を通して公共的意思を形成しながら、さまざまな領域・レベルで自らをエンパワーしていくことである。それによって市民社会は政治空間にアクセスする回路をもち、良きガバナンス（協治）に参加していく。貧困、不平等、階層分裂の固定化は、人々からそうした過程に参加する意欲を奪い、社会への信頼感を弱める。それが結果として市民社会の衰退につながるといえる。

では、人々のエンパワーメントを強め、「強い市民社会」（Encarnación［2003］p. 3）が形成されるためには何が必要なのか。この問いをめぐり、近年新たな議論が始まっている。それが社会関係資本（ソーシャル・キャピタル）に関する議論である。これはもともと一九八〇年代後半以降、市民社会衰退の危機とガバナンス・メカニズムの変化の中で、市民社会の「再生」とその経済的・社会的調整の重要性を打ち出した欧米の「新しい市民社会論」と呼応しながら生まれてきた概念である。すでに述べたように、その概念が人間開発の理論に取り込まれながら、現在開発分野で新たなステップを歩み始めているのである（佐藤［二〇〇二］、国際協力事業団［二〇〇二］）。

社会関係資本とは？

ここで改めて、社会関係資本を概念化したR・パットナムの議論を振り返っておこう。

この概念が急速に普及するようになったのは、パットナムの一九九三年の著書（Putnam［1993］）がきっかけであった。彼はこの著書で、イタリアでの調査資料をもとに、保健、住宅、産業開発などの分野で諸制度がうまく機能し、また民主主義が成功している州がある一方で、そうでない州もあることを挙げ、両者の制度パフォーマンスの違いは「市民共同体」の質的差異によるものであると結論づけた。ここでいう「市民共同体」とは、「積極的で公共心に富む市民層、政治的平等、信頼と協力の社会的織物を特徴とする」（パットナム［二〇〇一］二〇頁）ものである。そして、イタリアでは「相互の支え合い」の規範や市民の積極的参加の慣習が蓄積されてきた市民共同体ほど、「自発的な協同」を実現し、制度パフォーマンスが良かったと報告している。

パットナムは、こうした「自発的な協同」を促す規範等を「社会関係資本」として概念化し、その蓄積の多寡が「市民共同体」の強度を規定するとした。彼の社会関係資本の定義をまとめれば次のようになる。社会関係資本とは、共有された目的を実現するための、平等な市民による「自発的な協同」であり、また公共性への市民参加を促すための信頼、連帯、寛容といった人々の間に共有された規範、あるいはネットワークや関係性である（同上、一五七―一五八、二〇六―二〇七頁）。そしてパットナムはこうした社会関係資本を測る指標として、地域コミュニティなどの組織における活動の頻度、投票率、ボランティア活動の頻度、友人や知人とのつながり、社会への信頼度、をあげている。

では、こうした社会関係資本を育むものは何か、それはどのように蓄積されてきたのか。パットナムは次のように述べる。社会関係資本は、たとえば「隣人組織、スポーツクラブ、合唱団、協同組合、大衆政党」（同上、二一五頁）といった自発的アソシエーション（目的や関心を共有する人々が自発的に集う集団や組織）の中で育まれる。こうした市民社会を構成するアソシエーションは、「その内部のメンバーに協同の習慣や連帯、公共心を教え込んできた」（同上、一〇七頁）ものである。そしてパットナムは、社会関係資本はこうしたアソシエーションを母体に社会的文脈の中で歴史的に形成されてきたものであることを強調し、その経路依存性を主張する。

社会関係資本をめぐるさまざまな議論

パットナムが定義し、展開した社会関係資本の概念は、その後多くの社会科学分野に賛否両論を伴いながら広がっていく（宮川［二〇〇四］）。社会関係資本は「市民社会を具体的なイメージとして捉えるためのツール」（篠原［二〇〇三］一一六頁）として有効であり、開発における市民社会の役割に留意し始めた開発学の分野でも大きな影響力を持ち始めたのは、ある意味では自然のことだった。

しかし、多くの批判も寄せられた。その中で、この概念の有効性を認めつつも重要な論点を提供したものは次のような主張だった。

①自発的アソシエーションの中には「アパシー［無関心］、不信、不寛容を育てることによって市民精神や公共心を害するものもある」（Encarnación［2003］p. 6）。現実には、マフィア等のようなパターナリズム（温情主義）に基づく非社会的組織も存在するからである。したがって、「社会的な社会関係資本」と「非社会的な社会関係資本」を区別すべきである（Levi［1996］）。

②「活発な市民社会」が民主主義を強化するというパットナムの主張には疑問がある。たとえばワイマール期の「活発な市民社会」は、結局ナチの台頭を阻止できなかった（Berman［1997］）。

③自発的アソシエーション内部の信頼関係がどのように社会的に普遍化され、民主的ガバナンスに結びついていくのかが明らかにされていず、楽観的すぎる（Encarnación［2003］）。

④社会関係資本はひとり自発的アソシエーション内部でのみ育まれるものではなく、むしろその外での市民の非公式な相互行為の中でこそ育まれるものであり、実際にそうした国や地域が存在する（Howard［2002］）。（この批判については、後にパットナムも受け入れていく。）

⑤社会関係資本が、長年にわたる自発的アソシエーションあるいは市民の非公式な相互行為の中でのみ

育まれるというパットナムの経路依存性の主張には疑問がある。むしろ「社会関係資本の創造は、市民社会と政治制度との間のシナジー［相乗・協働］効果に依存している」(Hooghe & Stolle［2003］pp.9,11)。

4 社会関係資本とエンパワーメント

社会的な社会関係資本

前節の最後にみたような批判をふまえた上で、社会関係資本を考える際に重要となる論点を整理・確認しておくことにしたい。

（一）社会関係資本を論じる際、「自発的アソシエーション」の類別が必要である。人々の間の信頼や協同が普遍化された社会が民主的なガバナンスを支えていくのだとすれば、まず社会のアクターである自発的アソシエーションの内部に平等で水平的な関係が築かれていなくてはならない。さらに、それらのアソシエーションは排他的でなく、外部に開かれた組織でなければならない。非民主性・排他性を持つアソシエーションは、公共心を害する「非社会的な社会関係資本」とみなさざるを得ない。

（二）さらに、世銀が試みたような類型化も必要である。世銀は社会関係資本を「絆型（bonding）」、「交流型（bridging）」、「連結型（linking）」の三つに分けている。「絆型」はコミュニティ内部の結束を生み出すもの、「交流型」は異なるグループとの交流でシナジー効果を生み出すもの、「連結型」は地域コミュニティが国家やNGOといった他の組織と連結する形態と定義される（Woolcock［1998］）。世銀の社会関係資本の定義はパットナムよりも広く、水平的あるいは垂直的な「様々な社会的相互行為によって形成される諸制度、諸関係、諸規範」とされている（坂田［二〇〇四］）。そしてこの三類型化は、自発的アソシエーションと政治空間との回路を考えていく場合に役立つものとされている。自発的アソシエーションあるいはコミュニティが、グループ内部の平等と結束を実現し（絆型）、異なるグループ同士が水平的で開放的な社会的相互行為を創造し（交流型）、さらに政治空間との間に垂直的な社会的相互行為を作り上げる（連結型）とき、はじめてその組織を通して人々のエンパワーメントが可能となるとされる。「アソシエーションは、政治空間と市民の間を結ぶ決定的なメカニズムを代表し」、したがって、「それが政治的であるかどうかは別として、人々のエンパワーメントの道具とみなすことができる」（Hooghe & Stolle［2003］p. 237）のである。

（三）社会関係資本の経路依存性も再考が必要である。制度主義的アプローチをとるM・フーゲやD・ストゥーレがいうように、社会関係資本は長期的にみれば社会的・文化的な歴史的経路の中で育成されてきたものであるが、同時に、短期的には政治制度もその育成のために利用できる（*ibid.*, pp. 20–21）。実は一九九〇年代半ば以降、国際機関やNGOの間にこの議論が広がっていったのは、こうした新たな制度主義的アプローチの可能性が経験的に認識されたからにほかならない。このアプローチによって、経路依存性の主張にはなかった地平、すなわち社会関係資本を政策的に育成する議論の地平が開かれた。社会関係資本論の意義は、本来的には「新しい下からのダイナミックな開発を提起した」こと、また「草の根組織の公共的な行動能力に注目した」（Krishna［2002］p. 3）ことにある。しかし一方で、「政府や開発援助機関が、社会関係資本のストックを生み出す資源に投資を促す」（*ibid.*, p. 3）ことも可能であるし、現にそうした試みの成功例も出てきている。もちろんその場合、人々のエンパワーメントのためには、自発的アソシエーションが政府との間に自律的な関係を築いていることが不可欠な前提となろう。

社会関係資本の蓄積

人々のエンパワーメント、すなわち人々自身が「選択の幅」を拡げる過程がどのように実現されるかについては、従来「人的資本論」が多く援用されてきた。そこでは個々人に対する教育の重要性が強調される。もちろん教育の重要性は論をまたないことであるが、しかし社会関係資本論は、個々人の教育というより人々の関係性をより重視し、むしろエンパワーメントは関係性や「自発的な協同」によって初めて実現しうると主張する。社会関係資本論においては、エンパワーメントとは人々の「自発的な協同」によって、政治空間との回路を開きつつ実現されていくものであり、「社会関係資本こそが参加やエンパワーメントを容易にする」とされるのである(UNDP［2001-2002］p. 30)。

したがって社会関係資本論からみれば、人間開発にとって重要なことは、地域や国内にこうした社会関係資本が蓄積されているかどうか、またそれが十全でないときにはどのように蓄積すればいいのかということである。パットナムやUNDPの議論に基づいて考えるなら、

コラム

ブラジルの市民社会組織とデモクラシー

『世界六〇カ国価値観データブック』(World Values Survey Association［2000］)によれば、ブラジル人の市民社会組織への参加率は高い。ある統計によると、男性の18%、女性の16%が隣人組織(地域・町・近所単位の住民相互扶助グループ)に属している。草の根活動をする宗教グループ(ほとんどがカトリック教会系)には、男性の31%、女性の40%が属している。

また組織の数からいうと、全国で八〇〇〇の隣人組織がファヴェーラ(スラム)を中心に形成されており、サンパウロでは九〇〇にのぼる。NGOもブラジル各地で活躍している(本書第6章参照)。それらはブラジルNGO協会(ABONG)を中心にネットワークを形成し、NGO全体で一〇〇万人以上が雇用され、国内雇用の2%を占めている。日本では(正確な数字は不明だが)はるかに少ないと推測できる。

このように市民社会組織の活動が活発なのにもかかわらず、ブラジルでは市民社会の政府へのチェック能力の低さが指摘されている。その原因の一つは、それらの組織が徐々に政府の下請け機関的なものになっていく場合が多いことである。他方で、市民社会のなかに民主主義を生み出す能力がいまだ十分ではないともいわれている。

「社会的な社会関係資本」を育む自発的アソシエーションの活動が活発であるかどうかが重要となる。そのうえで、人々が相互に公共的意思を形成しながら、「特定化信頼」（「絆型」内部のみにおける信頼）を「社会的信頼」（全ての人に対する開かれた信頼）へと普遍化していくような「交流型」の社会関係資本、さらに政治空間との回路をもつような「連結型」の社会関係資本の形成が進んでいるかどうかもきわめて重要となる。つまりこれらは全体として、市民社会の成熟度と捉えることができるだろう。

先の『データブック』によれば、政治体制として民主主義が望ましいと答えた人は、42％と半数に満たなかった。このことの大きな原因は、第一五分位層（最も所得の低い層）の所得合計が第五五分位層（最も所得の高い層）の二六分の一でしかないという、世界に冠たる不平等社会であることだ。社会の不平等さがさまざまな病理を生み出し、人々の不信感を助長させ、デモクラシーへの信頼を阻んでいるのである。
　組織の自律性、市民社会におけるデモクラシーの高度な定着といった要素は、社会関係資本の発展に不可欠のものであり、これらはブラジルの市民社会および市民社会組織の大きな課題といえる。

ラテン・アメリカの自発的アソシエーション

では、ラテン・アメリカでは市民による自発的アソシエーションないし市民社会組織の活動は活発なのだろうか。そもそも、ラテン・アメリカ全体でどれぐらいの市民社会組織が存在するか、正確な数はわからない。S・ヴェッターは、草の根組織と、貧困削減などの分野で世界的に活躍するオックスファム（Oxfam）のような国際協力NGOや国際機関とを結ぶラテン・アメリカのNGOの数が、一九七〇年代初期の約二五〇から、九〇年代半ばには約二五〇〇〇に増加したと報告している（Vetter [1995]）。ただし、政府や国際機関との関係において真に自律的な活動を行っているNGOの数は、五〇〇〇〜一〇〇〇〇ぐらいだとの調査もある（Valderrama [1998] p. 8）。いずれにせよ推測しうることは、ラテン・アメリカにおいて

ブラジル・サンパウロの住民組織の集会の様子（撮影：近田亮平）

市民社会組織の数が確実に増加していることである。

重要なのは、そうした組織が「社会的な社会関係資本」を育んでいるかどうかである。現在、新自由主義政策の下で、ラテン・アメリカでも分権化や「政府と市民社会とのパートナーシップ」が強調されている。それ自体は歓迎すべきことであるが、NGOに代表される多くの市民社会組織が、主に財政的理由から単なる行政の下請け機関と化し始めている事実もある。また政府が作ったまさに官の下請け機関的な市民社会組織も多く存在する（Forwerker［2001］）。

このような官の下請け機関的組織が、信頼等の規範に基づく「自発的な協同」を育み、真に人々の参加やエンパワーメントを実現しているのかどうかは疑問である。長らくラテン・アメリカの政治社会の特徴であった権威主義的なコーポラティズム（団体統合主義）と同様に、むしろ人々の政府に対する依存を助長している可能性のほうが高い。コーポラティズム的組織は政府によって既得権益を守られているため、否応なく自律性を失っていくし、また組織内部ではメンバーがリーダーへの依存を深め、民主性が損われるからである。

しかし同時に近年、自律的活動をめざして政府依存を批判する市民社会組織も増えてきている。こうした批判的市民社会組織は、中央のレベルよりむしろ地域のレベルでの政策提言（アドボカシー）活動に力を注ぐ傾向にある。

また、地域コミュニティを基盤としたラテン・アメリカの試みにも注目すべきものがある。たとえばブラジルのポルトアレグレ市における「参加型予算」は、市民社会の経験の重要なモデルとなりうるものである。これは市民一人ひとりの市政への直接参加を保障する制度で、市内各地区の住民集会と市当局が熟議を重ね、予算配分を決定するものである（序章第4節参照）。まさに「自発的な協同」に基づく市民社会に向けた試みであり、ブラジルではこの試みが全国に広がりつつあるという。

5　社会関係資本を阻害する日本とラテン・アメリカの現状

「信頼」を損なう格差の拡大

ここまでみてきたように、社会関係資本論は、自発的アソシエーションの自律的な活動によって育まれる信頼・連帯・寛容といった価値や規範が、人々や市民社会組織の「自発的な協同」を促すこと、そしてそのような協同が人々のエンパワーメントにつながり、民主的なガバナンスを支えていくことを主張する。さらに最近では、政府がその過程に積極的な役割を果たしうると提唱されている。その場合の「積極的な役割」とは、いうまでもなく政府の下請け機関を作ったり、市民社会組織の活動をコントロールすることではなく、自発的アソシエーションが活性化するためのルールを作り、ポルトアレグレの例のように人々の政治参加の回路を保障することである。もちろんそのさい、政府は同時に個人の人権や市民的自由（身体・表現・結社・財産などの自由）をも保障しなければならない。

しかし、社会関係資本の育成のために政府が取り組むべき喫緊の課題――これはすべての課題の前提条件であるともいえる――は、貧困の削減であり不平等の解消である。E・アスレイナーは、「国家の政策は信頼を生み出すことができる」としながら、「信頼は一国の経済的平等のレベルに大きく依存する」ので、富の公平な分配こそが、政府が取り組むべき最も重要な政策だと主張している（Uslaner［2003］p.172）。さらにアスレイナーは、高いレベルで社会の平等を実現している北欧諸国において、人々の間の信頼も最もよく育まれているとする（*ibid.*, p.181）。つまり、人々の間の信頼が「社会的信頼」へと普遍化される前提条件として、貧困の削減と格差の縮減が決定的に重要だということである。

ラテン・アメリカでは、地域レベルでの市民社会組織の活動が活発化しており、そこに今後の人間開発にとっての大きな希望がある。しかし他方で、先にみたように絶対的貧困の削減も格差の是正も十分には進んでおらず、階層分裂の固定化も深刻である。人間開発と社会関係資本の観点からすれば、ラテン・アメリカ地域はいまだ「安心社会」からほど遠いといえる。

日本の貧困と格差の現状

ひるがえってわれわれの社会はどうであろうか。近年、日本の状況もラテン・アメリカとさほど違わないものになっている。日本社会の貧困の状況をふまえ、経済格差の増大にいち早く警鐘を鳴らしたのは橘木俊詔であった（橘木［一九九八］）。表1―1を見れば明らかなとおり、高度成長期を経た一九七二年のジニ係数（当初所得で0・354）が二〇〇二年には一・五倍近くまで上昇しており（同0・498）、確実に日本社会の不平等度は大きくなっている。しかも、九〇年代以降の「構造改革」路線（「一〇年遅れの新自由主義」ともいわれる）によって失業率は上昇し、

表1－1　日本のジニ係数の推移

年	当初所得	再分配所得
1962	0.390	0.344
1972	0.354	0.314
1981	0.349	0.314
1990	0.433	0.364
1993	0.439	0.365
1996	0.441	0.361
1999	0.472	0.381
2002	0.498	0.381

注）当初所得は所得＋社会保険料＋税，再分配所得は当初所得－（社会保険料＋税）＋社会保障給付（現金・現物）。
出所）厚生労働省『所得再分配調査』（各年度版）

非正規雇用が拡大した。さらに二〇〇八年以降の「世界経済危機」の影響によって絶対的貧困が増大していること、それによって高所得層と低所得層の格差は広がる一方であることを考えると、この数字はより大きくなっていく可能性が高い。

問題の深刻さは単に格差の拡大だけにあるのではない。重要なのは、格差が固定化し始めていることである。厚生労働省の外郭団体である家計経済研究所による「消費生活に関するパネル調査」では、一九九四年度に第一分位層（最も所得の低い層）であった人が、八年後の二〇〇二年度も引き続き同じ層に留まっている割合は50％にのぼると報告されている。同調査はさらに、「所得階層間の移動が低下傾向」にある、すなわち「所得階層固定化の動き」が見られるとしている（家計経済研究所［二〇〇二］）。

しかも、こうした階層固定化は世代間に継承されつつある。近年いわれている「中流崩壊」論において

一つの焦点となっているのはこの階層の世代間継承の問題である。管理職や専門職の親をもつ子どもは、将来同様の職業階層につく割合がはるかに高いという（佐藤［二〇〇二］）。

このように、日本社会はいまや貧困拡大・格差拡大・階層固定化社会となりつつある。筆者はこの社会変容を「分極化する社会」と名づけた（篠田［二〇〇四］）。絶対的貧困の度合いはラテン・アメリカほどではないかもしれないが、職も住居も失う人が確実に増加していること、所得の不平等度、階層の固定化という点では共通しており、決して遠く離れた社会像ではないはずだ。

社会関係資本に関する議論でよく引用される意識調査がある。『世界六〇カ国価値観データブック』（World Values Survey Association［2002］）における「他人は信用できるか」という調査項目である（二〇〇〇年の調査）。北欧諸国では約６０％が「だいたい信用できる」と答えているのに対し、ラテン・アメリカは約１０～２０％、日本は３９・６％となっている。欧米は日本より低いものの、「人は他人との関係において、機会に乗じてうまくやろうとするものだと思うか」という質問に対しては、「思う」と答えた人の割合が米国の３２・４％に対し日本では５７・６％にものぼった。これはラテン・アメリカもほぼ同じ数字である。スウェーデンの１２・０％とは比較にならないとしても、米国と比べてさえ、日本やラテン・アメリカの社会では人々の間の信頼関係が弱まっていることがうかがえる。

おわりに

社会関係資本論は、人々のエンパワーメントと良きガバナンスの実現のために重要な論点を提供した。

しかし一方で、社会関係資本論によって、ラテン・アメリカの貧困と格差の現状が「安心社会」の構築を阻害している事実が浮き彫りになったともいえる。そして、現在の日本の「分極化する社会」も、ラテン・アメリカと同様に人々の自発的協同を損なう「不安社会」にほかならない。他方で、ラテン・アメリカでは徐々に真の「自発的協同」に向けた試みも行われている。われわれは今こそラテン・アメリカの正負両方の経験に学びつつ、社会関係資本論の視点を採り入れながら、自発的協同に基づく「安心社会」に向けて歩み始めなければならない。

Más allá de la década perdida

Além da década perdida

第2章

ラテン・アメリカにおける新たな福祉社会の可能性と市民社会

宇佐見耕一

はじめに

一九九〇年代は市場機能重視の新自由主義《ネオリベラリズム》経済政策がラテン・アメリカを席巻し、そのラテン・アメリカにおいて経済発展モデルの転換がみられた。[1] すなわち輸入代替工業化（国内工業の振興・保護によって工業製品を輸入から国産へと代替し、工業化をはかる開発政策）を基軸として国家が経済過程に間接・直接に大きく関与するモデルから、市場機能を重視した市場主義モデルへの転換である。それと並行して、第二次大戦後に形成されてきたラテン・アメリカ諸国の労働・社会保障制度改革も広範囲に実行され、それまでのラテン・アメリカにおける「福祉国家」にも大きな変容がみられた。

第二次大戦前後から形成されたラテン・アメリカの「福祉国家」においては、輸入代替工業化を基軸とした経済発展様式とも相まって、フォーマルセクター（正規部門）の労働者には雇用と賃金が保障され、さらに社会保険（年金、医療、労災、雇用保険など）を中核とした社会保障が提供されてきた。他方、広汎なインフォーマルセクターの労働者は、不安定な雇用、残余的社会扶助の対象とされた。一九九〇年代の労働・社会保障改革により雇用関係は柔軟化が進み、また社会保障制度、とりわけ社会保険制度は市場と親和的な方向に改革されつつある。

一般に、市場機能に信を置くネオリベラル経済改革では「小さな政府」が指向される。事実一九九〇年代のラテン・アメリカ各国の財政における経済支出は減少ないし抑制傾向にあった。しかし意外なことに、社会支出はむしろ維持ないし拡大傾向を示している国が多い。そのなかでも貧困対策は重要視され、各国でターゲッティング（対象の絞り込み）の明確化、分権化、そして市民社会との協力などを特色とした各種貧困対策プログラムが策定・実施されている。九〇年代の社会保障改革が、ネオリベラル経済政策（社会保険の民営化や貧困プログラムの効率化など）と親和性が高いことは、少なからぬ研究者が指摘していることである。とはいえ、実際の福祉供給には多くの市民社会組織が関わっており、また社会福祉政策形成にも市民社会の意見が反映されるなど、ネオリベラリズムとは異なる新たな福祉社会形成の可能性も見いだすことができる。本章では、そうした市民社会との協力の下に一部芽生えている、ラテン・アメリカの新たな福祉社会の可能性とその限界を検討することを目的とする。

そこでまず一九八〇年代までのラテン・アメリカの福祉国家を概観し、つづいて九〇年代の社会保障改革の特徴について論じる。そして最後に、ネオリベラル型の福祉国家モデルとは異なる、市民社会組織の協力を特徴とする参加型福祉社会の可能性を探るとともに、現実のラテン・アメリカにおいてその限界と問題点はどこにあるかを論じる。

1 第二次大戦後のラテン・アメリカにおける「福祉国家」

社会保障先行国の概要

一九九〇年代のラテン・アメリカの全ＧＤＰに占める全社会保障支出は８・８％であり、アジア６・４％、アフリカ４・３％と比べると高い水準を示している。また、九六年における域内の社会保障先行国の同指標は、アルゼンチン１２・４％、ブラジル１２・２％、チリ１１・３％、コスタリカ１３・０％、ウルグアイ22・4%と、アジア地域（韓国5・6%やトルコ7・1%）と比べると高い水準となっている（ILO［2004］）。ラテン・アメリカの社会保障先行国が開発途上国または新興工業国のなかで高い水準の社会保障支出を行ってきたのは、それらの諸国で第二次大戦前後から社会保険制度を中核とした社会保障制度が整備され、発展してきたことの現れである。

もちろん域内諸国間で社会支出の水準や社会保障制度整備の状況、また社会保障制度の類型に相違があることは事実であり、「ラテン・アメリカの福祉国家」という形で一概に一般化するのには注意を要する。そこでここでは、ある程度社会保障制度の発展過程や類型に共通性がみられる域内社会保障先行国（アルゼンチン、ブラジル、チリ、ウルグアイ）について、第二次大戦後どのような類型の社会保障制度を発展させたのか、そしてその発展の背景にはいかなる要因が存在していたかを概観する（宇佐見［二〇〇一］［二〇〇三］）。

第二次大戦前後から一九八〇年代までのそれら社会保障先行国の社会保障制度の特色として、以下の点を指摘することができる。①年金、医療、労働災害等の社会保険を中心とした制度である。②それら社会保険は職業的地位と結びついたものであったが、時とともに統合化される傾向にあった。③また、この社会保険は制度的には幅広い労働者を対象としていたが、実質的な加入者はフォーマルセクターの労働者であった。④インフォーマルセクターの労働者は、事実上社会保険から排除され、残余的な性格の社会扶助の受給者であった。⑤育児や高齢者介護は、主に家庭にいる女性の役割とされ、家族主義的性格をもっていた。

こうした社会保障先行国の社会保障レジームを、エスピン＝アンデルセン（デンマーク出身、イタリア・トレント大学教授）の「社会民主主義レジーム」、「保守主義‐コーポラティズム（団体統合主義）・

レジーム」、「自由主義レジーム」という三つの福祉国家レジーム（Esping-Andersen［1990］）に照合すると、職業連動型の社会保険中心で家族主義的特色がみられることから、「保守主義‐コーポラティズム・レジーム」との類似性を指摘することが可能であろう。しかし、ラテン・アメリカの状況では、社会保険制度が名目的にはほとんどの労働者を対象としているにもかかわらず、広汎なインフォーマルセクターの労働者を事実上排除していることから、それは「限定的保守主義‐コーポラティズム・レジーム」であったということができよう。

このようなラテン・アメリカの社会保障先行国における福祉国家レジームは、第二次大戦後の輸入代替工業化を基軸とした経済発展モデルと相互連関的に発展していったものである。輸入代替工業化の進展とともに、産業保護政策により保護された労働者および国家部門の公務員の数が増大し、そうした人々は輸入代替工業化政策という経済政策および肥大化する国家により雇用と賃金を保障され、さらに職業的地位と連動して整備された社会保険制度による恩恵をも享受していた。

制度から排除されたインフォーマルセクター

他方、社会保険の恩恵を享受しないインフォーマルセクターが広汎に存在し、それが一九八〇年代を通じて拡大し、九〇年代においても高い比率で存続し続けたことが注目される。統計的にインフォーマルセクターの比率は、ラテン・アメリカ／カリブ海地域雇用プログラム（PREAC：Programa Regional del Empleo para América Latina y el Caribe）による定義――非専門自営業者、家事サービス労働者や従業員五人以下の零細企業従業員――に代表されるように、労働者の所属する事業所の規模や職種で測定されることが多く、また職種の範囲も研究者や研究機関により異なっている場合がある。インフォーマルセクターを自営業者と家事サービス労働者に限定した統計でも、ラテン・アメリカ平均で非農業雇用労働者に占めるその比率は一九八〇年で25・6%、九〇年で30・9%となっている（Tokman［1994］p. 178）。

V・トクマンが述べているように、ラテン・アメリカにおける貧困層の大部分は、社会保障や雇用保険から排除された状況のもとで、生存に必要な所得を獲得するために就業している。そして貧困者の60%、最貧困者の三分の二が非専門自営業者、零細企業従事者などのインフォーマルセクターの労働者であるという（*ibid.*, p. 179）。すなわちここでは、統計的にみたインフォーマルセクターの定義であるところの零細企業従事者、非専門的自営業者および家事サービス労働者の大多数が、社会保障制度から排除された貧困層であるということになる。ただし、この場合「社会保障制度」とは社会保険制度を意味し、医療扶助や食糧扶助等の社会扶助は貧困層も形式的には受けている。零細企業従事者・非専門的自営業者に加えて、非払い家族労働者、家事サービス労働者を含めると、ラテン・アメリカにおける非農業総雇用の54%がこのカテゴリーに含まれるという統計（一九九二年）も存在する（*ibid.*）。これらインフォーマルセクターの労働者に、現在広く認められることとなった社会的排除の概念（序章参照）を当てはめると、労働法制と社会保障制度から排除された労働者層であるということもできる。C・メッサ＝ラーゴによる研究では、インフォーマル労働者の比率を特定できないバハマとバルバドスを除き、ラテン・アメリカのインフォーマルセクター労働者の社会保険加入率は極めて低くなっている（表2―1）。これらインフォーマルセクター労働者およびその家族は、「限定的保守主義‐コーポラティズム・レジーム」福祉国家の下では、事実上社会保障から排除されてきた層であり、一九九〇年代の労働・社会保障改革でも彼ら／彼女らへの社会保障供給が重要な課題の一つとなっていた。

またメッサ＝ラーゴは、ラテン・アメリカ諸国の社会保障制度を先進グループ、中間グループ、後発グ

表2－1　インフォーマルセクターの社会保険加入率（1980〜87年）

国	経済活動人口に占めるインフォーマルセクターの割合（a）	インフォーマルセクターの社会保険加入率（b）
バハマ	—	48.4
バルバドス	—	24.8
チリ	20.1（c）	11.9-17.5
コロンビア	22.3（c）	0.6
コスタリカ	21.6	2.0/93.0（d）
ジャマイカ	37.7	4.0
メキシコ	30.9	0.8
パナマ	20.9	1.5
ペルー	61.9	4.0

注）（a）自営業・家事サービス・非払い家族労働（インフォーマル賃労働者を除く）
（b）自営業のみ
（c）全てのインフォーマルセクター
（d）前者は年金，後者は医療（貧困者に対する未拠出制医療サービスを含む）
出所）Mesa-Lago［1994］p.24

ループの三グループに分類している（Mesa-Lago［1994］pp. 15-19）。これまで検証してきたアルゼンチンやブラジルなどの先行国は、彼の分類によると域内先進グループに属する。他方、域内後発グループは社会保障の制度化が遅れ、しかもその加入率が低率であることが特色であり、総人口に対する社会保障カバー率は4％〜13％にすぎない。このグループには人口規模の小さい国が多いとはいえ、国の数では域内で過半を占めている（*ibid.*）。ハイチ、ホンジュラス、ニカラグア、エルサルバドルといった最後発国はこのグループに属している。すなわちこの後発グループは第二次大戦後も、国家による社会保障制度の整備が遅れ、大多数の人口が国家の社会保障制度から排除された状態にいるといえる。ラテン・アメリカにおける社会保障を考えるとき、これら域内社会保障先進グループの国と後発グループの国では相当事情が異なり、それぞれ別個に考察する必要があるが、ここでは紙数の関係から域内先進グループ諸国に焦点を絞って検討を進めることにする。

2 一九九〇年代の社会保障制度改革

雇用柔軟化によるレジームの変容

冒頭で述べたように、一九九〇年代に市場機能を重視したネオリベラリズムがラテン・アメリカの経済政策の主流となり、社会保障制度についても、第一節でみてきた第二次大戦後の諸制度が批判され、市場親和的な制度に改革される傾向が強まった。市場親和的な改革は社会保障制度にとどまらず、それと密接な関係にあった労働法と雇用契約にも及んだ。八〇年代以前の輸入代替工業化期における雇用契約の基本は、無期限雇用契約を原則としていた。しかし、それがグローバリゼーションの波及と自由化・規制緩和に伴う競争激化により、労働コストを高めるものと批判され、雇用契約が柔軟化され多様な雇用契約形態が出現するに至った。具体的には、従来から存在していた無期限雇用契約が、各種の期限付きおよびパートタイム雇用契約と並んで多様な雇用契約の一つとなり、さらに外注・下請けといった形態も拡大した(Martínez y Tokman［1999］)。

雇用関係の柔軟化は、二つの道で職業連動型・社会保険中心の社会保障レジームに変容を迫るものであった。一つは雇用柔軟化により転職の機会が増大し、それに対応した社会保険、具体的には個人勘定の積立方式年金制度の導入が奨励されたことである。いま一つは、雇用柔軟化が雇用の不安定化をもたらし、労働組合の交渉力を弱めると同時に労組の組織率自体も低下させたことである。これは、従来の職業連動型社会保険システム拡大を推進し、その維持に努めてきた政治勢力の弱体化をも意味していた。

このほか一九九〇年代の社会保障制度改革が推進された要因として、構造調整政策に伴う世界銀行や国際通貨基金（ＩＭＦ）といった国際金融機関の推奨、ラテン・アメリカ各国に成立した委任型民主主義体制（O'Donnell［1997］pp. 287-304）と呼ばれる強力な行政権限をもった大統領の出現などが指摘できる。

一九九〇年代の社会保障制度改革の一つの方向性は、社会保険、特に年金制度への市場原理の導入など、市場と親和的な制度の構築にある。年金制度は、大きくみて公的賦課方式（現在働いている人の拠出金で退職世代の年金を賄う）から民間積立方式（加入者本人が民間の年金基金運用会社に保険料を積み立て、自分の将来に備える）への転換が改革の主流を占めている（Mesa-Lago［1998］）。もちろんチリのように民間積立方式にほとんどの加入者が移行した国から、アルゼンチンのように公的賦課方式と民間積立方式が並存している国、またブラジルのように公的賦課方式の枠組みの中でより持続的な制度に改革した例など、域内でも改革の内容は多様である。しかし、域内全体で、世代間連帯に依拠する公的賦課方式から、個人責任で保険料を積み立て、市場でそれを運用する民間積立方式に転換する傾向がみられる。このように民間保険会社が社会保険の運営の一翼を担う事例は、年金のほかにも医療保険や労働災害保険でもみられる。また、従前の職業連動型社会保険の形態も、競争を阻害し過剰診療を招くとの批判を受け（Panadeiro［1991］）、競争

●委任型民主主義　アルゼンチン出身の政治学者ギジェルモ・オドーネル（Guillermo O'Donnell）が提起した，特定の新興諸国における民主主義の一類型（O'Donnell［1997］）。オドーネルは，特定の新興国では手続き的には民主主義の形態がみられるが，この民主主義は，先進国における代表民主制とは異なる形のものであると主張している。そこでは選挙によって国民の信任を得た大統領が政治任用のテクノクラート（高級技術官僚）を用いて，立法府や司法府を超えた強力な行政権限を行使して統治するスタイルがとられる。委任型民主主義の代表的事例としては，1990年代にネオリベラル経済政策を実行したアルゼンチンのメネム政権やペルーのフジモリ政権が挙げられるが，21世紀になって成立したラテン・アメリカ左派政権のなかにも委任型民主主義の統治スタイルがみられる。

原理を導入して社会保険を個人が選択できるようにする試みも一部の国でなされている。

社会扶助への市民社会の参加

他方、社会扶助においては分権化、市民社会の参加、ターゲッティングの明確化などの方向性が示されている。このうち市民社会の参加をみると、世銀や米州開発銀行（ＩＤＢ）など国際金融機関も、貧困をはじめとした社会問題の解決において市民社会との協力を主要手段の一つに据えている。世銀は、一九九九年の『世界銀行と市民社会との関係』というレポートにおいて、市民社会組織やＮＧＯを「貧困層と密接な接触をもち、その状況を把握し、貧困層の支援に最も適している」と評価している。その上で「市民社会の関与した事業は、世銀融資が主導した場合もそうでない場合も、プロジェクトの有効性と持続性を高め、世銀に［問題解決のための］代替案を提示し、住民との協議を容易にする」（World Bank［2000］p. 2）とし、世銀と市民社会との協力の促進を提唱している。実際九〇年代になると世銀やＩＤＢの融資は、インフラ整備から公的部門の制度改革、社会政策改革、環境問題への対処などに対してより多くなされるようになり、それに伴いＮＧＯによるプログラムの実施やその監査が拡大していった（Tussie y Tuzzo［1999］pp. 10-11）。さらに九〇年代のネオリベラル経済改革では、経済に対する国家の関与を低めた「小さな政府」が目指される一方で、貧困対策をはじめとした社会政策の必要性も認識されるようになった。ラテン・アメリカ域内一七カ国の公的社会支出の対ＧＤＰ比平均は、九〇〜九一年の１０・４％から、九八〜九九年には１３・１％に上昇している[2]（CEPAL［2001］p. 121）。

こうした一九九〇年代の社会保障制度改革をみると、社会保険の市場化は文字通り市場機能重視のネオリベラル経済改革と符合しているし、社会扶助改革における市民社会の参加拡大も社会支出の効率化を目指す「小さな政府」の立場からなされたものと捉えれば、ネオリベラル経済改革との強い親和性を指摘することも可能であろう。また、社会支出の拡大自体も、ネオリベラル経済政策の遂行に伴う社会問題解決のため、すなわち市場機能維持のために必要なものとして行われたと把握することも可能である。他方、このような市民社会の参加を伴う福祉レジームに、八〇年代までの国家主導による限定的保守主義－コーポラティズム福祉国家とも、また市場原理による福祉国家とも異なる「第三の道」を見出すことも可能であろう。そこで次の課題として、ラテン・アメリカにおける「市民社会が参加した福祉社会」の可能性と限界を議論してみることにしよう。

3 ラテン・アメリカ「福祉社会」の新たな可能性

市民社会の台頭――市民社会組織の飛躍的拡大

市民社会が社会問題に関与するとき、具体的には市民社会組織を通してという場合がほとんどであろう。多くのラテン・アメリカ諸国では一九九〇年代以降、NGOに代表される市民社会組織の拡大がきわめて顕著となっている。もちろんそれ以前から教会や慈善団体の活動は存在していたが、市民の多様で広汎な参加による市民社会組織の数が増加したのは八〇年代以降、とくに九〇年代になってからのことである。

こうした拡大の背景とその特質に関してM・A・ガレトン（CEPAL研究員）は次のように分析する。まず背景としては権威主義的体制の崩壊、またそれ以前に存在していたポピュリズム国家（国家、政党、社会アクターの結合体）の解体、そして軍政から民政への移行が挙げられる。そして特質として、民主化によって各社会アクターがより自律的となり、自己のアイデンティティを確立する傾向にあるとしている（Garretón［2001］）。またガレトンは国家の役割の変容にも言及し、社会・構造・文化的変容の中で、国家はその自律性を侵害することなく社会生活の多様な領域に取り組み、かつ多様なアクターを結合させる役割を担うようになると予測する。

さらにガレトンは、このような状況の下で、NGOに代表される第三セクターは以下の三つの役割を果たしているとする。①貧困層へ物質的支援を行い、組織的空間を供与する。②貧困層と国家レベル・国際レベルの組織を結びつけ、貧困層の参加により広い空間を提供する。③思考や公共的意思形成の空間として機能する。

域内主要国の一九九〇年代における市民社会組織の拡大の状況をみると、まずメキシコでは九〇年代の政治的民主化とともにその数が大幅に増大していることが報告されている。その活動分野も社会開発や貧困扶助から文化まで多様であり、組織の形態も同様に、労働組合や農村生産組合から住民組織に至るまで多様であることが指摘されている（Verduzco［2001］pp. 39-46）。

ブラジルにおいても二〇〇二年の時点で約二五万のNGOの存在が確認されている（ABONG［2002］）（第1章コラム、第6章も参照）。A・C・チャベス・テイシェイラは、ブラジルにおけるNGOと国家との関係を以下の三類型に分類している（Chaves Teixira［2002］p. 105）。第一は公式的でない関係で、NGOが国家に対して圧力をかけ、監視し、批判すると同時に、提案や協力を行う関係である（政策提言型）。第二は、NGOが国家から委託を受けて直接サービスを提供する場合である（委託契約型）。第三は、NGOと国家あるいは行政が協力してプロジェクトを作成・実施するものである。こうした類型はブラジルに限らず、広くラテン・アメリカ全域にみられるもので、先に述べたNGO自体の多様性のみならず、NGOと国家

表2－2　アルゼンチンにおける市民社会組織の活動分野（1997年）

活動分野	市民社会組織数	%
科学・技術	139	3.4
文化	555	13.5
スポーツ・レクリエーション	494	12
経済	241	5.9
教育	1062	25.8
司法	80	1.9
環境	335	8.2
健康	847	20.6
ジェンダー	31	0.8
社会問題・人権	2302	56.0
労働	713	17.4
住居	325	7.9
インフラ・公共サービス	146	7.9
その他	107	2.6

出所）Hacia la constitución el tercer sector en la Argentina［1998］*Las actividades de las organizaciones de la comunidad inscriptas en el CENOC*, Buenos Aires : CENOC, p. 59

の関係性にも多様性があることを物語っている。

アルゼンチンでは一九九五年、社会開発庁管轄下に国立コミュニティセンター（CENOC）が設立された。その目的は、市民社会組織と国家が協力して社会政策を実行するため、市民社会組織間の、また市民社会組織と国家間の調整を図ることである。同センターは国立の機関として、社会政策の中でも最貧困層向け政策を重視している（CENOC［1998］p. 11）。CENOCに九七年末までに登録された組織は全国で四一三〇であり、その活動分野別内訳は表2―2に示してある。このアンケートは複数回答を認めており、同一組織が複数分野の活動を行っているケースが多い。その中でも社会問題・人権分野で活動していると回答した組織が56％、ついで教育25・8％、健康20・6％、労働17・4％と、広義の意味での社会政策部門に活動分野が集中していることがわかる。

メキシコやブラジルの研究からはNGOの多様性が語られてきたが、アルゼンチンの事例研究からはさらに地域的多様性も明らかにされている。首都ブエノスアイレ

（左）アルゼンチンのNGO「連帯ネットワーク」のリーダー，フアン・カル氏
（上）「連帯ネットワーク」のメンバーたち（いずれも©Red Solidario）

ス市におけるNGOの活動分野は、貧困関連分野にとどまらず人権、環境、消費者の権利擁護など多岐にわたっている。これに対して内陸部のNGOは、厳しい社会経済条件のもと、貧困問題に取り組むことを求められている。とはいえ、それは貧困層への直接的社会扶助供与ではなく、社会開発だとされている。直接的社会扶助の供与は、受給者自身が参加する「基礎組織」（アルゼンチンの地域単位の市民組織）と競合することになり、それとの調整が必要となってくるとの指摘がある（Tussie *et. al.*［1999］pp.70-72）。

市民社会組織の問題点――「ボランタリーの失敗」論

このようにラテン・アメリカでは一九九〇年代以降、多様な分野で活動する市民社会組織が、多くの場合様々な形態で行政と協力関係を保ちつつ社会扶助・社会開発部門に参画してきている。事実上九〇年代以降のラテン・アメリカでは、市民社会組織を欠いた社会扶助・社会開発は考えがたい状況になっている。とはいえ、この市民社会組織の社会扶助・社会開発部門への参加拡大が直ちに、旧来の「限定的保守主義・コーポラティズム・レジーム」とも、市場機能重視の新自由主義レジームとも異なる「第三の福祉社会」につながると考えるのは早計であろう。

そこで次に、ラテン・アメリカにおいて、市民社会組織が社会開発・社会扶助に参画している現状のもとでどのような問題が存在しているのかを検討することにする。この問題を考える上で手がかりとなるのが、L・M・サラモン（米国ジョン・ホプキンス大学教授）の指摘するところの「ボランタリーの失敗」である。彼は非営利民間組織も政府や市場同様に失敗を起こすとし、以下の四点を指摘している（Salamon［1995］pp. 40-49）。第一に、ボランタリー組織は集合財の供給者として適切かつ信頼できる程度に十分な資金的能力を持たないという問題である。第二は、ボランタリー組織は社会の特定の人々にしか恩恵を供与しないという問題である。第三は、コミュニティのニーズへの対応に際して、決定権が最大の資金提供者の手に握られてしまうという問題である。第四は、ボランタリー組織が社会問題を扱うときにアマチュアリズムの手法がとられることである。現在では社会的ニーズに対応するに際しては専門家の介在が必要と考えられるようになっているが、ボランタリー組織の場合、ボランティア指向と資金の限界により専門家の導入は不十分である。

ラテン・アメリカにおける市民社会組織の限界と課題

以上は、サラモンが先進国アメリカ合衆国の事例から

コラム

アルゼンチンのNGO「連帯ネットワーク」の活動

アルゼンチンのNGOのひとつ「連帯ネットワーク」（以下ネットワーク）の事務所は、ブエノスアイレス市郊外に位置するテニスクラブの建物の中にある。それはささやかなスペースであるが、クラブのオーナーがネットワークの活動に共鳴して提供してくれたものである。部屋には電話とパソコンが置かれ、ボランティアが数人いるだけだ。ネットワークとして特別の資金源があるわけではない。電話やメールで寄せられる支援を求める声に対して、ネットワークのメンバーにできることがないかということを、できるだけ広く呼びかけていくだけである。

活動の一例は次のようなものだ。車椅子が一台必要だという要請が寄せられると、五人の提供者が現れ、三人分の血液提供を呼びかけると二〇人の提供者が現れるという。ある児童養護施設が三人のボランティアを求めていたところ、五〇人の応募があった。ネットワークでは、二五人のボランティアが週日朝九時から夜一〇時まで毎日九〇本の電話を受け付けている。活動内容は、HIV／エイズ、地域食堂、臓器移植、失業、ストリートチルドレンの問題から先住民や移民の問題に至るまで、あらゆる社会的な問題に対応している。また、低所得者居住

導き出した「非営利民間組織の失敗」であるので、ラテン・アメリカと多くの点で事情を異にすることを考慮した上で、「ボランタリーの失敗」がラテン・アメリカではどのような形で存在するか考えてみたい。まず第一点に関してみると、広汎な社会からの寄付ではなく、政府や国際機関に資金を依存するラテン・アメリカの市民社会組織は事情を異にする。ラテン・アメリカでは市民社会組織自体が独自の資金を持って活動している例は、教会関係を除くと先進国と比べかなり少ないように思われる。

　そうした事情を考えると、ラテン・アメリカにおいては、国家による福祉供給を軽視することはできない。一九八〇年代までの同地域の福祉国家のあり方が多くの問題を抱えていたとはいえ、社会福祉供給者としての国家の機能を全面的に市場あるいは市民社会組織に移行することは不可能である。社会保険の市場化により、それまでの問題が全て解決されたというわけでないことは、二〇〇一年アルゼンチン経済危機に伴う同国の民間積立方式年金の困難な状況をみれば明らかであろう。同国の民間年金基金運用会社に積み立てられていた個人保険料の八割は国債であり、〇一年経済危機に伴いその多くが債務不履行状態に陥った[3]。また、年金制度という社会保障の根幹をなすシステムを市民社会組織が代替することも不可能であり、国家はひ

地域に直接入って活動するボランティアもいる。社会扶助行政に携わっているボランティアは社会扶助受給の手続きについて助言を行い、栄養士は地域食堂の運営に協力し、医師は地域の母子の健康相談に乗る、などだ。

　彼ら／彼女らの目指しているものは、社会的連帯の網目を広げることであり、社会的連帯の文化を社会の中で育成していくことである。そこで彼ら／彼女らは国内二五〇の市民社会組織と関係を持ち、域内ではサンパウロ、海外にもパリ、バルセロナ、ニューヨークおよびミュンヘンと国外五カ所の活動拠点を有している。そして、このようなグローバルな市民的連帯をさらに拡大しようとしている。こうしたネットワークの活動は、個人化と情報化が進んだ現代の社会問題に対応する新たな試みであり、また物質的なグローバリゼーションの進行に対して、「市民社会によるグローバリゼーション」をラテン・アメリカから発信する試みとして、注目すべきものといえよう。

きつづき社会保障の重要な供給者としての役割を求められている。イギリスの福祉多元主義論者R・ハドレイとS・ハッチも「国家が社会保障において支配的な役割を果たし続けていること」を認めている（ジョンソン［一九九三］一九八頁）。

第二の問題、すなわちボランタリー組織の活動はその組織が力点を置く部門に集中する傾向があり、特定の人々の社会福祉ニーズにしか対応できないという点を考えてみよう。ラテン・アメリカのNGOの多くは社会問題を主たる活動領域としており、全体でみると市民社会組織は広く社会のニーズに対応しているようにみえる。ただ、サラモンが指摘するミクロのレベルでは、そうした市民社会組織の専門領域とコミュニティのニーズの不一致が起こることは想定できる。また、アルゼンチンの事例からも明らかなように、首都ブエノスアイレスでは多様で量的にも豊富な市民社会組織が存在し、多様なニーズに対応できるが、より社会・経済状況が厳しい内陸部では市民社会組織の資源に限界があり、対応しきれないニーズも少なくない。このように地域的に市民社会組織の資源供給とコミュニティのニーズとが一致しない場合が広汎にみられることも容易に想像できる。

第三の問題は、資金提供者など有力者による組織の支配、またサービス受給者の有力者への従属の問題である。ラテン・アメリカでは従来、社会扶助供給をめぐる政治的クライアンティリズム（恩顧主義）の存在が常に

●福祉多元主義　従来の福祉国家論では，国家を主要な福祉供給源とみなす場合が多かった。これに対して福祉多元主義は，福祉供給は行政，民間，第三セクターあるいは市民社会組織そして家族が状況に応じて担い，最適の福祉供給の組み合わせ（ウェルフェア・ミックス）を目指すことを主張する立場である。ただし論者により，どのような組み合わせが最適であるかは大きく異なる。ノーマン・ジョンソンは次のように述べる。福祉多元主義者は国家の役割を重要であるとした上で，ボランタリー部門の拡大や家庭のケア供給に期待している。これに対してニュー・ライト（新保守主義）の立場をとる人々は，国家の役割の縮小を主張するとともに，それを補完するために民間部門と家族部門が福祉供給においてより重要な役割を果たすべきと考える。また，社会民主主義者は福祉国家を擁護してきたが，近年では分権化にも注目するようになっている（ジョンソン［1993］）。

「連帯ネットワーク」が支援する，アルゼンチンの低所得者層居住地区の小学校の子どもたち（©Red Solidario）

問題にされてきており、その解決策として市民社会組織の参入が奨励されるようになったという経緯がある。しかし、同地域の市民社会組織の活動の多くが活動資金を行政に依存しており、そこには市民社会組織が行政の下請け機関と化しているという内橋の批判[4]が該当する場合がある。行政の下請けと化した市民社会組織によって福祉供給が行われる場合、依然としてクライアンティリズム介在の余地が残るといえよう。このように社会扶助を媒介とした政治的クライアンティリズムの存在に対して、市民社会組織は資金の透明性向上に貢献できる可能性を持つ反面、その権力構造に包摂されてしまう危険性も残されている。市民社会組織がどちらの役割を果たすかは、組織の自律性にかかっているといえよう。

さらに、行政が市民社会組織を福祉供給に「利用する」理由の一つは、市民社会組織がコミュニティの情報をより多くもち、コミュニティの実情にあわせた福祉供給を実現できるという点にある。いいかえれば、福祉供給のターゲッティングを的確に行うことができるということであるが、一方で新たな従属関係やクライアンティリズムを出現させる危険も生じる（Garretón［2001］p. 41）、という批判も存在する。

一方、V・A・ペストフは、福祉国家の危機の中で福祉サービスの民営化が避けられなくなっているが、民営化には市場化、コミュニティへの民営化、アソシエーションへの民営化があるとする。そして、市場化は福祉サービス受給者間に格差を生み出し、ユニバーサル・アクセスへの原則に合わないこと、コミュニティへの民営化は、家族や地域にいまだ残る女性差別などの従属構造を温存させることなどから、「福祉国家の福祉社会化」は、非営利組織・協同組合を通してのみ可能であると主張している（川口［一九九九］四一頁、ペストフ［一九九六］）。このように、コミュニティにおける従属状況の存在という問題も、市民社会組織に福祉供給を委ねる際に考えなければならない問題である。実際、ラテン・アメリカ各国の住民参加型貧困政策では女性の役割が強調されることが多く、女性にのみ負担を負わせるものであるとの批判もあることを忘れてはならない。

第四の問題は、ボランタリー組織におけるアマチュアリズムの問題である。筆者がアルゼンチンで見聞した限りでは、貧困、高齢者、ジェンダーを主な活動分野とするNGOにはソーシャルワーカー、心理カウンセラー、医師、栄養士、農業技術者などの専門家ボランティアの参加が認められ、アマチュアリズムが奨励されているわけではなく、むしろ専門家の参加を積極的に評価しているとの印象を受けた。とはいえ、市民社会組織の参加者には非専門家が多いのも事実である。また、アルゼンチンの事例では、市民のボランティア活動への参加が拡大している一方、それを行政も支援し、社会全体でボランティア活動への意識が高まっている傾向がみられる。今後の課題としては、非専門家ボランティアと専門家を対立的にとらえるのではなく、専門家の協力を得つつ、また専門家の市民社会組織への参加を促しつつ、それとの協力の下に非専門家ボランティアの活動を最大限有効にする道を模索することが望ましいと思われる。

おわりに

ラテン・アメリカでは、一九九〇年代のネオリベラル経済改革と軌を一にした社会保障制度・労働法制改革により、第二次大戦後に形成された限定的保守主義‐コーポラティズム・レジームによる「福祉国家」が弛緩していった。そこでは輸入代替工業化期のフォーマルセクター労働者に対する雇用と賃金の保障、またフォーマルセクターの職業連動型社会保険による保障がゆるむ傾向にある。さらに、雇用柔軟化や失業の増加により、こうした職業連動型社会保険による保障は明らかに限界を迎えている。他方、インフォーマルセクターの労働者への不十分な社会福祉供給の問題も未解決のまま残されている。

新たな社会保障の方向としては、社会保険への市場原理の導入、社会扶助におけるターゲッティングの明確化、分権化、市民社会の参加拡大などの要素が特筆されよう。こうした傾向を市場親和的あるいはネオリベラル経済政策との政策的一致と把握することも可能であるし、政策策定上そうした見地から改革がなされていった面が多いことも事実である。しかし、社会福祉供給並びに社会開発部門における市民社会組織の参加拡大は、従来の限定的保守主義‐コーポラティズム・レジームの福祉国家の問題点であったインフォーマルセクターのニーズにより応えやすく、また市場原理主義のもとで生じる多様な社会問題への対処という点でも意義を見出すことができる。そこには従来の限定的保守主義‐コーポラティズム・レジーム福祉国家でも新自由主義レジーム福祉国家でもない、ラテン・アメリカにおける「第三の道」すなわち「新しい福祉社会」に、域内諸国が進む可能性が秘められているといえる。

しかし、それは決してバラ色の道ではなく、「ボランタリーの失敗」に代表される様々な問題を内包したものである。「新しい福祉社会」は市民社会組織のみで形成できるものではなく、国家の役割は依然重要であるし、また医療に代表される分野への民間営利部門の適切な参加も欠かせない。そこではラテン・アメリカに適合する形での、国家、市場、市民社会組織のウェルフェア・ミックス（九九頁キーワード解説参照）が模索されることになろう。ガレトンは、福祉の新たな形が成功するには、これらのアクターがより自立／自律性を高め、互いに緊張感を持ち、相互補完的であらねばならないと述べているが（Garretón [2001] p. 11）、それが具体的にどのように実現されるかなど、残されている課題はきわめて多い。

一方日本でも、雇用柔軟化や女性の社会進出が進み、男性稼得モデルによる社会保険と大企業が供与する企業福利を中心とした社会保障制度は矛盾を増大させてきた。そして非正規雇用の増大と景気悪化に伴う雇用調整はラテン・アメリカと共通の状況を現出させているし、企業が社会負担を避けるため社会保険に加入しない事例なども拡大している。さらに、被雇用者を対象とした国民年金の未納率は４０％に達している。一方、女性の社会進出に伴い（また不況下における所得確保という逼迫した事情もあって）、家事労働専従者の女性でもパート等の形態で就業する人の数が増えたが、現行制度下では、雇用労働者である配偶者（夫）が一定水準以下の所得しかない場合、妻は年金保険料を免除される（第三号被保険者）。この制度に対して、その不公平性を批判する意見も出されているなど、日本の社会保障には様々な問題が山積している。日本で現在進行中の社会保障制度改革の方向性は、「小さな政府」と「民間でできることは民間で」という市場志向が顕著であるが、山積する課題に照らして考えた時、それが果たして適切かどうかは大いに議論の余地があろう。

ラテン・アメリカの経験からいえることは、こうした状況変化に際しても、重要な福祉供給者としての国家の役割に変化はなく、変わるのは福祉供給のあり方だということである。雇用柔軟化はそれ自体、より掘り下げて議論すべき課題ではあるが、現行の雇用柔軟化を前提とした場合、税を財源とする最低基礎年金のような、より普遍的な福祉を供給する役割をまず国家は求められよう。他方、アルゼンチンの年金制度のように、福祉供給者として民間営利部門が失敗した事例もある。また市民社会組織は、ラテン・アメリカの「新たな福祉社会」形成において重要な役割を果たすことが期待されているが、それも万能ではなく様々な問題を内包していることが判明している。こうした事実を参考に、国家、市民社会組織、民間営利部門が福祉供給者として果たすべきそれぞれの役割を再検討すべきであろう。

注

1　ただし、同地域の新自由主義政策の嚆矢は一九七〇年代にさかのぼる。詳しくは本シリーズ第一巻を参照。

2　CEPALの報告書（CEPAL [2001]）では、公的社会支出は「教育、医療、食料、社会保険、社会扶助、住居、上下水道、衛生に関する支出」と定義されている。

3　その後二〇〇四年一〇月にアルゼンチン政府と年金基金運用会社は、後者の保有する外貨建て国債のペソ建て国債への置き換えに合意した。これにより民間積立方式年金の不良債権問題はひとまず解決された。しかし、二〇〇八年世界経済危機による個人積立資産の大幅な目減りにより、民間積立方式による高齢者の生活保障は問題が多いとして、同国の民間積立年金制度は廃止されるに至った。

4　本シリーズ発刊準備研究会（二〇〇二年六月）における内橋克人氏の発言。

Más allá de la década perdida

Além da década perdida

第3章

「貧困」概念と政策の変遷

細江葉子

はじめに

貧困は多くの国や地域においてその解決が求められてきた大きな問題である。先進国と呼ばれる国々は貧困問題を一定程度克服してきた歴史を持つ一方、多くの開発途上国では現在でも貧困問題の解決が、経済成長はもちろんのこと、社会的・政治的安定への鍵となっている。他方で、「貧困」概念の定義は時代とともに変化してきた。

第二次大戦以降一九七〇年代までは、ヨーロッパを中心とする現在の先進諸国を含む多くの国々において、戦争による経済的・社会的ダメージからの復興が喫緊の課題とされていたため、貧困は主に所得の上昇という経済的観点から画一的に捉えられることが多かった。しかし、その後世界規模で資本主義経済が安定化し、特に欧米諸国を中心とした資本主義先進国において所得水準が上昇するにつれて、克服されるべき「貧困」そのものの定義が大きく変わっていく。そこでは「物質的な豊かさ」がある程度実現する中で、「貧困とは何か」という根本的な問いは一旦捨象され、むしろ生活全般の充実を積極的に求める問い、つまり「生活の豊かさとは何か」（暉峻［一九八九］）という問いが大きくクローズアップされていった。

こうした問いの変化からは、先進諸国においては明らかに貧困を所得という経済的指標のみではなく、よりよい生活の質、あるいは生活環境の充実というクオリティの指標からも捉えるべきだと考えられるようになっていったことが読み取れる。しかし他方で、その背景には次のような事実もある。「物質的な豊かさ」、いいかえれば所得に代表される経済的指標だけでは人間の生の豊かさは測れない、いやむしろ経済的な富だけを求めてきたがゆえに急速に広がっている「豊かさの中での貧困」ともいうべき状況が、家族や地域の結束の弱まり、犯罪の増加、政治不信、生活不安といった形で表面化してきたという事実、すなわち本書の序章や第1章で述べられている「関係的側面」における社会的排除の実態である。こうした状況を背景に、「心の豊かさ」といったスローガンが急速に広がっていった。それは逆にいえば「心の貧しさ」という現状を表現するものでもあった。日本でも一九八〇年代に入ると、種々の政府刊行物に「心の豊かさ」をめぐる議論が、「ものからこころへ」というスローガンを伴って頻出するようになる。

さらに一九九〇年代以降には、この「心の豊かさ」を、人々が相互に信頼関係を培い、誰もが社会的排除を受けることなく共に支えあう「安心社会」の中で「よりよく生きる」ことと結びつける議論も現れてきた（玉田［二〇〇三］）。こうした議論は、九〇年代初頭以降開発途上諸国において新自由主義的開発が破綻する中で浮上してきた新たな開発論、いわゆる「人間開発」の議論に通ずるものである。そこでは、「よりよく生きる」とは、個々人が自らエンパワーし、そのもとで「潜在能力《ケイパビリティ》」（Sen［1981］［1985］）を拡大し、存分に発揮できる状態を指す（序章、第1章参照）。

このように、戦後欧米諸国を中心とした資本主義先進諸国における経済状況の変化の中で「貧困」概念も変化し、それに伴い貧困問題への対応策も変わってきた。そしてその影響も受けつつ、開発途上国においては貧困の概念が拡大し、後述する「相対的貧困」への対応が重視されるようになった。もちろん、ラテン・アメリカ各国で顕著にみられるように、新自由主義がもたらした所得格差等による社会階層の分極化が拡大する中で、いわゆる「絶対的貧困」も引き続いて深刻な問題であり続けている。この点にも留意しつつ、本章ではこれまでラテン・アメリカにおいて「貧困」がどのように捉えられ、その解決が模索されてきたのかを考察していく。そしてラテン・アメリカの経験を通して、日本ではいま「貧困」をめぐって何が課題となっているのかについても触れてみたい。

1 貧困政策の歴史

経済的貧困

前述のように、一九七〇年代までの貧困問題は、主に経済的な側面からのみ捉えられてきた。A・O・ハーシュマンに代表されるトリクルダウン仮説（序章四五頁参照）によれば、貧困とは先進諸国の経済レベルに到達していない開発途上国が抱える経済発展の遅れに伴う問題である。したがってこの仮説では、経済成長によって社会全体の生活水準が上昇し、それに伴い個人の生活が所得面から改善され、最終的に貧困問題が解決されると主張する（Hirschman［1968］）。そのため、ここでは貧困のレベルは主に国全体の経済成長を表すGNP（国民総生産）の変化によって計測されていた。そして、途上国における貧困問題解決の理論として、先進諸国との関係性において正反対の主張を掲げる二つの考え方が提唱された。一つは、貿易などを通じた先進国との交易拡大によって経済の近代化をはかるべきという考え方であり、いま一つは途上国の困難の原因を先進国による経済的搾取に帰し、交易を断ち切るべきとする考え方である。

前者はアメリカの経済学者W・W・ロストウ（一九一六～二〇〇三）らに代表されるもので、国家が経済的に発展する経路は一つであるという前提に基づいている。この考え方によれば、すべての途上国はその段階を一つずつクリアしていくことによって一次産業を中心とした伝統的社会を脱し、経済成長を実現して貧困を克服し、「先進国の仲間入り」をすることが可能であるとされる（ロストウ［一九七四］）。

他方、後者は従属学派の創始者A・G・フランク（一九二九〜二〇〇五、ドイツ出身の経済学者）やS・アミン（一九三一〜、エジプトの経済学者）に代表される考え方である。彼らによれば、途上国の利益は先進国の営利目的の経済活動によって侵害されており、その結果貧困から抜け出すことを構造的に阻まれている（従属理論）。この考え方によれば、世界経済の中心に位置する先進国は、周辺に位置する途上国の持つ労働力や生産物を、多国籍企業の進出による廉価な労働力の利用や貿易を通じた不等価交換あるいは国際的価値移動という方法で吸い上げてしまい、途上国の自立的な発展を妨げてしまっている（フランク［一九八〇］、Amin［1976］）。さらに先進国と途上国の位置・関係性は構造的に固定されることになり、その結果、途上国は貧困問題を解決できないだけでなく、長期にわたって先進国から搾取され続けることになる。このとき途上国の中に、一次産品の生産を掌握する大地主や、生産者（途上国）と消費者（先進国）の中間に入って利益をあげる貿易商など、先進国と一致した利害を追求するグループが生まれる。そしてこの新しいグループが自国の発展よりも自己の利益を優先させてしまうことが、貧困の構造化におけるもう一つの問題点であるとされた。そのため従属理論を支持する人々は、国際資本や国内の富裕層との結びつきが強い途上国政府を対象とした政策では貧困の構造化をいっそう助長するだけであり、途上国の先進資本主義国への従属を根本的に断ち切る政策を採らなければ、貧困問題を孕む低開発から途上国を脱却させることはできないと説いている。

（左から）ロストウ，フランク，アミン

いずれの立場も、途上国は先進諸国との関係を変えない限り、現状では自国の力だけで発展することは難しいという前提に基づいている点では一致している。

また、従属理論のベースともなった構造学派は、すでに一九五〇年代から、この学派の創始者であるR・プレビッシュ（一九〇一〜八六）と彼が参加していた国連ラテン・アメリカ経済委員会（CEPAL）を中心として、先進国と開発途上国の社会経済構造の差異をふまえた上での「反新古典派開発理論」を展開していた。構造学派の主張は、ラテン・アメリカ各国の事例研究に基づいて、それぞれの国が抱える構造の特殊性に即した開発政策を打ち出そうとするものであり、その後世界的な広がりを持つようになっていった（佐野［二〇〇九］）。

「貧困の原因」が焦点に

一九七〇年代に入ると、各国固有の背景を考慮に入れない画一的な開発理論に対しては、さまざまな批判が提示されるようになった。さらに、次のような事情が貧困に対する新たな考え方を生み出した。七〇年代後半のオイルショックの影響を受けて先進諸国の経済が低迷し、ラテン・アメリカを含む途上国に対する先進国からの資本流入は大きく減少した。これに対し、石油産出国からはいわゆる「オイルダラ

●構造学派　1920年代の世界農業不況，続く30年代初頭の世界大不況は，従来の一次産品輸出主導型経済と，その理論的背景をなす自由主義経済思想を危機に直面させた。その後ラテン・アメリカで，ひと口に「市場経済」といっても先進工業諸国とラテン・アメリカでは「構造」が異なっており，開発政策も異なるものであるべきだと主張する経済学が誕生した。これが構造学派（スペイン語 Estructuralista，ポルトガル語 Estruturalista）である。創始者はアルゼンチンの経済学者ラウル・プレビッシュである。プレビッシュは国連ラテン・アメリカ経済委員会（CEPAL）の事務局長時代に行った調査研究などをもとに構造学派経済学を展開した。その主張をより急進的なものにした従属理論もこの構造学派から派生したものである。構造学派はその後，イギリス・ケンブリッジ大学のポスト・ケインジアンとも連携しつつ，国際金融機関（IMFや世銀）およびその理論的支柱としての新古典派経済学と対峙し，理論的・政策的対案を提示し続けている（佐野［2009］）。

ー」が大量に流入し、その結果、途上国ではＧＤＰ（国内総生産）の増大が見られた。こうして表面的にはラテン・アメリカをはじめとする途上国の経済が成長していく中で、所得などの経済面だけではなく、機会の平等などの社会的・政治的な環境、あるいは平均余命や識字率など人間としての基本的な生活の保障や豊かさを測る指標の重要性に注目が集まるようになった。個人の健康状態や栄養摂取状況への配慮、またとくに基本的な教育・医療・福祉を中心とした公共サービスの向上が、個人の人権の保障という立場から重視されるようになったのである。こうした人権保障は、同時に結果として貧困層の労働力としての能力強化を促し、経済全体の成長を可能にするものとみなされ、人権保障が結果として貧困問題の解決につながるとも考えられたのである。

この「人間」に着目した貧困問題解決の流れを受けて、一九八〇年代以降とくに重視されるようになったのが、社会構造の改革と経済発展をともに目指す政策の立案・実施である。八〇年代、ラテン・アメリカ諸国やアフリカ諸国をはじめとする途上国は、国際経済の景気低迷によるダメージ、とくに一次産品の交易条件の悪化と利子高騰の直撃を受け、債務危機に陥った。そしてそれらの国の中から、世界規模の資本主義経済への参加を目標に進められてきた経済開発政策に対する疑問の声が沸き起こってきた。この時期、世界中で経済状況は悪化し、それはとくに貧困層に対して大きな負の影響を与え、その結果八〇年代は「失われた一〇年」と呼ばれることになったのである。債務返済が不可能となったラテン・アメリカ諸国をはじめ多くの途上国は、国際金融機関から追加融資を受ける条件として金融引締めや緊縮財政などの構造調整政策を強要された。その結果、各国は赤字財政のもとで、主に教育・医療・福祉の縮減という、経済状況の改善に直接的にはつながらない、しかも長期的には貧困層の能力強化を阻み、成長に多大な負の影響を与える国家支出削減を選択せざるをえなかった。また公共料金や食料品価格などの引上げは低所得者層の家計を直撃することとなった。その上このような経済低迷の状況下で、主に非貧困層から、貧困層のみを対象とした公共政策を非効率的な財政支出として批判する声が上がった。

教育・医療・福祉など人間の生命と生活の存続にかかわる分野における支出削減は、人材育成の面など長期的な視野から見て社会全体に甚大な負の影響を及ぼすことになった。やがて「失われた一〇年」を経て、貧困の連鎖の原因を断たなければ問題の根本的な解決にはならないという認識が浮上していった。この時期の貧困をめぐる議論の特徴は、途上国内部における貧富の格差や「貧困の罠」の問題（第1章第2節参照）などへの着目にみられるように、経済から人間へ、国際経済から国内経済へと視点が移っていったことである。

2 貧困と人間開発

「人間開発指数」の誕生

一九九〇年代に入ると、「人間」重視の傾向はさらに強まった。貧困層が所得に換えうる労働力を最大限活用できるような労働集約的産業を振興するだけではなく、貧困層が自身の労働力の質を高めることによって労働の対価を上げられるようにすべきという考え方が広く受け入れられるようになった。またそれと同時に、個々人が人間らしく生きることを可能にする環境の整備が貧困問題の解決と結びつけて考えられるようになった。数字に現れるマクロな視点から見た貧困だけではなく、個人の生活により密着したミクロな視点から見た貧困に焦点が当てられるようになったといえる。つまり、貧困ライン以下の生活を余儀なくされている貧困人口が総人口に占める割合などマクロ的数値で測るだけでなく、個人の生活水準や生活に必要な基本的要素の充足、潜在能力を生かせる環境など、数値化しえない価値をも考慮しつつ貧困の実質を評価するという考え方が広く注目されるようになったのである。そこでは、まずは食糧、飲料水、住居、医療など人間生活のあらゆる面における福祉サービスの充実によって生活の質を向上させ、基本的な教育サービスの拡充を通じて個々人が生における選択肢の幅を広げることができるようになった状態こそ真の「豊かさ」であるとされるようになった。そして「機会の平等」とともに、人が生きていく上で前提となる「権利の平等」の重要性が強調され、社会階級はもちろん、ジェンダーや人種、国籍、宗教なども開発分野の重要なテーマとして扱われることとなった。これが「人間開発」の視点である（序章、第1章参照）。

一九九〇年、国連開発計画（UNDP）は『人間開発報告書』を創刊し（以降毎年発行）、各国の生活の質や発展の度合いを測る指標として「人間開発指数（HDI）」を提示した（以後HDIは毎年更新されていく）。人間開発では所得などの経済的指標だけでなく、栄養状態の維持や安全な水の供給など基本的な生活環境条件をはじめ、医療サービスの充実、学校教育の普及、公共の交通サービスの充実、住居の確保、安定した雇用などが包括的に重視され、人間が健康で尊厳をもって生活することができ、平等に機会を与えられた状態が「貧困ではない状態」とされる。さらにこうした人間開発の視点と並行して、その実現は当該国の力で、かつ持続可能な形で行われるべきであるという「内発的発展」（鶴見・川田［一九八九］）、「持続可能な発展」（World Bank［1990］）の議論も普及していった。

HDIは基本的には①長寿（出生時平均余命）、②知識（成人識字率および就学率）、③生活水準（一人当たりGDP）を総合して0から1までの数値で示される（1に近いほど望ましいとされる）。そして最近になって「五歳以下の乳幼児死亡率」がＨＤＩに取り入れられた。これは、社会的に最も弱い立場に置かれた乳幼児の生命を維持するに十分な栄養や衛生環境、医療サービスが確保されているか否かが、あらゆる人にとって住みやすい社会となっているか否かを示す、という考え方に基づいている。

また『人間開発報告書』では、貧困を経済指標のみからでなく基本的人間ニーズ（ＢＨＮ＝衣食住や医療・教育など人間としての生活に最低限必要とされる要素）の視点から捉える「人間貧困指数（ＨＰＩ）」も発表されている。ＨＤＩがいわば人間開発の達成度を示す指数とするなら、ＨＰＩは基本的な人間開発の権利の剝奪の程度、すなわち短命、初等教育の機会欠如、生活水準の低さ、社会的排除の度合いを測る指標である。ＨＰＩは①生存（途上国は四〇歳、先進国は六〇歳までに死亡が予想される人口の総人口に占める比率）、②教育（成人識字率）、③生活水準（途上国は安全な飲料水を入手できない人口の比率、保健サービスを受けられない人口の比率、五歳以下乳幼児における低体重人口の比率。先進国は中位所得水準の半額以下の所得に留まっている人口の比率）を総合して算出する（先進国はこれに雇用指標［一年以上の長期失業率］を加える）。

ＨＤＩ、ＨＰＩを分析することによって、持続可能な発展に必要な人的資源の確保の前提となる社会基盤や生活環境がどの程度充実しているか、また持続的かつ内発的な発展を妨げる要素がどの程度取り払われているかを測ることができる。

平等の保障とエンパワーメント

人間開発の視点においては、社会的に弱い立場に立たされた人々（貧困層、非識字者など基本的な教育を受けていない人々、人種や国籍によって差別を受けている人々、未成年者や女性、高齢者など）のエンパワーメントが重視される。いうまでもなく、「社会的弱者」の立場を余儀なくされている限り貧困は再生産され続けるのであり、貧困問題の解決という観点からみれば、そうした人々が自らをエンパワーし発言力を強化できる状況をつくることが重要となる。弱い立場に立たされた人々の発言が封殺されてしまうことを避け、そうした人々のための政策はそれ以外の万人にとっても必要な政策であることが広く合意されなければならない。貧困層は社会の動向の負の影響をまっ先に、そして最も強く受け続けてきたのであり、彼/彼女らが自らのエンパワーメントを通じて社会に参加し、社会に対して意思表示ができるようにすることこそが貧困問題解決の鍵となる。

しかし、そうしたエンパワーメントを下支えする「機会の平等」「権利の平等」の保障自体がいまや崩壊の危機に瀕している。また、建前上は平等が肯定されているとしても、現実には「経済的自立」の大義のもとで、貧困層に対して優遇的な結果をもたらす政策の実施に必要な財政支出と非貧困層の要求の充足に向けられる財政支出とはトレードオフ（一方を追求すれば他方を犠牲にせざるを得ないという二律背反の状態・関係）にあるとみなされがちである。

そうした状況のもと、社会的に弱い立場に立たされた人々は、発言の機会どころか生存・生活の保障すら奪われている。まず基本的な教育を受けていない人々の場合、様々な情報へのアクセスを欠く場合が多く、そのために識字者による搾取の対象になりがちである。契約内容が理解できないために自身にとって不利な契約書にサインをしてしまったり、他人に代筆してもらうことによって様々なトラブルに巻き込まれたりすることは、非識字者にとって日常茶飯事のことである。さらにこうした直接的な被害をもたらすだけでなく、社会生活において自尊の念が持てないなど、継続的に社会に参与していく上で障害となることが少なくない。加えて女性の場合は、家族の生活の維持や育児の側面においても大きなハンディを背負うことになる。

第二に人種や国籍による差別は、様々な機会へのアクセスからの意図的な排除であるため、「権利の平等」の侵害が目に見えやすい問題である。とくにアフリカ諸国では、人為的な国境と各民族の居住地域の境界線とが一致しないこと、植民地時代に宗主国によって部族間の関係性を無視した統治（宗主国が管理に都合のよい部族を重用するなど）が行われた歴史から、人種・国籍による差別の問題は極めて深刻である。またヨーロッパに「発見」されたラテン・アメリカ諸国においては、ヨーロッパの価値観によって形作られてきた先住民差別がいまだ根強い。仮に非先住民が差別と意識していなくても、先住民は非先住民と隔離された不便な地域に囲い込まれている場合があり、実質上社会から疎外されていることも少なくない。このような国・地域においては、貧困問題が人種・国籍の差別から生じている面が多分にある。

第三に未成年者、女性、高齢者については、とくにジェンダー（社会的文化的性差）による不平等と未成年者に対する不平等は雇用において顕著な問題を生んでいる。世界の途上国における多くの貧困家庭では、家計において女性や子どもがブレッド・ウィナー（稼ぎ手）の役割を担っている。にもかかわらず女性や子どもは、男性・成人より低い賃金、少ない雇用機会、不安定就労、高い失業率、危険な仕事に就かされる等々、幾多の雇用条件の不利に甘んじざるを得ず、それが結果として貧困の連鎖を生む事態となっている。またとくに学齢児童の場合、働いているため学校に通うことができず、その結果貧困の連鎖から抜け出せないことが多々ある。一方高齢者の生活には言うまでもなく家族をはじめとする周囲の支援が必要となるが、その際、貧困家庭ではそうした支援が難しい。それを補うものとして、医療・介護・保健施策や年金制度など高齢者の生活を経済面から支える福祉政策の充実が求められることとなるが、日本の後期高齢者医療制度にみられるように、途上国・先進国を問わずむしろ弱者切り捨ての施策が遂行されてきた。

世界的に経済状況が悪化し、国家財政における福祉支出、とくに貧困層向けの支出が削減される中で、人間開発で目指されたはずの社会的弱者のエンパワーメントを下支えする諸制度自体がこのように衰退しつつある。それがさらなる貧困を生んでいることは論をまたないであろう。貧困を克服するためには、まず社会的弱者を包摂する公共政策を、彼／彼女らの置かれている具体的な状況に応じて実施することによって「権利の平等」「機会の平等」を支え、それを通じて彼／彼女らの発言力を強化していかなければならない。

3 貧困の現在

絶対的貧困と相対的貧困

先に見たように一九九〇年代以降、「貧困」は、経済的要素はもちろんのこと、社会的・精神的豊かさを追求し実現するための潜在能力や機会を剝奪された状態を指すという考え方が広がってきた。従来から貧困の概念あるいは貧困の測定手法に関して、貧困を絶対的なものと相対的なものとに分ける考え方が存在していた。一般に「絶対的貧困」は、極度な困窮状態、すなわち低所得、栄養不良、非識字、疾病、劣悪な環境、高い幼児死亡率、低い平均余命などで特徴づけられる、人間らしい生活からはほど遠い状態を指す（二〇〇四年末現在で、世界では約一〇億人近い人々＝世界人口の約一五％が絶対的貧困の状態にあると推定される）。世界中にいまだ「餓えや極度の栄養不良など」明確に絶対的な窮乏状況が存在していることは事実である（山崎［一九九八］七五頁）。一方で、生活水準は国や地域によって当然異なるため、その国・地域内において社会的に標準的な生活レベルからかけ離れた貧困のレベルにある場合も生じるわけで、これが「相対的貧困」である。ある社会における「格差」問題はこの相対的貧困の概念に基づくものといえる。

国際比較を行う場合、世界銀行などが用いる「一日一ドル」といった貧困ラインは、「絶対的貧困」に注目した指標である。一方「相対的貧困」の計測としては、経済協力開発機構（ＯＥＣＤ）の「所得分布の中央値の二分の一未満で生活する人」という定義が有名である。また各国独自に設定する貧困ラインには、各社会における「必要最低限の消費生活」に対する認識が反映されており、相対的貧困の要素が含まれるとされている（黒崎・山形［二〇〇三］二五頁）。絶対的貧困概念と相対的貧困概念の関係は、対立概念というよりも相互補完的と考えられている。その場合、極度の困窮状態にある絶対的貧困層という核の部分と、社会的基準からみて貧困と認定される相対的貧困層がいる（山崎［一九九八］七六頁）という状況が想定される。

前述の通り、一九七〇年代までは貧困を論じる際に経済的な側面のみが重視されたが、八〇年代、九〇年代を通じて「人間開発」の視点の重要性がいわれ、そうした経済的基盤確立のためにはまず保健衛生・教育面での支援策が欠かせないこと、さらには個々人は自らニーズや要求を明らかにし、社会に発信し、それを実現していくために潜在能力を強化する権利があり、そのためにはエンパワーメントが不可欠であることが広く認識されるようになった。これに二〇〇〇年代以降の状況を付け加えるなら、すべての人が安心して生活できる排除のない「安心社会」の構築が、「貧困」の対極としての新たな「豊かさ」の条件として重要視されるようになってきているといえよう。むしろ、社会的・経済的状況の変化によってある程度安定した生活が可能になったとしても、状況次第ではいつまた貧困に逆戻りするかもしれない、そうした環境の不安定さ、すなわち「不安社会」の構造そのものが貧困の要因となっているといえる。

相対的貧困は絶対的貧困とは異なり、生存・生活の維持に支障がある状態ではない。しかし生活の質、社会的・文化的生活の保障、また潜在能力やエンパワーメントの観点からみれば、それは「安心社会の豊かさ」の対極としての「不安社会の貧しさ」の端的な現れといえる。新自由主義的な立場からは昨今、「格差」を必要悪とする声が高まったが、それは明らかなイデオロギーであり、その無批判な受容は、戦後積み重ねられてきた「貧困」概念の拡大の歴史とその一つの到達点としての「人間開発」の理念を放棄することにもつながりかねない。絶対的貧困と相対的貧困の区分は、「生きていればいい」という状態を超えて、すべての人間が社会的・文化的生活を営むことを保障するために必要な線引きであるが、それによって両者の状況を分断し「相対的貧困はやむをえない」とする議論に与することは「人間開発」の理念に悖《もと》るものであり、いずれをも克服してこそ真の「人間開発」といえるはずである。

表3―1は、ラテン・アメリカの主要国における貧困の状況を示したものである。国別貧困ラインで測定した都市貧困人口比率と、所得分配状況を示すジニ係数を掲げてある。二〇〇〇年代に入って貧困人口比率は減少傾向にあるものの、依然として多くの国で２０～４５％と高い比率を示している。他方、所得分配の不平等度を示すジニ係数も世界的に見て高く、域内で不平等の問題が依然解決されていないことがわかる。

ラテン・アメリカの貧困――ブラジルの格差と相対的貧困

本項では、ラテン・アメリカにおける相対的貧困の現状を、ブラジルの例を挙げて検証してみよう。

表3−1　ラテン・アメリカの貧困の現状

	都市貧困人口比率(%)			ジニ係数		
国／年	1990年	1999年	2006年	1990年	1999年	2006年
アルゼンチン*	21	20	19	0.501	0.542	0.510
ブラジル	41	33	30	0.627	0.640	0.602
チリ	39	('98)21	14	0.554	('00)0.559	0.522
コロンビア	('91)53	51	46	('94)0.601	0.572	('05)0.584
コスタリカ	25	18	18	0.438	0.473	0.478
メキシコ	('89)42	('98)39	27	('86)0.536	('00)0.542	0.506
ペルー	n.d.	36	31	n.d.	0.545	n.d.
ベネズエラ**	40	49	30	0.471	0.498	0.441

＊首都圏　　＊＊全国
出所：CEPAL［2007］*Panorama Social de América Latina 2007*, Santiago: CEPAL (http://www.eclac.cl/)

ラテン・アメリカの貧困問題を考える際に不可欠な要素として、各国内における経済的不平等の問題がある（第1章第2節参照）。当地域の貧困問題解決の大きな障害となっているのが、世界でも他に類を見ないほどの貧富の格差なのである。貧富の格差がさらなる貧困を生むほどの規模に拡大してしまった背景には、植民地時代に端を発する土地分配の問題、厳しい自然環境と環境破壊、一部の政治的・経済的寡頭支配階級への富や権力の集中、そして一九五〇年代以降経済理論上の論争の的となっている深刻なインフレなど、複雑な事情が絡み合っている。

農業国ブラジルを例に取ると、現在の大土地所有者の土地所有権は植民地時代の初期、ポルトガル国王が家臣に土地を分配したセズマリア（土地譲渡制度）に端を発している（金七［一九八六］、プラド［一九七二］）。大土地所有制は植民地時代後も継続され、その結果、全農地の６０％を人口の５％にも満たない大地主が所有し、人口の２０％強を占める零細農家はわずか０・５％の農地にひしめき合うことになった。偏っているのは面積だけではない。地味・水利の良い土地は大農園主が占め、水資源の利権を独占している。さらに農業の近代化に伴い、農家は灌漑設備を整え、大型の農業機械を購入し、生産性の高い品種を導入し、多量の農薬を購入しなければならなくなったが、そうした費用を賄うことができ、不足分を金融機関や政府から借り入れたり補助金を得たりするために必要な信用や担保を持っているのは大土地所有者だけであった。また農業の近代化によって資本集約的農業経営が可能となり、零細農民は大農場での季節労働者としての雇用機会をも失うことになった。農産物の貿易自由化によって外資系商社と直接取引を行う農場が増加したが、零細農民はその流通ルートに生産物を乗せることはできず、生産手段・販路の段階からすでに格差が広がっていった。またブラジルの大土地所有者は植民地時代以来の名家・旧家として長らく政治的有力者の地位に君臨してきた人々であり、富や権力の寡頭支配階級への集中という問題も歴史的に根深い（第6章第1節も参照）。

ブラジルには農業利用可能な未開拓地がいまだ多く残されており、すでに利用されている土地の再分配以外にも貧困問題の解決法は存在するという議論もある。しかし、その根本に農地所有の不平等の問題が横たわっていることは厳然たる事実であり、農地改革は必須である。とはいうものの、大農園主の反対に遭って実効ある農地改革がなかなか実施されていないという現実もある。加えて大農園主は警察とのつながりも強く、彼らの利害を損ねる政策や運動の実施を困難にする要因となっている。

このように、ブラジルにおける貧富の格差は、土地をはじめとする資源の不平等分配に始まる人為的格差という要素が大きく、開拓初期に発生した社会格差が、貧困層の発言力を抑圧することによって維持されてきてしまったといえる。貧困層は保健衛生・医療・教育の機会を欠き、大土地所有者に抗する力を剝奪されてきたのであり、まさに潜在能力とエンパワーメントの問題なのである。

また、厳しい自然環境の影響も無視することはできない。ポルトガル植民地時代に紅色染料の材料となるブラジルボク（ジャケツイバラ科の常緑高木）の輸出拠点として本格的な入植が最初に始まった北東部では、宗主国ポルトガルの利益のみに基づく農業が営まれた。もともと旱魃と洪水に周期的に襲われる厳しい自然環境の土地であり、長期の旱魃の際には自家消費用の作物が栽培できなくなるだけでなく、牧草が枯れ水が枯渇するため人も家畜も生き延びられないほどで、農業に適しているとは言いがたい地域である。さらにブラジルボクやゴムの乱伐によって自然林が破壊され、森林地帯の砂漠化が進んだ。その後サトウキビやトウモロコシ、豆類などの商業作物の単一栽培のために焼畑と森林開拓が行われ、河川などの水資源や土壌の適切な保護・管理がなされなかったため土地はさらに荒廃し、砂漠化は現在も続いている。土地が適切に保護・管理されなかったのには、農民たちが総合的な農業知識を持たなかったことが大きい。大農園の季節労働者として働く体験から身につけることができる知識は断片的であり、土地の準備から播種、手入れ、収穫、販売にまで至る一連の農業経営法を身につけることなど不可能である。また品種や農薬の改良を

コラム

ブラジルにおける貧困と社会運動

ブラジルでは伝統的に労働組合運動をはじめとした社会運動が活発である。特に、軍事政権下で経済危機に陥るとともに政治の民主化が進んだ一九七〇年代後半から八〇年代にかけ、サンパウロを中心とした都市部において、労働組合によるストライキや住宅問題などの改善を目指す抗議デモ等、組織的な社会運動が展開されるようになった。本コラムでは、様々な社会問題に取り組んでいる社会運動の中から、サンパウロを拠点として住宅問題の改善に取り組んでいる諸団体を取り上げ、ブラジルの社会運動について紹介する。

サンパウロにおいて州レベルで活動を行っている住宅運動団体に、一九八七年に発足したサンパウロ住宅運動連盟（UMMSP）がある。UMMSPには州内約三〇の地域を代表する団体、およびそれらに属する地区（bairro）レベルの団体を合わせ、約三五〇もの住宅運動団体が加盟している。UMMSPは劣悪な居住環境にあり月額所得が最低賃金（二〇〇八年九月時点で四一五レアル）の三倍までの住民を対象とし、住民参加型の住宅政策による住宅獲得を目指し約五〇万人が活動に参加している。

UMMSPに属する地区レベルの団体は、月に一度、

理解し適切に利用するために必要な基礎知識がないため、政府が収益改善を目標としたプロジェクトを行っても期待された効果をあげることは困難である。こうして北東部の農民は貧困の連鎖にはまり、家族で大都市に移住したり、男性が出稼ぎに行ったりしなければならない状況に追い込まれている。大都市に移住した農民の多くはファヴェーラと呼ばれる貧困層居住区に住む。女性は都市部富裕層の家事サービス労働などに就き、子どもも荷物運びや車の窓拭き、ごみ拾いや物乞いをして家計を助ける。男性は多く日雇いの肉体労働につくが、雇用が不安定なため、女性や子どもの収入に頼る生活となることが少なくない。しかし先に述べたように、女性や子どもは機会格差によって不安定な立場に置かれているため、家族全体の生活が脅かされてしまう。

　このように生活の改善を求めて都市部へ移住したとしても状況の困難はさほど変わらない。農村から都市へ流入した非熟練労働者は、正規雇用に就くことが難しく、インフォーマルセクターでの雇用に甘んじ、都市下層を形成することになった。大都市周辺に位置する貧困者居

地区内の参加者を対象に集会を開催するほか、UMMSPなどが実施する定期または不定期の集会や抗議デモなどに参加している。参加住民はこれらの活動に参加するごとにポイントを付与され、ポイントが高い者、つまり社会運動への参加度合いが高い者が優先的に、住民参加型住宅政策の対象者として選出される。また、地区レベルの団体のコーディネーターは、先にポイントを多く獲得し同地区から転出した者が務めており、住宅獲得のために必要な情報やノウハウが経験者から未経験者にフィードバックされ、住民同士の組織的な関係の強化と維持に役立っている。

　そして、市や州の政府が住民参加型の住宅政策を実施する場合、社会運動への参加度がより高い者から構成され、プロジェクトの実施を担う住民組織がUMMSPによって形成される。この住民組織は、隣接する地区レベルの各住宅運動団体から一定人数を選んで結成されるため、必ずしも同一の居住地区から集まった人々ではない。しかし、住民組織の構成員は多くの社会運動への参加を通じて相互に面識のある場合が多いことに加え、同住宅政策は協働作業を特徴とするため、政策の実施過程で参加者間の相互の連帯感や信頼感が高められ、住民組織をより円滑に形成、運営していける可能性が高くなる。

　また、UMMSPをはじめ各州の住宅運動団体が加盟する全国レベルの団体として、全国大衆住宅連盟（UNMP）が一九八九年にサンパウロで発足している。ブラジ

住区ファヴェーラは、もともと工業化とともに農業地帯から流入した非熟練労働者が住み着いたものが起源である。彼／彼女らは正規雇用に就労できないだけでなく、極めて劣悪な居住環境に甘んじ、社会保険、医療、教育制度からも排除される場合が多かった。他方、近年都市部で主に問題となってきているのが、高学歴層の失業率上昇による新たな貧困である。彼／彼女らの大部分は二五～三九歳という働き盛りの年齢で、その肩には家族の生活がかかっている。彼／彼女らは地方都市から仕事を求めて流入してきたわけではなく、大都市に生まれ育ち高い学歴を身につけたにもかかわらず、職を見つけることができないでいる。現状では、こうした人々に対する意義のある雇用政策がいまだ実施されているとはいえない。

また、一九七〇年代以降いちじるしく悪化したインフレは貧困層の生活を直撃し、非貧困層の生活水準との間に巨大な格差を生んだ。賃金上昇率は物価のそれをはるかに下回り、低所得者層の生活を圧迫した。九〇年代後半以降インフレは大幅に改善されたものの、大土地所有

ルにはこのUNMPのような全国レベルの住宅運動団体をはじめ、ジェンダーや人権などの問題に取り組む社会運動団体が他にも多く存在し、各団体は国内のみならず海外の社会運動団体と相互に連携や協力関係を築いている。

当コラムで紹介した住民参加型住宅政策は、サンパウロでは一九八九年に社会の底辺層の政治参加を掲げて当選した労働者党（PT）の市長によって主に始められたものである。ブラジルでは特に九〇年代以降、このような社会運動を起源とする市民団体などの参加を伴う政策や行政が、主として都市部の地方自治体レベルで実施されるようになっている。しかしその一方で、農地・住宅問題などに関わる社会運動団体と政府当局や権力層との対立が、時として暴力的な衝突事件に発展し、死傷者を出す事態も発生している。

社会運動の主な特徴に、政府をはじめとする権力層への抵抗や要求行動を集団で行うという点がある。近年のブラジルの社会運動にも、依然として特定の政党の影響や、政府および権力層との激しい対立が存在する。しかし一方で、相互の協調または補完関係を模索するケースも見られる。つまり、民主主義が定着傾向にある現在のブラジルでは、社会運動と政府および権力層との関係が以前のような常に敵対するものでは必ずしもなくなり、状況や取り扱う問題などに応じて相互の関係および各々の存在形態自体を変化させていく試みが行われているといえよう。

［近田亮平］

を歴史的背景とした権力と富の集中は依然として世界に例を見ない貧富格差の要因であり続けている。そして絶対的貧困すら、「貧困克服」を一つの課題としたはずの新自由主義的改革のあとでも一向に解消されなかった上、相対的貧困すなわち貧富の格差はむしろ改革後に拡大していった。新自由主義政策の規制緩和に伴う雇用の不安定化の中で、都市部でも労働市場から／労働市場内で排除される層が増え、先に述べたような高学歴者の雇用不安も新たな現象として生まれている。

他方で、ある程度の経済力を得た人々でも不安定な状況には変わりはない。たとえば彼／彼女らの中には、経済的により豊かになることを目指し海外への出稼ぎを選ぶ人々が少なくない。彼／彼女らはポルトガルや日本などへ家族のルーツをたどって出稼ぎに行く。しかしどれだけ経済的に潤っても安定は得られず、帰国してもすぐまた出稼ぎに出て行く、という生活を繰り返すケースが多い。彼／彼女らの多くは働き盛りの年代であり、本国の労働市場に対する負の影響はもちろんのこと、次の世代をになう人的資源の確保という点からも国内で大きな問題となっている。彼／彼女らの場合、経済的な状況が一時的に改善されたとしても、生活の質、安定感、安心感を得られない、「不安社会」から脱することができないという点でいわば感覚的な貧困、相対的貧困の状態にあるということができる。このように、今日のブラジルでは絶対的貧困が残存する一方、相対的貧困も深刻な状態にある。

ブラジルでは、以上述べたような相対的貧困の拡大が、現代特有の貧困問題の深刻な局面として浮かび上がってきている。一方で、九〇年代に入り、たとえば大統領直接選挙が実施されるなど、国民一人ひとりのエンパワーメントを示す機会が少しずつ実現されてもいる。ただ投票の際、地元の有力者が住民に圧力をかけるなど、歴史的寡頭支配に由来する問題が山積していることも事実である。しかし、変化は確実に始まっている。

二〇〇三年には労働組合を主要支持基盤とするルーラ政権が成立し、貧困層高齢者対象の手当などをはじめ、対貧困政策を拡充してきている。

日本の貧困問題——相対的貧困の拡大と「不安社会」

ひるがえって日本における貧困問題はどのような様相を呈しているだろうか。日本でもやはり、第二次大戦直後は農地改革や財閥解体をはじめ、苛烈な不平等構造の抜本的是正および貧困層への支援策など、絶対的貧困への対策が重視された。しかし戦後の高度成長を経てバブル崩壊後、とくに一九九〇年代半ば以降現在に至る時点では、明らかに相対的貧困が焦点となりつつあるといえるだろう。

ＯＥＣＤが二〇〇六年に提出した『対日経済審査報告書』によると、日本の所得格差は拡大しており（第1章「おわりに」参照）、相対的貧困率は二〇〇〇年には13・5％を示し、ＯＥＣＤ加盟国中ではアメリカ合衆国（１３・７％）に次いで第二位に浮上している。ＯＥＣＤはその原因を、労働市場の柔軟化によって正規労働と非正規労働の二極化が拡大・固定化したことと見て、二極化の是正と正規雇用増加への取り組みを日本政府に求めている。

その上、現在の日本においては絶対的貧困層も確実に増えてきていることに注意しなければならない。経済の低迷が続く中、中小企業は相次いで倒産し、リストラによる失業者の増加、非正規雇用の増大、二〇〇八年秋の世界経済危機以降の失業率上昇など、貧困の連鎖を生む要素は一向に改善されていない。こうした状況全般に対して、もっぱら大企業の建て直しに焦点を当てた政策が採られてきたため国民の生活は圧迫され、結果として絶対的貧困・相対的貧困ともに拡大の一途を辿っている。人権・生存権を支える社会保障の重要性が高まっているにもかかわらず、実際には教育・医療・福祉に不況のしわ寄せが集中し、消費税増税が図られるなど貧困を拡大するとしか思われない施策が行われようとしているのが実情である。

日本の絶対的貧困層の増加は、たとえば自殺者数に端的に現れている。自殺者の数は日本経済がマイナス成長を記録した一九九八年以来連続で年間三万人を超え、そのうち実に四人に一人が経済的理由（負債、生活苦、失業等）によるものである。二〇〇七年度を見てみると、自殺者総数は三三〇九三人（前年に比べ九三八人＝2・9％増加）で、原因・動機が明らかな約二三二〇九人のうち「経済・生活問題」は七三一八人で総数の22％を占める（警察庁生活安全局地域課「平成一九年中における自殺の概要資料」より。ただし、二〇〇七年度以降の改正で原因・動機は三つまで計上されている）。いうまでもなく、統計上の数字だけでは実態は測りきれない。しかしいずれにせよ、日本の経済状況悪化と自殺者数の増加が軌を一にしていることは事実であり、相対的貧困層をはじめとして、自殺に至らないまでも潜在的に生への不安を抱えた人々も含めて、「貧困による不安社会」が拡大しているといえよう。

おわりに

一九七〇年代以降の貧困対策と貧困概念の変遷の特徴をまとめると次のようになろう。第一に、それまでもっぱら単一の経済成長モデルによる貧困削減が唱えられていたのに対し、より各国の地理的・政治的・社会的特質に即した貧困対策が模索されるようになった。第二に、国家の経済成長よりもまずはそれを支える個人の生活水準を上げることが目指されるようになった。第三に、その際経済的な生活水準だけでなく、生活の質を高め、人生の選択肢を増やすための潜在能力が重視されるようになった。まずは衣食住などの環境整備による生存と生活の保障、次いで個々人の潜在能力を拡充するための基本的な教育、さらに生活を維持し継続的な労働を可能にするための栄養状態の確保等が図られた。そして生活環境が整ったところで、個々人が自ら社会参加と発言の力をつけていくエンパワーメントの過程が重視された。この一連の「人間開発」のプロセスによって、人々自身が貧困克服への道を開くことが目指されたのであり、七〇年代以降の貧困対策・貧困概念の変遷は、「経済から人間へ」という価値観の転換でもあったといえる。

それにもかかわらず確実にいえることは、世界有数の格差国ブラジルにおいても、私たちの住む「先進国」日本においても、貧困はいまだ過去のものではないということである。否むしろ、ブラジル、日本いずれにおいても、新たな貧困と呼べる局面が出来しているといえる。マクロ経済の指標においていかに成長が見られても、それは一握りの富裕層の富を増やしただけで、多くの人々はいまだ「不安社会」のただ中にいる。「安心社会」の重要な要素として貧困の根絶を目標とする時、絶対的貧困だけが解消されればよいわけではなく、相対的貧困を含め、貧困を生み続ける不平等・不安定な構造そのものを改善しなければ真の解決にはならない。そのためにも、貧困層の生存と生活を保障する制度とともに、個人の潜在能力の拡充とエンパワーメントを支える諸制度の整備に向けた取り組みが求められる。

第Ⅱ部

実践編　ラテン・アメリカの人々の多様な試みと社会の課題

Más allá de la década perdida

Além da década perdida

第4章

地域社会開発への住民参加

ペルーの事例から

村上勇介

はじめに

本章では、ラテン・アメリカの住民が社会運動などを通じて、地域社会の経済的・社会的な問題や困難を克服する努力に参加する政治過程に焦点を当て、その特徴や限界、参加住民の意識について、ペルーを事例に分析を行う。その際、地域社会の開発への住民参加をめぐるこれまでの研究成果と視角を検討する中で住民参加の特徴や課題を整理し、そうした特徴や課題が生ずる背景を、筆者が行った意識調査結果を交えながら、住民の意識のレベルにまで掘り下げて考察する。

社会の「下層」に属すことを強いられ、貧困に喘ぐ人々が社会全体の半数以上を占める他の国々と同様、ペルーにおいても二〇世紀に入り、経済的・社会的な向上を目指して下層の人々が労働運動や農民運動などの社会運動を組織し政治に参加する過程が観察されてきた。そうした社会運動の中で、地域社会の開発に住民が参加するという性格を持つものとして、都市の貧困層集住地区における住民運動（movimientos vecionales）がある。これは、一九世紀末の第一次産品輸出の発展以来、人口の構成や分布、経済構造、情報・通信・運輸事情などの面で伝統社会の構造的変動が始まり、それが一九五〇年代から加速する過程において、社会的地位の向上を求め農村から都市へ移住した貧困層の人々が、居住空間の確保や向上を目的として組織したものである。

また、一九六八年から一二年間の軍政時代を経て八〇年に民政移管が実現して以降は、七〇年代初めから深刻化していた経済社会問題を緩和し生存を図るための様々な組織的活動が活発となった。その顕著な例として、女性による組織的活動がある。滋養、保健・厚生、職業訓練、資金調達など様々な問題に取り組む組織があるが、最も数が多く一般的なのは民衆食堂（comedor popular）である。これは組織を構成する数十名の女性が材料の仕入れや調理を共同作業で行い、メンバーや一般の人々に食事を安価で提供するもので、宗教関係団体をはじめとするＮＧＯや政府、外国からの支援を受けている。一九七〇年代末に最初の民衆食堂が首都リマ北部の貧困層集住地区で結成されて以降、ペルー全土で急速に拡大した。リマでは八〇年に一七二、八五年に八八四、九〇年に三二五九の民衆食堂が確認されていている（Blondet y Montero［1995］pp. 32-36, 56-59)。

首都リマ郊外の貧困層集住地区（1999年）

同じく一九七〇年代末から地方において顕著に広がった組織として農民自警団（ronda campesina）がある。これは七〇年代にペルー北部で家畜泥棒に対する地域の自衛手段として初めて結成され、以後各地に拡大したもので、特に八〇年代には、活発化した反政府武装集団によるテロに対する自衛手段として盛んに結成された。同時に、刑罰の実施（近隣に司法機関が存在しないため）、農民間の係争の仲裁・調停、インフラ整備事業や要求活動の実施など、他の機能も果たすようになった。九〇年には三四三五の農民自警団が全国で確認されている（Starn［1991］pp. 11-16）。

民政移管後は、下層の人々の社会開発への参加を選挙公約に掲げる勢力も現れた。それまで小党分裂を繰り返していた左翼系諸政党がバランテス（Alfonso Barrantes）の指導力の下で一九八〇年に結成した連合組織の統一左翼（Izquierda Unida）である。統一左翼は下層の人々の支持を集め、八〇年代、地方選挙で全体の18～31%を得票し、バランテスが八三年から三年間リマ市長を務めるなど、地方自治体レベルで躍進した。そして各自治体で、選挙公約に掲げた「下層の人々の民主的な政治参加」を実現すべく、地域発展計画の作成過程への住民参加の促進など様々な試みを行った。

以下では、地域社会開発への住民参加の典型的な例として、リマの貧困層集住地区における住民運動と統一左翼による地方自治体レベルでの住民参加促進の試みを取り上げ、分析と考察を行う。なお、以下で展開する基本的な議論は、民衆食堂や農民自警団の事例にも当てはまるものである[1]。

1　住民参加の特徴をめぐる議論

ペルーにおける一九八〇年の民政移管以降の住民参加については、それまでの権威主義的な政治が克服され、草の根レベルで民主的な政治参加過程が形成されているとして肯定的に評価する研究と、反対に権威主義的な側面が未だ強く、草の根民主主義の形成に懐疑的な見解を示す研究が存在する。一般に、一二年間の軍政以前の六〇年代までの社会運動は、特定のカウディジョ（caudillo 政治ボス）を頂点に形成されたパトロン・クライアント関係（一種の親分・子分関係。以下PC関係と略す）に取り込まれていて、カウディジョたる上位の有力者やこれを中心とする少数の集団が政治的な意思決定を排他的に行う権威主義的な政治の下にあったと分析される。そして下位の個人や集団は、上位者との縦の繋がりは持つものの、相互の横の繋がりを欠く「底辺のない三角形」（triánglo sin base）のようであると形容される（Collier

[1978]/ Cotler [1968]/ Cotler [1978] pp. 73 ss / Stokes [1995] pp. 16-31)。草の根民主主義に肯定的な立場の研究は、こうした伝統的な政治が克服され、民主的な政治空間が形成されていると捉えた。逆に懐疑的な立場の研究は、伝統的な権威主義が根強く存続しているとした。

草の根民主主義に「政治の新しい形」を見る

まず、草の根民主主義の形成を肯定する研究によれば、一九七〇年代半ば以降、先に述べたような種々の社会運動は、それまでのPC関係に基づく権威主義的な支配関係を離脱し、民主的な新しい関係を作り出しており、今やこの新しい民主的な関係に基づいた「新秩序」(un nuevo orden) の形成が進行しているとする。つまり、下層の人々がその社会的な活動や行動を通じて、いわば下から民主的な共同体を構築し、それまでの権威主義的な政治社会を変革していると捉えた[2]。

この立場は、日常的な要求を契機とした活動や運動を、資本主義に限界を感じた下層の人々が資本主義社会を克服しようとする自発的努力であると捉える。そしてこの努力により、下層の人々は「新しい社会慣行」(nuevas prácticas sociales) や「政治の新しい形」(nuevas formas de hacer política) を創造していると指摘する。

そして「新しい社会慣行」や「政治の新しい形」には、次の三つの特徴があるとされる。第一に、一九六〇年代までとは異なり、数多く形成された草の根組織が、個人的・個別的な努力や方法ではなく、組織一丸となっての協力体制によって困難の克服を図っている。第二に、草の根組織の成員間には連帯や互恵、相互扶助の関係が構築され、参加型の民主的な関係が形成され、さらに個々の草の根組織が自主的に集まって結成した連合組織も民主的である。そして第三に、草の根組織はNGOや政府など他の組織から様々な形での支援を受けながらも、自主的、独立的な存在である。

草の根政治に権威主義的遺構を見る

一方こうした見方に対し、一九八〇年代半ばから、草の根政治の民主的性格に懐疑的な研究が提出されてきた。研究の数の上では少数派であるこの立場は、草の根政治には権威主義的な要素が強く残っていると見る。その主な論点は次の四つである。[3]

第一に、草の根組織の内部関係は民主的であるとは言えず、全体的にはむしろ曖昧で矛盾した状態である。民主的な指導者選出や意思決定過程が萌芽的ないし限定的に観察される場合もあるだろうが、同時に、指導者とメンバーの間に権威主義的なPC関係が成立している場合も決して少なくない。指導者がカウディジョとして内部過程を支配していたり、内部の意思決定に関する民主的な手続や過程が共有され定着することがなく、時に暴力を伴った対立や分裂に至る場合も多く見られる。

下層の人々の組織における権利と義務の関係も曖昧で、両者が混同される、あるいは内規によって義務の方が多く規定される、といった場合もある。権利と義務の運用面においても、指導者との親密度により手加減が加えられ、成員の間で不平等が生じる場合もしばしば観察される。また、指導者が成員の権利を正確に理解していない例も多い。

一方で、小さな政治空間での限定された課題設定という条件においては民主的な政治参加が観察される可能性も指摘されている。つまり住環境の整備や安価な食事の供給など、問題や課題が特定地域の人々の生活に密接に関連し、具体的かつ比較的単純で限定されており、多様な利害が絡み大きな政治的争点となるような他の政治問題と比べればその克服方法もそれほど複雑ではない場合である。このようなケースにおいては民主的な合意が成立しやすい面があることも考慮すべきとされる。

第二に、下層の人々は社会運動の指導者を、組織の代表ではなくカウディジョ的なリーダーとして捉えている。つまり指導者は、ある具体的な問題を克服するため、外部の有力な政治家や勢力、政府を含む各種の組織と個人的な関係を結び、これを通じて支援や助力を引き出す仲介者の役割を期待されている。指導者としての正統性や支持の高低は、外部との関係を駆使して課題を克服する力量や効率性の程度に依存しているとされる。

草の根組織の一般の成員は、生活上の身近な問題や課題が克服されるのであれば、指導者が民主的な手続を経ずに一方的な決定を下しても受け入れる。指導者も、民主的な手続の遵守や定着より、特定の問題や課題を克服するため政治家ならびに外部の勢力や組織と関係を樹立し深めることに最大の関心を寄せる。指導者は、様々な争点について組織内部で合意を形成する、政策や代替案を考え出し提示する、といった努力はしない。

第三に、一般の成員は組織の内部過程へ積極的に参加する姿勢に欠け、参加自体にあまり関心を抱かず、あるいは価値を見出さない。参加する場合は、それによって自分の直面する問題が克服されるかどうかが最大の関心事となる。一般の成員は組織の機能を便宜的に捉え、目前の差し迫った社会的・経済的な問題を短期的に克服しうるか否かで評価する。社会全体や国家、ないしは地域社会全体の将来などを念頭に置き、中長期的な目標や計画を考え、話し合うようなことはしない。しかも、そもそも社会運動に参加する者は、下層の人々全体の中でも少数派である。

第四に、草の根組織は、同じ目的や関心を持つ組織の間でも一つにまとまる求心力に欠ける。利益を集約する連合組織を結成しようという自発的意志が弱く、連合組織の結成は通常、ＮＧＯや政党といった外部勢力が主導する。したがって、連合組織の「民主的な性格」は草の根組織以上に曖昧である。同時に、ある特定の短期目標や当座の必要のために組織や運動が作られる「専門化現象」(encapuslamiento) が観察される。この場合別の目的ないし関心を持つ組織との間に協力や連帯の関係が制度化されることはなく、水平的な横の繋がりが中長期的に厚みを持つこともない。指導者は他の組織との協力関係の構築を目標に掲げるものの、実際にはそのための活動は重視されず、行われたとしても極めて限定されている。

2 ペルーにおける住民参加の実態

前節で見たように、草の根民主主義に関しては、これまで肯定的な見方と否定的な分析が存在してきたが、どちらがより実態を捉えていると言えるのだろうか。筆者は、両者の事例研究の分析内容を比較すると、前者には一つの限界があると考える。それは、この立場の研究が、「民主的な過程」と言いながら、草の根組織の内部の選挙や意思決定の過程を具体的に記述し分析していないからである。草の根民主主義を肯定する研究は、組織やルールの規範的・公式的な側面に関心が限定されており、声明文などの公的文書や指導者の発言、指導者および一般の成員などに対する聞き取り調査を主たる論拠とする。だが、それらの内容が現実の内部過程を反映しているという前提に立っており、具体的な争点や指導者選挙を対象に意思決定や内部選挙の過程を再構築し検証していない。これに対し草の根民主主義の存在に懐疑的な立場の研究は、住民運動、民衆食堂、統一左翼の実験などの事例に関し、特定の争点をめぐる内部過程をより具体的に取り上げ立論している。[4]

そこで、ここでは懐疑的な立場の事例研究に依拠しながら貧困層集住地区の住民運動および、統一左翼による民主的な政治参加の試みについてまとめてみよう。

貧困層集住地区の住民運動

まず貧困層集住地区の住民運動に関しては、草の根民主主義の存在に懐疑的な立場の研究は、それがカウディジョによる支配に基づく垂直的関係から成り、連合組織を結成しても同様で、その組織基盤は脆弱であるとする。

具体的には、まず住民運動の指導者と一般の成員の結びつきが弱く、一体感を共有していない。指導者は内部の合意形成に努めるよりも、一般の成員の統制から離れて行動し外部との関係や情報を独占する傾向が強い。たとえば土地所有の合法化に取り組んだ際、内部選挙で選ばれた指導者が、住民に経過報告をすることもなく秘密裏に手続を進めた例などが存在する。

リマの貧困層集住地区で行われたフジモリ派国会議員候補の支援集会に集まった人々（2000年）

また、一般の成員が指導者に期待するのは、外部の有力者や有力な組織ないし勢力と関係を樹立し、当面する住環境の個別問題を短期的に克服することである。成員たちは問題の克服を指導者に委任しており、指導者の選出や更迭は問題克服の期待度に基づいて行われる。これは有力者や有力な勢力の政治的な主義主張とはまず関係なく、もっぱら問題の効率的な克服という尺度から一般の成員が判断する。こうして、比較的短期間のうちに権威主義的な指導者が交代する、あるいは具体的な諸課題を一つ一つ巧みに克服する能力を持つ一人の人物が長期にわたり指導的な立場を任せられる、といった場合が一般的に見受けられる。

指導者への期待と関連して、当面する個別問題が克服され住環境の一定の向上や改善が達成された後に、一般の成員が組織への関心を失い、組織活動が低下する例も報告されている。たとえば次のようなケースがある。住宅建設や水道敷設のため、各々の住民組織が住民を動員し、当局に対し積極的に働きかけた。その効果で一旦工事が始まると、住民は急速に関心を失い、動員の呼びかけに応じなくなった。ところが、工事の完成が危ぶまれたり進捗が滞ったりすると、住民たちが再び参加して運動は活気を取り戻し、積極的に当局への働きかけを行ったという（Zapata［1996］pp. 143-144 / Zolezzi［1984］pp. 87-88, 93 / Zolezzi y Calderón［1985］pp. 62-63, 105-113）。

さらに、地区組織の指導者を選出する選挙で激しい対立や暴力事件が起きる場合があることも指摘されている。また、選挙終了後に新執行部がスタートしても、選挙で敗れた側が非建設的・非妥協的な反対勢力となって組織

コラム

農村における「人民投票的」な政治姿勢の例

本章は、研究が比較的蓄積されてきているリマという都市に焦点を絞って考察を進めている。一方、少しずつ進められている農村における政治参加の研究を参照する限りでは、都市部に関する議論のほとんどは農村にも当てはまるものであるといえる。以下では、筆者がペルー農村でのフィールドワークを行う過程で観察した「人民投票的」（本文一四四頁参照）な政治姿勢の典型的な事例を紹介する。

場所はペルーのアンデス高地中部南、アヤクチョ県のワンタ郡サンティジャナ区にある、標高四〇〇〇メートルに近いP地区である。時は二〇〇二年五月のある日の早朝。人口三〇〇名前後のP地区では、この日、地区総出のある共同作業が予定されていた。これは年に何度か行われる恒例の作業だったが、この日はそれに取り掛かる前に、もう一つ別のことを皆で行うことになっていた。それは、この年の一一月に実施される地方選挙に向け、地区の代表として区議会議員に立候補する人物を選ぶ選挙の投票であった。

P地区からはこれまで区議会議員を出したことがない。地区の発展を願い、これまでも何度か地区全体として支持する候補者を選出してきた。今回の候補者候補は三名

を不安定化させたり、離脱して別の組織を結成するなどの行動をとる場合も存在する。さらに、地区総会で人々がいすや石を投げ合って騒然とするケースも観察されている。

統一左翼による民主的政治参加の試み

同様に、統一左翼による民主的政治参加の試みについても、草の根民主主義に懐疑的な立場の研究によって、権威主義的な政治関係の解消には繋がらなかったことが報告されている。

具体的には、下層住民は統一左翼の地方自治体に対して次のような態度を示した。第一に、住民は自律性に基づく自治ではなく、目の前にある諸問題の解決を要求した（当面の諸問題を克服する能力により政治家を評価する特性）。第二に、問題の克服に際し、住民は直接かつ個別に当局と接触し、また当局にも個別の対応を望んだ（公式の要請手続よりも、当局との個別的な関係によって要求の実現を図ろうとする態度）。第三に、住民は受益の上での便宜的な理由から各種の組織を結成する用意

で、いずれも二〇～三〇歳代の若い世代である。地区の長《おさ》が選挙の趣旨を改めて説明し、いよいよ投票開始である。

高地の寒村のこととて、投票用紙や投票箱などを用意する余裕もない。そこで、支持する候補の後ろに並ぶという方法で投票が実施される。これでは投票の秘密は守られない。しかし、投票用紙や投票箱を使うと、特定候補への投票の誘導、記入済み投票用紙の差し替え・追加など、様々な選挙不正疑惑が（特に敗れた候補から）申し立てられ、選挙結果を集計する際に混乱することが多いため、そうした事態を避け、誰が見ても一目で納得する方法をとることにしているという。

アンデスの山間から太陽の光が差し始めて数時間経ち、日差しがこれから強まるという頃、投票が始まった。三人の候補の後ろに次々と人々が並んでゆく。見たところ結構接戦であるが、向かって右の候補と真ん中の候補の列が伸びているようだ。最後の一人が並び終えると、真ん中の候補の列が最も長かった。

しかし彼は過半数の支持を集めることはできなかった。そこで、最多得票候補と二位候補の二人の間で決選投票が行われることとなった。一九八〇年の民政移管以降、ペルーの大統領選挙では当選に過半数の支持が必要となり、過半数を得た候補がいなかった場合は、上位二名による決選投票が行われる規定となっている。P地区の候補者選出選挙もこの決選投票制を取り入れているのであ

はあったが、民主的な政治参加自体に価値を見出すことはなかった。

　そうした現実を前に、統一左翼は民主的参加を主張し続けたが、実際にはその試みを中途で放棄していった。民主的参加という目標を棚上げして住民との間に個別的なPC関係を作り、内部の派閥争いに没頭していったのである。また、住民参加のもとで不定期に開催された公開の討論会や集会などでは、具体的な議論はされず一般的な合意がなされるにとどまり、その合意すら地方自治体に無視されるという事態が生じた。さらに統一左翼は、民衆組織に意思決定権を移譲するよりも、地方自治体の権限を強化することに力を注いだ。下層の人々が参加する機関には重要な決定や監査権限を委譲せず、リマ市当局の決定を執行するだけの機能しか認めなかったのである。こうして、統一左翼が用意した民主的政治参加のメカニズムは形骸化した。

　民主的政治参加を旗印に掲げ、その実施の先頭に立ったリマ市長バランテスは、住民の自治や民主的参加の制度化に熱心でなく、むしろ日常的な要求に応えることを

る。

　決選投票が始まった。一次投票と同じく接戦であるが、最多得票候補の列がある時点から長く飛び出し始めた。結果、彼の当選が決まった。一次投票を始めてから三〇分以上経過したであろうか。決戦投票が終了すると、人々はそそくさと共同作業の現場へと移動した。

　この選挙は透明性が高く、住民が自主的に参加する選挙としては民主的であると評価されてもおかしくない過程である。だが問題は、この住民参加の直接選挙で選んだ候補者がどの政治団体から出馬するのか、そして、この直接選挙で戦う候補者候補がどのように選出されたのか、という点である。

　まず、地区全体が支持する候補者がどの政治団体から出馬するのかについては、これを決定するのは地区の長を中心とする少数の指導者グループである。そして、地区における候補者候補の絞り込みも、この少数の指導者グループが行う。つまり、まず地区の少数指導者グループが地区の代表を区議会議員の候補にしてもらうことを諸政治団体に交渉し、その交渉がまとまった政治団体に所属する候補者として地区の代表を選出する、というのがこの選挙過程の全体像なのである。指導者は、交渉のまとまった政治団体と連絡を取りながら、またその推薦や助言を受けながら、候補者候補を数名に絞り込む。別の言い方をすれば、住民は全体の方向性の決定というより重要な点については、指導者に全てを委任している。

通して個別的なＰＣ関係を作り上げ、住民の支持を集めることを優先させた。バランテス自身、「政治的現実主義」（realismo político）に基づき行動することを主張した。つまり、統一左翼への支持票は、住民が統一左翼の政策を支持していることではなく、統一左翼に諸問題の克服を期待していることの現れであり、統一左翼は具体的な成果を示すことで住民の支持を獲得し、維持できるという考え方に立っていたのである。

3　下層の人々の意識

政治に参加する住民の意識については、前節で示した事例研究の概括的紹介でも幾つかの側面が指摘されているが、ここでは筆者が一九九九年にリマで行った意識調査とフォーカス・グループ調査（グループ対話形式で自由に発言してもらう調査方法。以下ＦＧ調査と略す）[5]の結果を示しながら、下層の人々の実像に焦点を当て、政治参加に関する人々の意識の特徴を改めてまとめてみる。

その「民主的な」政治参加は、指導者が既に決定した方針を執行する段階でのみ認められたものなのである。

投票の様子。上が一次投票，下が決戦投票。

「民主主義」が意味するもの

一般的に言えば、下層の人々は政治や民主主義を、経済的・社会的な側面に関する短期的な要求や差し迫った問題の克服を実現するための便法として捉え、要求の実現や問題の克服を期待しそのための責任を指導者に委任する傾向が観察される。これは、指導者の選出や意思決定過程への参加といった手続的な側面から民主主義を捉えるアメリカ合衆国やヨーロッパの民主主義観とは異なる結果重視の捉え方であり、ある研究者の命名に従い「人民投票的（plebiscitario）」（Parodi［1993］pp. 79-81）と呼ぶことができよう。

表4―1の意識調査に示される通り、下層の人々の多くにとって「民主主義」は、意思決定への参加、選挙の実施、結社の自由、抗議行動の可能性、政治家の監視などの能動的・主体的な参加行為を意味しない。一部の例外を除き、いずれも25％を割っていて、そのほとんどは20％以下である。下層の人々の間では、民主主義の意味内容は経済的・社会的な向上や法の下の平等、憲法・法律の遵守などの公正・正義を実現する実利的な側面に置かれているのである。

最下層（下層の下の下）で「結社の自由」と「抗議行動の可能性」が例外的に高いのは、経済的・社会的な要求が最も高い階層に属するこれらの人々が、要求実現のため社会運動組織を結成するないし抗議行動をとることとの必要性を重視していることの反映であろう。要求の実現の進捗度によって住民運動の組織活動に強弱が生じた前出の事例が想起される。

「報道の自由」の比率も全体的に高いが、FG調査によればその具体的な内容は、下層の人々が自分の意見を述べることができ、その意見を政治家や指導者が考慮すべきであるという点に強勢が置かれている。つまり、議論などを通じ合意を形成し決定するという積極的・主体的な参加ではなく、人々が自由に表明した意見を政治家や指導者が考慮に入れることが重要であると考えられているのである。つまり報道の自

表4－1　民主主義の意味内容

(%)

	下層の上			下層の下		
	上	下	全体	上	下	全体
意思決定への参加	21.7	14.8	17.5	16.5	9.4	14.8
選挙の実施	22.9	16.4	19.0	19.4	9.4	17.0
結社の自由	22.9	19.5	20.9	23.5	26.4	24.2
報道の自由	49.4	45.3	46.9	34.7	34.0	34.5
抗議行動の可能性	19.3	15.6	17.1	14.7	30.2	18.4
経済的社会的向上	24.1	32.0	28.9	28.2	28.3	28.3
法の下の平等	44.6	53.1	49.8	43.5	49.1	44.8
憲法・法の遵守	56.6	41.4	47.4	35.9	30.2	34.5
選挙公約の実現	19.3	24.2	22.3	30.0	37.7	31.8
政治家の監視	14.5	10.9	12.3	15.9	15.0	15.7

出所）筆者による調査。


由も「人民投票的」な意識に基づいていると言えよう。

下層の人々が国家に期待する機能についても、社会的・経済的な要求の実現の側面に集中している。国家機能に関し、市民参加に対する期待は２０％から２５％と低く、雇用創出や公共事業の推進、企業振興、公正の実現といった社会的・経済的な課題を克服する機能を重視する意見が３０％から６０％と多かった（表4―2）。

政治参加をめぐる認識

所属する社会組織に関しては、宗教関係やスポーツ関係を除けば、民衆食堂などの社会支援組織への所属率が最も高かった。ただ、下層全体では何らかの社会組織に所属する人は少数派である。同時に、社会支援組織への所属率とそこから受益する人の割合には大きな開きが存在する（表4―3）。参加よりも受益することの方に人々の関心が向けられていることが分かる。

意思決定の方法については、下層の人々の合意として意思決定を行う、あるいは下層の人々が意思決定に最後まで参加する志向は観察されなかった。ＦＧ調査では、単純化すれば、指導者が人々から意見を聞いた上で決定し実行することが主に意思

表４－２　国家に期待する機能

（%）

	下層の上			下層の下		
	上	下	全体	上	下	全体
雇用創出	50.6	70.3	62.6	58.8	67.9	61.0
企業振興	53.0	41.4	46.0	47.7	47.2	47.5
公共事業の推進	27.7	32.8	30.8	30.6	20.8	28.3
市民の安全の確保	30.1	32.0	31.3	35.3	43.4	37.2
国防	19.3	7.8	12.3	10.6	5.7	9.4
公正な立法	34.9	35.9	35.6	31.8	35.9	32.7
公正な裁判	48.2	27.3	35.6	26.5	37.7	29.1
市民参加の促進	31.3	21.1	25.1	18.8	28.3	21.1

出所）筆者による調査。

表４－３　組織への所属

（%）

	下層の上			下層の下		
	上	下	全体	上	下	全体
スポーツ関係	10.8	10.2	10.4	8.2	9.4	8.5
宗教関係	18.1	18.0	18.0	10.6	18.9	12.6
職能関係	4.8	5.5	5.2	1.2	0.0	0.9
政党・政治関係	1.2	3.1	2.4	0.6	3.8	1.3
社会支援組織（a）	1.2	14.1	9.0	18.2	24.5	19.7
上記（a）の受益者	10.8	29.7	22.3	41.8	43.4	42.2

出所）筆者による調査。

表４－４　将来、非常措置を正当とみなすか

（%）

	下層の上		下層の下	
	上	下	上	下
正当とみなす	53.0	46.9	50.0	54.7
正当とみなさない	43.4	39.8	37.7	34.0
汚職	59.0	49.2	44.7	35.9
経済危機	19.3	28.1	25.3	32.1
暴力状況の昂進	27.7	26.6	28.2	35.9
対外戦争	9.6	7.8	11.2	1.9
政治危機	20.5	25.0	24.7	24.5
一切認めず	22.9	11.7	17.7	20.8

注）破線から上は非常措置の是認の可能性を一般に尋ねた結果で，破線の下は正当とみなす場合の理由を個別に尋ねた回答（「一切認めず」はいかなる理由でも認めないと答えた人）。
出所）筆者による調査。

決定過程とみなされていることがわかった。「指導者は国民に意見を求め、その中から最もよいものを選ぶべきである」とか、「人々はまず投票して指導者を選び、その後は意見を述べることで参加する」という見解が多かった。指導者に自分たちの意見を聞いてもらうことが重要で、それを合意や決定にまでまとめ上げる過程は指導者に委任する姿勢である。その背後には「人民投票的」な傾向が潜んでいると言える。

また、要求の実現という結果を重視するあまり、そのための手段には拘泥しない姿勢も見られる。たとえば①「フジモリ大統領が一九九二年に採った憲法停止措置のような非常措置が将来起きた場合にそれを正当とみなすか否か」を尋ねると、下層の人々のほぼ半数が肯定的に答えた。②さらに「非常措置が正当とされる具体的場合」について、①の質問に否と答えた人を含め全対象者に改めて尋ねたところ、「一切認めず」という否定的な意見の人は①の34～43%から11～23%へと減少した。②の質問では、下層の人々の80～90%が、何らかの理由で非常措置は正当化されると考えたのである（表4—4）。

さらに調査では、社会支援組織に所属する人のうち、下層の上で52・4%、下層の下で70・9%の人が、内部では組織に関する話題しか議論しないと答えた。特定の課題に関心が集中する「専門化現象」が起きていることが窺える。さらに、社会支援組織に所属する人のうち、下層の上では73・7%、下層の下では56・8%が組織の中で「あまり自分の意見が考慮されない」と答え、「十分考慮される」と答えた人（下層の上で21・1%、下で40・9%）を上回った。社会支援組織の内部に民主的な意思決定過程が存在していないか、あるいは十分機能していない可能性を示していると考えられる。

おわりに

　これまで、地域社会開発への住民参加の特徴をめぐり、ペルーを事例に、草の根民主主義の存在に懐疑的な立場の研究をもとに概要を論じてきた。ペルーにおける貧困層集住地区の住民運動や統一左翼による地方自治体レベルでの住民参加の試みの例は、草の根民主主義を肯定する見方が主張するように民主的な政治参加が実践され定着しつつある状態にあるのではなく、カウディジョを中心とするＰＣ関係を基礎とした伝統的・権威主義的な支配関係が根強く存続していることを示している。住民は指導者に対し、具体的な経済的・社会的課題を短期間に克服することを期待し、その責任を委任する。問題克服に向けて積極的・主体的に意思決定や政治過程に関わる態度はとらない一方、問題克服への期待度や実績によって指導者を支持するか否かを主観的に判断する。そして、問題克服の手段やリーダーシップに関しては、それが民主的であれ権威主義的であれ、最終的にはあまり拘泥しない。住民参加が特定の課題や関心領域、地区に限定され、水平的な繋がりや連帯が広がらない「専門化現象」も観察されている。以上のような状況の背景には、住民の多くが、政治参加を便法的・実利的な観点から捉えている実態がある。すなわち「人民投票的」と呼びうる特徴である。

　指導者に重要な決定権を委任する「人民投票的」な特徴は、最近ペルーの地方自治体が推進している住民参加による予算編成においても観察される。国際機関が進める住民参加型発展[6]の影響から、ペルーでも二〇〇二年の地方自治体法の改正の際に、地方自治体が予算を編成する過程に住民の代表を参加させるこ

2001年の大統領・国会議員選挙において，リマ郊外の貧困層集住地区の小学校に設置された投票所で開票作業をする投票所責任者（右3名）と監視する政党代表者（左4名）

とが採り入れられ、翌年から試みられている。だが、筆者が調査対象とするリマのある区では、選挙で選ばれた住民代表[7]が最初の会合で「予算については何もわからないので、一切を区長に委任する」という決議を採択し、区の幹部は当惑したという。このように本論で述べてきたような「人民投票的」な態度が住民の間には存在することを前提とした上で、地域社会開発への住民参加の今後のあり方について考えなければならないだろう。

本章は、一九八〇年代から九〇年代にかけての研究や調査を基に論じた。今世紀に入っても同じ状況にあることは、近年発表されている幾つかの事例研究[8]が示している。

また、本章で検討したことが正しいとすれば、現状を根本的に変えるには、民主的な政治参加の過程自体に価値を見出すよう、住民自身が意識を変えてゆく必要がある。それには多大な努力と長い時間を必要とするだろう。その出発点として、NGOを中心に、住民運動や住民組織の指導者の意識を変える取り組みが始まっている（Díaz-Albertini y Heredia［2003］/ Joseph y López［2002］）。ただ、開始されてからまだあまり時間が経っていないこと、しかも全体から見れば極めて限定された地域であることから、中長期的な変化を予兆する効果が現れるまでには至っておらず、その行方は決して楽観を許さない[9]。しかし、短期的に効果を挙げる方法はなく、意識改革への地道な努力を中長期的に継続していくしかないように思われる。

最後に、ペルーにおける地域社会開発の事例が現代日本に示唆することを二点にわたり述べておきたい。まず、政治家に対し、困難な諸問題を何とか克服して欲しいと期待するだけで責任を委任してしまう態度をとっていないかを常に自問することが必要である。民主主義は、市民各人の自主的な参加と良識を前提に成り立つ制度である。自覚的な市民による積極的な関与の度合いが下がるにつれて、少数の有力な政治家や政治勢力による支配が強まり、民主主義の枠組は形骸化する。個々人の力は全体から見れば弱いことは事実であるが、しかし、政治参加に対する一人一人の自覚が積み重ならない限り、政治に付きまとう権威主義の影は払拭されえないことは常に意識されていてよい。

第二に、市民の自覚的な政治参加を促す際、その関心が特定の課題や関心領域、地区、短期的な視座に限定されていないかが問われなければならない。個々人の政治参加への最初の動機が、限定された関心や問題意識に基づくものだったとしても、政治参加がそれのみにとどまっていたのでは、ペルーの事例に見られたように、共通の社会状況に置かれている人々の間の水平的な繋がりや連帯は生じないか、もし一時的に生まれても長続きしない。直面する問題がある程度まで克服されれば政治参加への関心が失われるという事態にもなりかねない。この点に関しては、政治的なリーダーシップの質の問題が重要になろう。政治的指導者には、個々の問題を社会全体の課題の中に位置づけて提示する構想力と、その問題意識を市民と共有する上での政治教育の能力が求められている。

注

1　「はじめに」で紹介したもののうち、リマの貧困層集住地区における住民運動、民衆食堂、統一左翼による住民参加促進の試みについては、事例研究の蓄積が比較的豊富である。

2　代表的な研究としてBallón［1986］，Matos［1984］など。また、草の根民主主義の存在を肯定するペルーの事例研究を含め、ラテン・アメリカにおける一九八〇年代の社会運動について理論面も含め包括的に論じた邦語研究として大串［一九九五］がある。

3　代表的な研究はPásara, *et al.*［1992］である。

4　住民運動に関し、肯定的な見方はLópez［1994］，Tovar［1986］など、懐疑的な立場はFrías［1989］，Larrea［1989］などがある。民衆食堂については、肯定的な見方はBarrig y Fort［1987］，Córdova［1996］，Lora［1996］，Sara［1984］など、懐疑的な立場はBoggio, *et al.*［1990］，Delpino［1992］など、また統一左翼の実験については、肯定的な見方はPease［1991］，Rojas［1989］など、懐疑的な立場はCalderón y Valdeavellano［1991］，Olvera, *et al.*［1991］，Parodi［1993］などを参照。

5　調査は一九九九年三月一五日から二六日にかけて、性別・年齢・社会階層を考慮し無作為に抽出したリマ首都圏在住の有権者六〇六名に対し行った。以下で示す結果は下層に属する四三四名に対する調査で、下層が上と下に、またその上と下がさらに上と下に分けられている。誤差は±4%、サンプル数は「下層の上の上」八三、「下層の上の下」一二八、「下層の下の上」一七〇、「下層の下の下」五三。また、FG調査は一九九八年一一月三日から一一日にかけて、右記の下層の四グループ別に六回実施した。より詳しい分析はMurakami［2000］を参照。

6　参加型発展（開発分野では一般に「参加型開発」という言葉が使われるが、本章では「発展」を使用する）とは、開発の影響を受ける人々がその意思決定や実施など様々な段階で開発に参画することが重要であり、その結果、より公平に恩恵を受けるなど開発援助の実効性や持続性が高まるとする考え方。一国内の地域や共同体の規模の開発に関して使用される。思想的な背景をたどれば二〇世紀半ばにまで遡ることができるが、最初にこの表現が国際社会に登場したのは、一九八九年一二月に経済協力開発機構・開発援助委員会（OECD／DAC）が発表した「一九九〇年代の開発協力にかかわる政策声明」（"Policy Statement on

Development Co-operation in the 1990s")においてである。ここでは、持続可能な開発、環境問題とならんで、参加型発展が九〇年代の開発援助の最重要課題であるとされた（国際協力事業団［一九九五］）。その後、「良い統治」（good governance　本シリーズ第一巻第8章参照）などとともに、国際機関や援助機関が開発援助の主要な柱の一つとなり、実践されてきた。ただ、実際の効果については、成功した例も存在する一方、世界各地の様々な事例を検証したある研究（Mansuri and Rao［2004］）が示すように、多くの場合、地方の有力者による支配など、非民主的な状況が反映するだけとなっている。本章で述べているように、ペルーもその一つの例である。ペルーにおける参加型発展の事例については、Bracamonte, *et al.* eds.［2004］, Zárate ed.［2005］などを参照。

7　選挙といっても、区全体の人々が参加したわけではなく、事前登録した者が選挙権を持つ方式で、三〇万を超える同区の有権者のうち登録したのはわずか一〇〇〇人程だった。ここにも、住民の関心が特定の具体的な課題に向いている現実を窺うことができる。

8　Grompone ed.［2007］とPortocarrero, *et al.*［2006］に収められている。また、Remy［2005］やTanaka［2001］も参照。

9　ペルーの社会運動がこれまで述べてきたような状況に陥っているマクロ的な背景には、国家と社会を繋ぐ役割を果たすべき政党が、(a)ほとんどの場合に党の創設者である最高指導者がカウディジョとして権威主義的に内部過程を支配している、(b)政党間でも中長期的な協調関係や合意・了解を形成できない、といった機能障害を中長期にわたり起こしているという状況がある。社会運動の状況は、そうしたマクロ政治の状況と相似の関係にあり、相互に影響を及ぼし合っている。そうした点に関して詳しくは村上［二〇〇四］を参照。政党レベルでの権威主義的で対立的な特徴が少しでも変わらなければ、社会運動や一般の人々の意識のレベルでの変化も難しいだろう。

Más allá de la década perdida

Além da década perdida

第5章

女性のエンパワーメントと開発

メキシコの民衆組織・NGO・政府機関

畑 惠子

はじめに――「貧困の女性化」と「女性のエンパワーメント」

近年、途上国社会に共通する現象のひとつに「貧困の女性化」と「女性のエンパワーメント」がある。「貧困の女性化」とは、広義にはジェンダーバイアスのもとで、女性が財産、雇用、教育、衛生などへのアクセスを制限され、社会的にマージナルな位置に押しやられてきたことを意味するが、なかでもその今日的局面として、新自由主義政策が都市民衆セクターの間でも、農民の間でも、先住民の間でも、男性よりも女性に大きな不利益をもたらしているということがある。一方、「エンパワーメント」とは社会的に抑圧されてきた人々が力をつけて、十全な権利の獲得・行使に向けて、自己の尊厳を回復し、自己を実現していく過程である。女性のエンパワーメントには、自らの価値の認識、選択権の行使、家庭内あるいは家庭外での生活を自らコントロールする力をもつ権利、より公正な社会経済秩序形成のための社会変革に関わっていく能力などが含まれる（Datta & Kornberg［2002］p. 4）。「貧困の女性化」の連鎖を断ち切るためには女性の開発への参加が不可欠であり、その参加過程で、またその結果として実現されるのがエンパワーメントである。

第三世界の女性の視点から開発のオルタナティブを追求するＮＧＯ「ＤＡＷＮ」（Development Alternatives with Women for a New Era）の指導者であるＧ・センとＫ・グロウンは、組織参加の経験が女性に力を与え、社会や家庭内の圧力に抵抗することを可能にするとして、組織化の重要性を指摘する。そして組織を次の六タイプに分類する。①慈善事業、サービス提供を目的とする伝統的な女性団体、②政党の女性局、

③労働組合の女性部会あるいはインフォーマルセクターの女性組織、④外部組織の関心や資金によって形成された協同組合やマイクロクレジット（少額融資）組織など、⑤貧困層女性の支援を目的とする特定のプロジェクトや課題に関わる草の根組織、⑥研究センター、である。それぞれのタイプには階級バイアス、温情主義、母体となる組織への従属、資金面での弱さ、上意下達型の非民主的な意思決定プロセス、あるいはジェンダー意識の不足といった問題があり、女性のエンパワーメントに資する条件——適切な資源（財政、知識、技術）、指導者の能力形成・向上、組織内の民主的手続き、自由な対話、行動方針決定への参加、メンバー受け入れの柔軟さ、対立解決のテクニックなど——をすべて備えているわけではない。しかし、これらの組織は個々の歴史と限界のなかで女性が経験を積む場を提供してきた（Sen & Grown［1988］pp. 78-81）。

この類型およびその特徴はメキシコにもあてはまり、女性たちは組織化をとおして新たな意識と力を獲得してきた。また一九九〇年代にはいると、政府も女性の開発参加を目的とした社会政策や女性機関の設置に乗り出し、市民組織との連携も始まった。この章では、民衆セクター組織、NGO、政府機関がどのようにメキシコ女性のエンパワーメントに関わってきたかを紹介する。

1　経済危機と女性労働の強化

さまざまな要因によって引き起こされる世帯の所得・消費の著しい低下への対応策としては、①家族やコミュニティの支援、あるいは個人的な防衛手段（資産の蓄えなど）、②民間の保険への加入など市場に依拠した対応、③公的な社会保障制度および社会福祉政策、がある。通常はこれらを組み合わせて危機に立ち向かう。だが、低所得層にとっては民間の社会保障制度はいうまでもなく、公的社会保障制度へのアクセスさえも難しく、社会福祉政策のわずかな恩恵と家族関係以外に利用できるものはない（Lustig [2001] pp. 6-8）。

一九八二年の債務危機はメキシコに未曾有の経済悪化をもたらした。一九八四〜八九年の間に一人当りの国内総生産が６％減少し、都市最低賃金が３０％も減じた。この数値が示すように、まさにそれは「失われた一〇年」であった。七七〜八九年の間に貧困世帯の比率は３２％から３９％に増加し（CEPAL [1994] pp. 128, 159）、所得の不平等を示すジニ係数は八四年の０・４６から九二年には０・５１に上昇した（Pastor & Wise [1997] pp. 425-426）。貧困や格差が拡大しているにもかかわらず、政府は構造調整政策およびその後の新自由主義経済政策のもとで公的サービスを削減し、経済・社会政策において自らの役割を縮小し、現在もその傾向は続いている。公的支援を期待できない民衆層は、家庭内のやりくりだけで危機に対応せざるをえないのである。

低所得層が世帯レベルでとりうる手段は、家計支出削減と新たな所得創出の二つである。支出は食料確保を目的とする他の支出の抑制、穀物・油脂を中心とする食生活への転換、食料・衣料の自家生産などによって抑えられた。もともと貧困ライン上にある世帯に支出を切り詰める余裕はなく、それは衣食住、教育、衛生水準の低下を意味した。また、以前は市場で購入していた財・サービスの生産が家庭に求められるため、家事労働、すなわち女性労働が強化された。他方、賃金水準が下がり雇用の不安定化が進むなかで、世帯所得を維持するためには稼ぎ手を増やす必要がある。八〇年代の労働市場への新規参入者のなかでとくに増加したのは、三〇歳から四四歳の女性たちであった。そうした女性が参入できる部門、あるいは賃金労働を育児・家事と両立させるために女性自らが選択する部門は、時間に制約がなく、特別な能力も求められないインフォーマルで低賃金の職種か自営業に限られる。しかし、個々の所得は低くとも家族の労働力をフルに動員して、世帯全体の所得の減少を最小限にとどめる努力がなされたのである（Chant［1994］pp. 206-208）。

世帯レベルでの対応は、家事労働の負担増と賃金労働への新規参加という女性の二重労働強化によって可能となった。しかし女性の多くは伝統的な役割意識にもとづいて家族を支えたのであり、世帯内での性別分業、女性労働の補助的位置づけ、権力関係に変化はなかった。男性優先の資源分配構造が変わらないまま、しかも十分な所得がないうえ消費が抑えられれば、女性への配分は当然減少する。それはまさに「貧困の女性化」「女性のディスエンパワーメント」に他ならない。また母親の家庭外での労働強化は学齢期の娘の家事労働によって補填されることが多く、貧困の女性化が次世代へと継承されることにもなる。

2　女性の組織化

民衆セクターの女性の組織化

一九七〇年代のメキシコでは、モンテレイ、ドゥランゴ、チワワなどの北部都市や南部オアハカ州フチタン、メキシコシティなどで都市住民運動や組織化が活発になった。低所得層の地域的な扶助組織は以前から広くみられたが、七〇年代の住民運動の新しさは、与党制度的革命党（ＰＲＩ）の大衆組織に張り巡らされたパトロン・クライアント関係（一種の親分・子分関係）に依存することなく、構成員の要求実現を図ろうとした自立性にある。これらの住民運動の多くには左派系活動家が関与していた。一九六八年に学生・市民による民主化・経済政策転換要求運動が政府に弾圧されて以来、彼ら／彼女らは各地に散り民衆とのつながりを強めた。[1] そのような活動家の多くは農村部からの人口移動によって都市周辺に形成されつつあったコミュニティを拠点として、土地、住宅、水道・電気・交通などの整備拡充を行政に求めていった。このような要求運動に、家庭生活をあずかる女性たちは積極的に参加した。深刻な水不足に直面していたモンテレイ市では、七〇年代末から八〇年代初頭にかけて、女性が先頭に立って水の供給を求めた。女性を行動に駆り立てたのは母・妻としての責任感であった。また、要求が充足されると多くの運動は自然消滅した。しかし集団行動をとおして、それまで個人の問題と考えられていたことが集団全体に共通する問題であることや、その解決のためには協力と組織化が不可欠であることなどが意識されていった。

一九八〇年代初めには、独立系都市民衆組織の調整機関として「都市民衆運動全国連合（CONAMUP）」が発足する。だが指導層は男性が占め、女性固有の問題を議論する機会が少なかったため、八三年からCONAMUP全国女性集会が開催され始めた。首都メキシコシティでは「女性地域評議会」が発足した。フェミニスト組織と関係をもっていたこの評議会は、行政に対して水道、保健センター、学校などのインフラ整備や土地権利の要求を行うだけでなく、家庭内暴力、セクシュアリティ、女性の政治参加などをテーマとするワークショップやキャンペーンなども実施した。

農村部でも一九七〇年代から独立系組織が誕生していく。七九年に創設された「アヤラ計画全国協議会（CNPA）」には先住民、零細農、土地なし農民、農業賃金労働者の組織が参加し、先住民の土地権利、自然資源のコミュニティによる管理、生産・マーケティング・消費への助成、農村の組合化など多岐にわたる要求を掲げた。女性だけの組織化への動きはCNPA全体の結束を分断するという批判によって阻ま

メキシコの典型的インフォーマルセクターの露店。女性の労働も多い。（モレロス州サカテペック，2003年／筆者撮影）

れ、八四年にようやく女性委員会が設置されてからも、委員会による女性全国集会の準備作業は難航した。女性委員会は八四年CNPA報告書のなかで、女性が国家との交渉に参加していないこと、政治的訓練を受けていないこと、組織内要職の選出に参加していないこと、また要職についている女性が少ないことなどを批判している。八六年のCNPA女性全国集会には一一州から一五〇人の女性代表が集まったが、女性評議会の設立は時期尚早であるとの理由で見送られた。しかし、以後CNPAの女性たちは地域レベルの組織化に努め、他の民衆女性集会にも積極的に参加していった（Stephen［1992］pp. 83-87）。一般的に農村部においては、土地所有権が世帯主にあること、あるいは女性の生産労働が無報酬であることなどから、今日にいたるまで農民組織内で女性の存在が軽視されるか、まったく無視される傾向にある。しかし都市民衆組織やフェミニズム組織との接触や交流をとおして、農村部でも女性の組織化の努力が続けられている。

一九八〇年代にはCONAMUP、CNPAだけでなく、「教育労働者連合」、「賃金防衛・生活物資不足に反対する国民連合」、「抑圧に反対する国民戦線」などの民衆戦線が組織され、女性たちの全国集会では家族、セクシュアリティ、二重労働、政治参加などが議論された。それは民衆セクターの女性が初めて自らのことばで自分たちの問題を語りあい、女性の日常的問題が政治的意味を持つことを認識する場となった。また職業や立場はちがっても、女性には母・主婦という条件がもたらす私的領域での従属と、たとえ組織が自立的・民主的なものであろうともそこに内在するジェンダーの非対称性、という二つの問題が共有されているということも確認された（Espinosa Domián［1993］pp. 10-12）。

M・モリニューによれば、「女性の関心」と「ジェンダーにもとづく関心」は区別されるべきであり、後者は日常生活における生存のためのニーズの充足を目指す実際的関心と、男女関係のあり方そのものの変革を目指す戦略的関心とに分けられる（モーザ［一九九六］六四―六九頁）。この分類をメキシコに当てはめてみると、一九七〇年代のメキシコの都市住民運動における女性の要求は、社会的に認知された役割意識、すなわち家庭に対して責任を負うべき妻・母としての役割意識にもとづく行動であり、実際的ジェンダー関心に発するものであったが、八〇年代のCONAMUP、CNPAでは徐々に女性の従属性の是正と平等実現に向けての努力という戦略的ジェンダー関心が形成されていったことが見て取れる。

民衆フェミニズムの出現

ジェンダー概念が市民権を得るにいたったのはフェミニズム運動の功績である。しかしメキシコのフェミニズムは一九八〇年代に退潮期に入っていた。メキシコのフェミニズム運動の担い手は高等教育を受け、左翼思想に感化された中間層の女性たちであった。彼女たちは女性の従属を資本制に結びつけて分析し、政党・組合・男性との協力を拒絶した完全なる自立性に固執し、母性（主に中絶やリプロダクティブ・ライツ）、女性に対する暴力、性的嗜好選択の自由などについて議論を続けた。中絶合法化などの要求実現に向けて力を結集する試みもなされたが、運動内部の意見の対立を乗り越えることはできなかった。八〇年代前半には五回もの集会が開かれたが出席者は少なく、しかも理論派と活動派の対立に終始し、フェミニズムの理論的弱さや具体的な戦略の欠如を露呈した。

他方で新たな活動領域を求める二つの動きが生じた。一つは大学や研究機関で女性研究、ジェンダー研究をとおして理論面から女性のエンパワーメントを支援する動きであり、八〇年代にはコレヒオ・デ・メヒコの学際的女性研究プログラム（ＰＩＥＭ）、メキシコ国立自治大学のジェンダー研究プログラム（ＰＵＥＧ）などが発足した。もう一つは中間層のフェミニストと民衆セクターの女性とが活動をとおして連携する動き、すなわち民衆フェミニズムの出現である。それはフェミニズムの限界に疑問を感じていた活動家が、民衆セクターの女性の活発な組織的運動に目を向け、その女性集会に参加し協力するなかから生まれた。最初は個人的な連携であったが、支援する側の組織化も始まり、八〇年代前半には借地農を支援する「社会統合のための民衆行動（ＡＰＩＳ）」、教育面での協力を目指す「女性とともに民衆教育を進める会

●リプロダクティブ・ライツ／ヘルス（性と生殖に関する権利／健康）　女性が身体的・精神的・社会的に良好な状態にあることを保証し，安全で満足な性生活を営み，子どもを持つかどうか，子どもの人数・出産の時期をどうするか，あるいはどのような避妊法を用いるかなどについて，自らが決定する自由を持つことを尊重しようという考え方。1994年の国連国際人口・開発会議で提唱され，95年の世界女性会議の行動綱領に取り入れられた。

1976年創刊のフェミニスト雑誌『フェム』。メキシコ史のなかの女性，女性と政党，妊娠の管理，国際運動，家庭内暴力など様々なテーマを扱う。

（GEM）」、「連帯行動女性部隊（EMAS）」、女性労働者の組織化を目的とする「革命女性グループ（GMR）」などが組織された（Lau［2002］pp. 25-28, 32）。これらはワークショップ、セミナーなどをとおして民衆セクターの女性にジェンダー視点をもたらした。またそれは、七〇年代に組織化に失敗したフェミニズムが、NGOとして再生する過程でもあった。

女性NGOとリプロダクティブ・ライツ／ヘルス

メキシコでは非政府組織という公的カテゴリーがあるわけではない。「NGO」とは出自・活動基盤が政府や企業でなく市民社会にあり、市民社会のさまざまなニーズへの対応を目的とする組織のなかで、「非営利性、利他性、ボランティア労働への高い依存度、組織の自律性、継続性」などを特徴とする組織の便宜的通称にすぎない。その大半は市民団体（A.C.）、民間支援団体（I.A.P.）の法人格をもち、税制上の優遇措置を享受している。また、政府文書ではNGOでなく市民社会組織（organizaciones de la sociedad civil）という名称が用いられ、一般的には市民組織（organizaciones civiles）と呼ばれることが多い。

メキシコでは一九八〇年代後半からNGOの組織数が急増し、活動領域の多様化（政治権利・人権擁護、ジェンダー、女性の開発への参加、環境など）やネットワーク形成が進んだ。その背景には、八〇年代初めの新自由主義経済政策への転換、八五年九月に起きたメキシコシティ大地震、八八年の大統領選挙における野党候補カルデナスの健闘、八八年以降のサリーナス政権による新自由主義的諸改革などの国内要因と、先進国における市民運動の高まり、世界的な民主化への動き、国際機関・民間団体による途上国への資金・ノウハウの供与の拡大といった外的要因がある。しかしもっとも大きな要因は、メキシコシティ大地震がもたらした人々の意識の変化であろう。地震直後から住民の自主的な救助活動が始まったが、PRI長期政権のもとで党の指導や後見に依存することが政治文化となっていたメキシコで、普通の人々が自発的に行動を起こしたことは画期的な出来事であった。国家による社会正義の実現を待ち続けるのではなく、社会的連帯活動や自発的な活動への参加をとおして自らが実践するという新たな意識と自信が生まれ、そこに「市民社会の誕生」を見る有識者も多い。また、地震を機に海外から大規模な資金流入が始まったことも、外部資金に依存せざるをえないNGO活動に有利な環境を提供した。

ジェンダーおよび女性固有の問題に関わるNGOの設立も一九八〇年代末から九〇年代にかけて加速する。M・L・タレスらによる全国九七の女性NGOを対象とした九五年の調査にもとづき、その概要をみてみよう。まず、女性NGOは主に民衆セクターの貧困および周縁化の改善を支援する専門家集団である。そのメンバーの多くは過去にキリスト教基礎共同体や左派系組織・政党、フェミニズム運動での活動経験をもつが、それらの組織で直面した男性支配の現状や、自らの学歴・専門性に見合ったポスト獲得の難しさという個人的体験をとおして、明確なジェンダー意識をもち、NGO活動を自己実現と一体化させる傾向がある。

女性NGOの大半が複数の分野で活動しており、健康には約半数の組織が、暴力、人権、ジェンダー理論にはそれぞれ四分の一が、労働権、教育には二割弱が携わっていた。また、九割の組織が支援対象に能力向上ワークショップ、医療・心理・法律相談、開発プロジェクトなどを提供し、さらに六割が資料の収集・公開を、三割がロビー活動を行っていた。こうした活動を継続するためには資金の確保が必要であるが、４０％の組織が外部資金に依存し、１８％が会費制を採り、１６％がその両方で活動を支えていた（Tarrés［1998］pp. 136-143, Tarrés［1996］pp. 15-24）。資金調達はＮＧＯの活動継続にとってもっとも深刻な問題である。

女性ＮＧＯが健康・保健という分野に高い関心をもっていたのには、二つの理由が考えられる。一つは一九八〇年代末から米国の財団がこの領域での活動支援を始めたことである。しかしそれは女性ＮＧＯにとって活動資金の確保だけを意味したのではない。九一年にメキシコ・フォード財団がまとめた「リプロダクティブ・ヘルス――一九九〇年代の戦略」と題する文書においては、人口増加に起因する貧困を緩和するためには家族計画、避妊手段の普及だけでは不十分であること、女性差別・女性の従属が、とくに貧困層の間で女性が自らの生殖を支配したいという希望や実際に支配する能力にとって基本的な足かせとなっていることが指摘された。そして女性にリプロダクティブ・ライツを保障するために、①それに関連したコミュニティ活動の支援、②そのためのモデル開発、③リプロダクティブ・ライツ／ヘルスの教育、という三つの戦略を提示した（González Montes［1999］pp. 23-25）。これはフェミニストや女性ＮＧＯリーダーがそれまで主張し続けてきたことであった。つまり、女性ＮＧＯがこの領域に高い関心をもっていた二つ目の理由は、女性の身体のコントロールが男性に属していることが女性の従属性の根底にあり、自らがコントロールする権利と力を取り戻すことが従属性を打破し、エンパワーメントを実現するために不可欠であるという認識が共有されていたことである。

3　政府の社会政策と女性のエンパワーメント

開発政策と女性・ジェンダー

一九七五年の第一回国連女性会議の主催国として、メキシコ政府はジェンダー平等の実現と女性の地位向上に努めてきた。しかしその政策は法整備と人口抑制政策を中心としていた。また、国内で市民組織の活動が高まり、国際的にもNGOとの協力や住民参加型の開発が重視されるようになってはいたが、与党PRIの指導者にとって、国家が社会正義を実現し開発を推進するというイデオロギーを捨てて、住民中心の開発へと発想を転換することは容易でなく、PRI傘下の組織から自立した民衆組織やNGOの活動は好ましくないものとみられていた。しかし八〇年代末になると政府の姿勢が変わり始めた。市民組織やNGOの役割が認められ、住民参加・住民イニシアティブが尊重されるようになったのである。また、女性を対象にした開発政策が始まり、ジェンダー・女性問題担当機関も刷新された。

ターゲッティング（対象の絞り込み）、住民参加といった新たな理念にもとづく開発プロジェクトはサリーナス政権（一九八八～九四年）の「国民連帯計画（PRONASOL）」から本格化する。その目的は新自由主義的経済政策が貧困層にもたらす負の影響を緩和することにあり、社会福祉（主にインフラ整備）、生産活動、農村開発を三つの柱とした。PRONASOLの特徴は受益者を貧困層に絞り込み、コミュニティに参加と共同責任を求めた点にある。住民組織が主体となって専門家の助言と外部団体からの資金協力（ごく一部は受益者負担）を得ながら、プロジェクトを策定・実施する（畑［二〇〇二］八六―九三頁）。これはNGO活動ではすでに定着していた方式だが、政府の政策では従来のトップダウンのばら撒き方式から一八〇度の転換となった。

PRONASOLの計画の一つに、女性とコミュニティの総合的な開発に向けた「女性の連帯計画」がある。この計画でも受益者組織のイニシアティブと責任が重視された。従来の開発支援計画では、女性は男性と一体化した見えない存在であった。しかし「女性の連帯計画」が別枠として設けられたことは、女性固有の利益の実現に目が向けられたことを意味する。この計画では、一九八九～九三年にかけて五七〇〇ものプロジェクトが立ち上げられた（Conde Bonfil [2000] pp. 163-165）。先にあげたCONAMUP女性地域評議会もこの連帯計画から資金を得て、給食の準備やワークショップなどの活動の拠点となる建物の修繕に充てた。PRONASOLが住民の組織化を進め、資金調達の難しい貧困層にとって重要な資金源となったことは事実であり、そうした小さなエンパワーメントの芽は評価すべきであろう。しかし、こうした成果は個別の問題の解決だけで完結しがちであり、

コラム

女性の開発への参加と労働負担

PROGRESAやオポルトゥニダ計画にみられるように、近年、開発計画のなかで女性の役割が注目されている。確かに家族福祉、とくに子どもや高齢者の福祉は女性の手に委ねられてきた。したがって、女性の開発参加は女性自身のエンパワーメントだけでなく、家族全体の状況改善にも寄与するところが大きい。しかし、よく言われるように、女性は家事労働、所得労働、地域・コミュニティ活動という三つの労働を担っており、女性への期待は労働強化、過剰負担をもたらすことにもなりかねない。

男女間の労働時間の違いについては、少々古いが一九九五年のデータにもとづいて、メキシコ統計地理院（INEGI）が興味深い分析を行っている。それによると、家庭内労働と家庭外労働の両方に従事する一二歳以上の人口比率は男性24・1%、女性29・3%と、その差は5ポイントほどであるが、実際の週あたりの平均労働時間は、三〇代以上で女性のほうが八～一〇時間も長い。家事労働専従者では、女性が平均で二八時間、三〇代では三六時間も長く、他方、家庭外労働のみの場合には、二〇代から四〇代で男性の労働時間がわずか二、三時間上回るだけで、一〇代では女性のほうが四時間長かった。

それだけでは社会全体の変革へと向かう力にはなりにくいことも事実である。実際に「女性の連帯計画」においてもプロジェクトの大半は女性組織のささやかな生産活動であり（たとえば家畜飼育、パンやトルティーリャ［トウモロコシの粉を薄く焼いたもので伝統的な主食］の製造および販売など）、早々に解散するケースも多かった。

つづくセディージョ政権（一九九四〜二〇〇〇年）は新たに「教育・保健・食料計画（PROGRESA）」を打ち出した。この計画はPRONASOLと同じく貧困削減を目的とするが、貧困の連鎖を断ち切り、女性が自己開発のための機会を公正にもつことができるよう、女性を計画の中心にすえたことに大きな特徴がある。女性が家族、とりわけ子どもの安寧の鍵であるという認識に立って、奨学金や食料支援は母親をとおして行われ、奨学金制度では学年があがるほど女子学生に男子学生よりもわずかに高い金額が給付された。高学年になるにしたがって、女子の就学継続が難しくなるためである。ここには九〇年代以降、開発分野で重視され始めた「ジェンダーと開発」の視点、すなわち真の開発のためには、生産・再生産活動とジェンダー形成との関係や、世帯内でのジェンダーにもとづく権力分化を把握することが不可欠であり、開発計画では世帯内の所得、消費、分配まで考慮されねばならない、という考え方が反映されている。またPRONASOLでは対象は貧困層というだけでその定

大半の女性は男性よりも長時間労働を担い、それは家事労働に起因している。

家事労働参加率は、二〇代以上の女性の場合、学歴に関係なく90％を超えているのに対し、男性では学歴に比例し、教育水準が高いほど参加度が高い。さらに、中流以上の家庭では安価な家事労働力である「お手伝い」を雇うのが一般的で、この階層の女性にとって家事と仕事の両立は深刻な問題でない。他方、低学歴・低所得層の女性においては、とくに既婚女性に家事労働が重くのしかかり、しかも近年、既婚女性の労働参加が急増している。すなわち、エンパワーメントを伴う開発計画への参加が期待されるのは、すでに重い労働を担っているこの社会集団に属する女性たちなのである。開発計画は女性の負担増をもたらすものであってはならない。

義はあいまいであったが、ＰＲＯＧＲＥＳＡでは恣意性を排除したターゲッティング方法が用いられた。統計指標にもとづいてまず地域が特定され、次にその地域の世帯の社会経済的な情報によって対象世帯が決定された。またＰＲＯＧＲＥＳＡと並んで実施された「女性の生産開発計画」でも、同じ方法で選出された地域の女性たちを対象に、住民参加型方式での共同生産プロジェクトに資金が供与された（畑［二〇〇二］九三―九七頁）。

ＰＲＯＧＲＥＳＡに関しては、学齢期の子どもがいる家庭には奨学金として相当額の給付があるため労働意欲をそぐ、女性の母としての役割強化につながる、などの批判がある。しかし、家庭内の権力・資源の分配に目を向けた取り組みは国際開発機関から高く評価され、続くフォックス政権（二〇〇〇～〇六年）でも、政権政党が七一年ぶりにＰＲＩから国民行動党（ＰＡＮ）に交替したにもかかわらず、「オポルトゥニダ（「機会」の意）計画」と名称を変えて継続された。さらには二〇〇六年に始まったカルデロン現政権においても、この計画は社会政策の一つの柱となっている。

政府女性機関の設置

このような社会開発を主に担当しているのは社会開発省（ＳＥＤＥＳＯＬ）であるが、女性に関わる問題を扱う政府機関には、家族総合開発計画（ＤＩＦ）と全国女性庁（ＩＮＭＵＪＥＲＥＳ）がある。ＤＩＦはＰＲＩ支配に結びついた組織であり、その前身となる民間団体が発足したのは一九二九年にさかのぼる。その後、社会福祉を推進する政府機関となり、食料支援と児童支援を中心としたサービス提供を行っているが、基本的にパトロネージとサービス提供を特徴とする古典的な組織である。その体質的古めかしさは、全国レベルでは大統領夫人が、州・自治体レベルでは首長の夫人が代々ＤＩＦの総裁を務めてきたことにも現れている。しかしこのような政権との一体化こそが、長期的組織活動を可能にした最大の理由でもある。またPRI支配が崩れ、PAN、民主革命党（PRD）の州・自治体首長が増えるに従って、DIF全体の調整を図ることも難しくなっている。

初の政府女性機関は、一九八〇年に発足した国家女性計画（PRONAM）である。その目的は女性問題の調整にあったが、国家人口審議会（CONAPO）の管轄下におかれたことから、PRONAMでは女性問題は人口問題・家族計画との関連で捉えられがちであった。しかし一九九六年、国連北京女性会議の決議をうけて、ジェンダー、女性に関する国際社会の基本的考え方を制度化するためにPRONAMは刷新され、管轄組織もCONAPOから内務省に移った。PRONAMはさまざまな利益を代表する女性NGOが参加し、多様なテーマを自由に議論する場となった。それは二人のリーダーの力によるところが大きい。一人は女性NGOの草分け的存在「女性とともに民衆教育を進める会（GEM）」代表のセシリア・ロリア、もう一人はPRONAM初代総裁のドゥルセ・マリア・サウリである。ロリアは北京会議NGO調整委員会のメンバーを務め、PRONAM改革に最初から携わり、顧問委員会のメンバーとしてサウリに協力した。サウリはのちに米州機構女性委員会委員長[2]、PRI総裁を歴任する人物である。ジェンダー問題に深くコミットしてきたこの二人のリーダーシップのもとで、PRONAMはヘルスケア・サービスの拡充、避妊知識の普及、妊娠期ケアのための女性健康カードの配布、義務教育教科書のジェンダー視点からの見直し、成人教育、遠隔地の女性を対象としたテレビ教育配給ネットワーク計画など、健康・教育の分野で実績を残した。また労働省内に女性局を設置した（Rodríguez［2003］pp. 126-133）。PRONAMは一九九八年に国家女性委員会（CONMUJER）として内務省から独立したが、以後もNGOとの協力関係は続いた。

メキシコでは市民組織やＮＧＯの組織化が遅れたこともあり、政策決定への参加は始まったばかりである。しかも、政府機関プロジェクトへの応募やその採択、あるいは諮問委員会、審議会などへの参加に限られ、政策提言の機会などはほとんどない。各種委員会メンバーの選出については、その基準があいまいで「お飾り」的な参加が多く、実際の政策への影響は疑問視されている。名目的な参加機会は増えているものの、社会政策の企画、策定、実践、評価への市民組織の参加は定着しておらず、市民組織―政府間の相互不信も払拭されていない（Canto［1998］pp. 87-94）。そのようななかでＰＲＯＮＡＭ、ＣＯＮＭＵＪＥＲはＮＧＯの経験と意見を尊重し、建設的な協力関係を構築した例外的なケースであったといえよう。二〇世紀末にして、ようやく女性・ジェンダー問題を担当する独立した政府機関の誕生とＮＧＯとの協力をみたのである。

しかし、二〇〇〇年末に発足したフォックス政権下では、これまでの歩みに逆行するかのような動きが強まり、フェミニストたちに危機感を与えた。七〇数年ぶりのＰＲＩの敗退とＰＡＮ政権の誕生は、政治の民主化にとっては大きな前進であったが、女性たちが求める「家庭内の民主化」にとっては後退を意味した。ＰＡＮがリプロダクティブ・ライツ、とくに中絶に強く反対するカトリック教会に同調するきわめて保守的な姿勢を貫いているからである。二〇〇一年三月八日、ＣＯＮＭＵＪＥＲに代わる機関として全国女性庁（ＩＮＭＵＪＥＲＥＳ）が設置された。その予算は前身であるＰＲＯＮＡＭの一〇倍に増加したが、権限は提案のみに限られている。しかもその長官には保守派のパトリシア・エスピノサが就任した。それは党内の反フェミニスト的意向を反映した人選であった。同様に、ＤＩＦ局長、社会開発大臣にも保守派のアナ・テレサ・アランダとホセフィーナ・バスケスが就任した。大統領就任時にフォックスは妻帯していなかったこともあり、ＤＩＦのトップ人事は大きな関心を集めた[3]。ＤＩＦを実質的に統括する局長

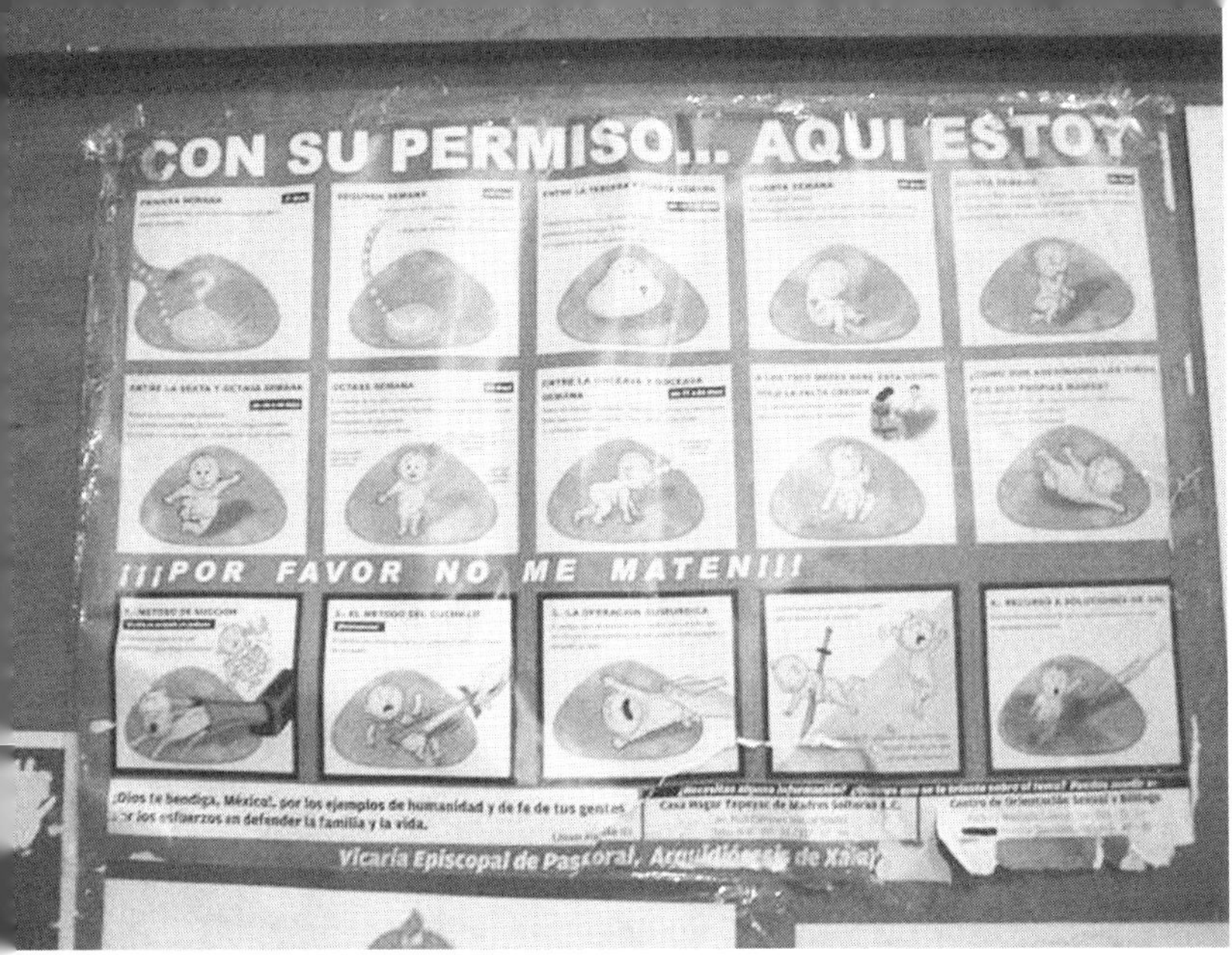

ベラクルス州ハラパ市の教会に掲示されていた中絶を非難するポスター。「私を殺さないで！」と胎児が訴えている。（2008年9月／筆者撮影）

職はこれまで男性によって占められており、アランダは初めての女性局長であったが、彼女の登用にフェミニスト活動家は失望した。実際にフォックス政権下では、リプロダクティブ・ライツを主張するフェミニストが政策に関わる場から排除され、中絶反対を掲げる民間組織が影響力を強めた（Rodríguez [2003] pp. 133-136）。

カルデロン現大統領はPANの中でも保守派に属しているといわれる人物であり、親カトリック団体およびカトリック教会を中心とする中絶反対キャンペーンは、さらに強まっている[4]。また州の間で、どの政党が政権を担っているかによって、人口中絶に関する姿勢に違いが現れてきている。中道左派のPRD政権が続く連邦区（首都）がもっとも柔軟な対応をとっているのに対し、PANの牙城ともいうべきグアナファアート州ではいかなる中絶も認められないという厳しい対応がとられている。

おわりに

一九八〇年代に始まるメキシコ政府の社会・経済部門からの後退は、企業などの民間部門によって補われるはずであったが、実際にその空隙を埋めたのは民衆組織やＮＧＯ・市民組織であった。ＮＧＯと民衆組織の間には、住民組織内の議論、決定・実践への民主的参加、住民が自らをエンパワーする開発の重視など、協力の基本的枠組みがすでに出来上がっている。一方、国家は民衆セクター、とくに貧困層の住民組織との間に、九〇年代の社会開発計画にみられるような新たな関係を構築しつつある。それに対して国家とＮＧＯ・市民組織との連携は始まったばかりで、いまだに不信・対立が強く、ＮＧＯのなかには政府による支配や抱き込みをおそれて、関係を拒否するものも多い[5]。政府の社会政策は極貧層のしかも特定の領域に限定される傾向にある。すべての階層の多様な要求を満たすためにＮＧＯの活動は不可欠であるが、政府に比べて資金も人材も小規模で不足しがちなＮＧＯがカバーできる範囲は限られている。ＮＧＯに政府機能の単なる補完・追従機能を期待するのでなく、政策提言ができるような政府とＮＧＯの関係を構築すること、それが女性も含めたすべての人々のエンパワーメントのために、メキシコに求められている課題の一つであるといえよう。

では、メキシコの事例が日本に暮らす私たちに何か示唆するところがあるのだろうか。貧困が日常的なメキシコと、世界でもっとも豊かな国の一つである日本では、女性を取り巻く社会環境は大きく異なっている。しかし、近年の競争や効率を優先する新自由主義的価値観と経済政策、全般的な保守化傾向は、いくつかの共通した状況を両国の女性たちにもたらしている。雇用形態の柔軟化は男性よりも女性に不利に働き、女性の正規雇用を難しくしている。「小さな政府」の実現により、家族とりわけ女性に福祉の担い手としての役割が求められ、それは半ば当然視されている。また最近の日本では、与党を中心に、ジェンダー平等を伝統文化の破壊であるとして批判し、性別役割分業の見直しを抑止する〝ジェンダーバッシング〟が起きている。このような現状を考慮すると、女性・ジェンダー問題に取り組んできたNGOや市民組織が果たすべき役割は大きい。そのためには、メキシコ同様日本においても、政府とは異なった立場で活動を続けているNGOの経験や独自の視点にもとづく提言を活かせるような、政府機関との協力枠組みの構築が喫緊であるといえるのではないか。

注

1　一九六八年一〇月、オリンピック開催を間近に控えたメキシコでは、学生を中心とする反政府運動が高まりをみせた。それが頂点に達したのが一〇月二日の「トラテロルコ事件」である。権威主義的政治体制と開発主義的経済政策の矛盾を批判する学生たちの集会に政府は軍隊を投じ、武力で弾圧した。多数の死傷者を出したこの事件は現代メキシコの暗部であると同時に、その後の社会変革の出発点となった。

2　米州機構は一九四八年にアメリカ合衆国およびラテン・アメリカ諸国を加盟国とし、米州の平和・安全・発展を目的として設立された組織。略称をOASという。冷戦期には米州を共産主義の脅威から防衛するための集団安全保障体制としての機能を強めたが、一九八五年に代表民主主義の防衛が目的に加えられ、現在では社会経済開発の推進・民主主義体制の維持に重点がおかれている。またカナダ、カリブ諸国の参加によって、加盟国は三五カ国となった。

3　DIFのパンフレットによれば、大統領夫人のDIF総裁就任は慣行であり規程に明文化されたものではない。また現在、DIFには総裁職が置かれておらず、実質、名目ともに局長が最高責任者となっている。

4　筆者が二〇〇八年九月に行ったインタビューにおいて、本章でもその論文を参照したフェミニズム研究者のアナ・

ラウ氏（首都自治大学教授）は今日の状況を、「教会の政治への介入が顕著であり、ポルフィリオ・ディアス独裁政権（メキシコ革命の引き金となった政権、一八七七～一九一一年）に逆行したかのようである」と語った。また、ベラクルス州で立ち寄った教会には胎児が「神の許しを得て私はここにいます。お願いだから私を殺さないで！」と訴える、かなり衝撃的な図入りの中絶反対キャンペーンのポスターが貼られていた（一七一頁写真参照）。アナ・ラウ氏によれば、このポスターはメキシコ中のカトリック教会に掲示されており、フェミニストたちはその影響を危惧しているとのことであった。

5　筆者が二〇〇四年九月に行った聞き取り調査で、DIF連邦本部のコミュニティ開発担当者はNGO・市民組織との協力を強調したが、低所得者層地区にある活動センターに勤務するソーシャルワーカーからは、協力関係はまったくなく、しかも現場の意見も考慮されることがないという不満が聞かれた。女性NGOのGEMにおいては、ジェンダーに関する義務教育課程の教員向けマニュアルや児童用のゲームの作成を行うなど、公教育省との協力関係が見られる。

Más allá de la década perdida

Além da década perdida

第6章

NGOによる教育実践と子どものエンパワーメント

ブラジルの事例から

田村梨花

はじめに

一九九〇年の「万人のための世界教育宣言」以降、堰を切った勢いで開始された途上国における教育開発は、ブラジルの社会変容に直接的に作用した。カルドーゾ政権下（一九九五～二〇〇二年）では初等教育参加の完全化がめざされ、「すべての子どもを学校へ」というスローガンのもと、教育基本法の抜本的改正（一九九六年）、地方分権化による教育予算の効果的分配、貧困児童対象の就学奨学金をはじめとする初等教育普及政策が徹底された。結果として、二〇〇七年には初等教育就学率は９７・６％にまで上昇した（IBGE［2008］p.145）。留年率や退学率も少しずつ改善される傾向にあり、ブラジルの初等教育のインフラは整備されつつあるといえる。

一方、ブラジルには二五万ものＮＧＯが存在し、それらの５２％が何らかの教育活動を実践し、４０・３％が就学年齢層の子どもと青年を対象とした活動を行っている（ABONG［2002］pp.12-15）。市民権への意識向上と民衆主体の開発の推進を実践し、ブラジルの民主化の原動力ともなったＮＧＯは、その情報力とネットワークを武器に政府、自治体、企業、地域社会と連携してさまざまな社会政策を展開し、社会開発に欠かせない存在となっている。本章は、公的な教育開発が整備されてゆくなかでＮＧＯによる教育活動がいかなる社会的機能を果たすのかについて、その活動に参加する子どもへの影響を質的に分析することで明らかにしようとするものである。

教育システムにおけるエリート偏重という歴史的背景と、一九六四～八五年まで抑圧的社会体制を敷いた軍事政権により、ブラジルには公教育から取り残された底辺の人々がつねに存在していた。一九六〇年の一五歳以上識字率は60・5%であった（IBGE［1981］p.256）。基礎教育の完全普及は九〇年代にやっと着手されたといっても過言ではない。しかしそうした社会政治的背景は、ブラジルにノンフォーマル教育という、公教育とは異なる教育空間の形成をもたらした。ノンフォーマル教育は政府主導の国家形成から排除された人々が、コミュニティを基礎とした活動を通じて、自分の権利を取り戻してゆくための教育活動の場である。こうした民衆主導の教育活動もまた、新しい社会運動のひとつとして組織的成長を遂げ、民主化以降はNGOとして認識されることとなった。

本章では、ブラジル北部パラ州ベレンに活動拠点を置くNGO、モヴィメント・レプブリカ・デ・エマウス（Movimento República de Emaús　以下エマウス）の教育実践を事例として、NGOの教育活動がもたらす子どもへの影響の質的分析を試みる。社会の諸制度が民主化し、識字や基礎学習能力の向上をめざす公教育が貧困層にも浸透してゆくなかで、NGOの教育の目的や対象は変化していると思われる。NGOの教育実践の場がいかに形成され、どのようなアクターの相互関係のもとで行われているのか、そして子どもの生活にどういった変化を与えているのか。その活動の実際の検討には記述的分析が効果的であると考えた。

本章の構成は以下の通りである。まず、ブラジルのNGOの母体となった民衆による社会運動の歴史的考察を通して、教育活動を行うNGOの形成過程を概観する。次に、一九九八年および二〇〇一〜〇二年に実施したフィールド調査における参与観察とインタビュー（田村［二〇〇二］）によって得られたデータをもとに、エマウスで行われている教育活動の内容と実践方法の考察を行う。さらに、NGOによる学校が子どもの日常と地域社会に与える影響を、教育実践における子どもの様相、地域社会と地域開発への参加という二つの視点から検討することで、ＮＧＯの教育実践が子どもに及ぼす影響の質を考察する。軍事政権下において子どもの権利を守ることによって社会変革をめざしてきたエマウスの教育実践の分析を通して、民主化以降のブラジルのＮＧＯが子どもの権利の保護と社会的意識の向上を成し遂げているプロセスを明らかにしたい。

1　ＮＧＯによる教育活動の形成過程

都市貧困層の拡大

ブラジルは、ジニ係数が二〇〇六年の統計で０・６０２という世界的に階層間の所得格差が激しい国である（ECLAC［2008］p.328）。奴隷制と大土地所有制を基盤に形成された植民地としての歴史は、奴隷出身の黒人や零細農民、土地なし農民という階層に属する人々をつねに社会の底辺に置く社会構造を作り上げてきた。大土地所有制は貧困層の地位向上を阻むものであり、一八八八年の奴隷解放後も黒人は土地を所有する権利を持つことができなかった。黒人は、法規的には自由を手に入れながら

●土地なし農民　植民地時代以来の大土地所有と零細農・土地なし農民の二極化は，1960～70年代に土地分配が法制化されても解消されず，農業の機械化などにより一層進んだ。そうしたなかで70年代末から，南部を中心に土地なし農民による遊休農地の占拠事件が発生するようになり，84年に開催された「第1回土地なし農民全国会議」を契機に，「土地なし農民運動（MST: Movimento dos Trabalhadores Rurais Sem Terra）」が組織された。MSTは，1988年憲法186条「すべての土地は生産活動に利用されなければならない」という法的根拠に基づき，社会的機能を果たしていない土地を占拠し，土地を持たない人々（sem terra）に分配し，有機農法を用いた生産活動，学校建設，遺伝子組み換え作物反対運動といった社会運動を展開している。土地を持つことは自分の生を取り戻すための一つの手段であるという権利に対する農民の意識を高め，不平等な社会の変革をめざして農村の貧困層の組織化を行っている。土地の占拠は土地の再生のための活動であり，それはコミュニティの再生を意味している。現在，MSTは国内外のNGOとのネットワークをもとに市場経済への批判を掲げるなど政治性を強め，社会的公正と人間の尊厳の思想に基づいた民衆のプロジェクトを展開するブラジル最大の社会運動として存在感を示し続けている。

も現実には元の奴隷主である農園主のもとで働かざるを得ない状況に置かれ、社会上昇への道は閉ざされたままであった。また、二〇世紀前半のコーヒー産業の発展は、南東部を経済中心地として繁栄させ、プランテーション農業の後退する北東部との地域格差を拡大させた。

一九六四年の軍事政権の台頭により国家主導の経済開発が本格化すると、輸入代替工業化政策により大都市の産業は活発化し、農業部門では世界銀行や国際通貨基金（IMF）の長期投資による大規模な農業の機械化が始まる。この時期の経済変化は、ブラジル社会に都市と農村間の隔たりという新たな格差を生みだした。農業部門の労働集約化は零細農民や土地なし農民の自給自足の生活を直撃したため、彼（女）らは農村を去り、産業が発達し現金収入の期待できる地方都市や南東部の大都市へと移動した。こうして引き起こされた七〇年代の都市化は、ブラジルの都市人口率を六〇年の44・67%から八〇年には67・59%へと引き上げた（Almanaque Abril［1998］p.56）。

しかし、都市の雇用吸収率には限界があり、さらに都市の労働市場が必要としていたのは熟練労働者であったことから、それまで教育を受ける機会のなかった農民はインフォーマルセクターに職を求めるほかはなかった。彼（女）らは少ない所得からの出費を抑えるため、隆起の激しい丘陵や地盤の緩い川沿いといった居住地として適さない場所を不法に占拠し簡易住居を建て、生活してゆくこととなる。ファヴェーラと呼ばれるこのスラム地区は上下水道をはじめとする基本的インフラが未整備なため、不衛生で生活状況は劣悪である。こうして、経済発展の恩恵から取り残された人々は都市に集積し、ブラジル社会の底辺を構成する都市貧困層を形成していった。

民衆教育の発展

軍事政権が国家の経済成長と開発を推進するために底辺の民衆の権利を奪い莫大な数の貧困層を創出する一方で、抑圧的な社会体制に対する民衆の抵抗運動がコミュニティベースで育っていった。一九七〇年代は、キリスト教基礎共同体（CEBs：Comunidades Eclesiais de Base）による教区単位の草の根教育運動や住民組織の識字教育活動など、コミュニティの内部でさまざまな相互扶助組織が作られた、NGOの萌芽期でもあった。底辺の人々が互いに支え合い自らの権利と社会問題について考える場所が形成され、厳しい生活状況を克服する方法を模索し不平等な社会構造の変革を求める民衆組織が発展した。住民の議論の場において、自らの置かれた生活状況を客観的に捉え、実生活に必要な知識を自分のものとして取り入れていくための教育は、民衆教育として生成された（野元［二〇〇二］一四二―一四三頁、ガドッチ［二〇〇三］三五七―三六二頁）。さまざまな政策決定が自らの関与しない場所で行われ、自分たちの生活が破壊されていくことに疑問を感じ、自ら立ち上がろうとした人々の社会変革への強い問題意識が、こうしたコミュニティベースの民衆教育運動の原動力となったことは疑いない。

●民衆教育（educação popular）　伝統的なエリート偏重教育のため，国民全体をカバーする公教育機関が不足した状況のもと，ブラジルでは多くのノンフォーマルな教育活動が実施されてきた。とりわけ1964年以降の軍事政権による抑圧的な社会構造や，85年の民政移管後も拡大傾向にある階層間格差などの社会的背景は，社会批判意識を育てることを目標とした民衆教育という革新的な教育の場を創りだすこととなった。その最大の担い手の一つ，キリスト教基礎共同体（CEBs）による基礎教育運動は，50年代初頭の北東部を起源とする「解放の神学」（社会の権力構造からの教会と民衆の解放を説く）のコミュニティレベルでの実践であった。また民衆教育の理論的基礎として重要なのが，パウロ・フレイレ（Paulo Freire 1921-97）の思想である。フレイレは読み書きの能力を，民衆自らが自分たちの境遇を考え，生活と社会を変革していく「意識化」の力として捉え，成人識字教育の必要性を訴えた（『被抑圧者の教育学』1970／邦訳，小沢有作他訳，亜紀書房，1979）。この思想は軍事政権に危険視され，フレイレは1964～80年まで16年間にわたる亡命生活を余儀なくされた。

民政移管とNGO

民政移管（一九八五年）以降の民主化の推進は、それまで草の根の活動が中心であったNGOの諸活動に追い風となり、社会的制度枠組みを改善するための具体的行動を可能とした。民主主義的諸規定を配した八八年の新憲法の成立、九〇年の児童青少年法の制定など、それまでなおざりにされてきた人権や社会開発を重要視する制度改革がなされ、それらはNGOの法的根拠ともなった。また、地方分権化により自治体単位で地域政策に関連したさまざまな評議会が設立され、NGOもその構成員としての地位を獲得し、政府との「協力関係」に基づく積極的なアドボカシー（政策提言）活動が展開される時代が到来する（篠田［一九九九］三二四―三三二頁）。九五年以降のカルドーゾ政権は、社会自由主義的国家構築のための政府、民間企業、市民社会の協力を不可欠と捉え、積極的にNGOのリソースを社会政策へと活用した（本シリーズ第一巻第7章参照）。

二〇〇三年、土地なし農民運動と深いかかわりのある労働者党ルーラ政権が発足する。ルーラ政権は前政権の

コラム

教育改革と「もう一つの教育」

近年のブラジルにおける教育改革は「教育の場を開く」ことを目的としてきた。カルドーゾ政権では教育の分権化、初等教育の普遍化がめざされ、初等教育就学率は97％を達成するに至った。現ルーラ政権（二〇〇三～）において大学入試システムに導入された黒人および公立高校出身の受験生への割当制度や奨学金制度は人種や社会階層間の格差是正、成人を対象とした「ブラジル識字計画（Programa Brasil Alfabetizado）」は年齢層間の教育機会の格差是正が狙いである。教育から排除されている人々を包摂する教育政策は、グローバリゼーションの命題である教育の私事化の一端とも捉えられるが、教育を「官から民へ」と開く方法は日本とは異なっている。それは、教育を公的かつ民主的なものとして変革するために地域社会が教育の担い手となり、新自由主義的教育とは別の「もう一つの教育」を模索する試みである。

「世界教育フォーラム（Fórum Mundial de Educação）」（「世界社会フォーラム」の教育版として二〇〇一年より開催）は、教育の民主化を机上の空論に終わらせず、革新的な実践を伴う動きとする原動力となっている。フォーラムには毎回、教育行政、公立学校、NGO、

方針を踏襲し、「拡大するガバナンスと社会参加（Governabilidade ampliada e participação social）」を大統領府のアジェンダとして掲げ、ＮＧＯをはじめとする市民社会組織の政策決定における参加を促進した。同年、構成員の四分の三を市民社会の代表者とする経済社会開発審議会（ＣＤＥＳ：O Conselho de Desenvolvimento Econômico e Social）が設立された。民衆参加の実効性についての批判（田村［二〇〇八］）等もみられるが、ブラジルの社会開発・地域開発政策におけるＮＧＯの存在はその勢いを増している。

　こうした民主主義的政策への変化は、ＮＧＯの教育実践の再検討を必要とするものでもあった。カルドーゾ政権下において貧困解決に向けた教育開発が積極的に推進され（田村［二〇〇二］）、とくに初等教育の基盤が整備されてゆくなか、公教育の代替施設として存在していたＮＧＯは縮小すると予想された。しかしながら、制度的民主化の進展にもかかわらず、グローバル化にともなう経済自由化政策の影響を受け、現実には貧富の格差が実質的な縮小をみることはなく、ブラジルは「不平等な国」でありつづけた[1]。それゆえに、所得分配の平等化という社会的公正の構築がブラジルのＮＧＯの次なる目標となった。ＮＧＯによる教育活動も、もはや公教育の補完的存在ではなく市民教

大学といった国内外の多様なセクターから、現代の教育の在り方に抗する人々が参集し、「教育的なまちづくりのための市民教育（Educação cidadã para uma cidade educadora）」をテーマに議論する。従来、事実上公立学校よりも大きな教育的役割を果たしてきた住民組織や地域社会ベースのＮＧＯは、社会的公正をめざす多種多様な教育実践と方法を蓄積してきた。フォーラムはそうした経験と、教育を地域社会に取り戻す希望を分かち合う場を形成している。

　教育運営を民主的なものとするには長時間の議論が必要であり、そこには非効率性も付随する。しかし、対話は人々が教育への不安を分かち合い、共に解決してゆく糸口を作り出すだろう。また教育を地域社会全体が主体的に関わることのできる公的空間として捉えなおすことは、教育整備を政府の義務とし、市場ではなく地域社会がその主導権を担うことを意味する。ブラジルの実践には、教育を商品としてではなく、万人の普遍的な権利として人間に保障する社会を創るための、一つの可能性が示されている。

育のための空間として発展し、すべての人の社会的包摂への挑戦を実践していくことになったのである。

2 教育実践のなかの子どもたち

エマウスの誕生――子どもたちの場の創造

エマウスは、北部でも最大の面積を有するパラ州の州都ベレンを拠点とする、子どもの権利保護を中心とした市民活動を展開するNGOである。「社会を変革する連帯のために」をスローガンに、ベレン近郊に在住する貧困層の子どもを対象とした多様な教育活動、政府や地域社会へのアドボカシー活動を展開するこのNGOも、軍事政権下で民衆の自由と権利が脅威にさらされた時代に生まれた組織である。

A・スウィフトによれば、六〇年代後半、ベレンのサクラメンタ地区のサレジオ会に所属していたブルーノ・セキ神父（Pe. Bruno Sechi）が、週末に教会に集まる青年のグループに「自分たちが問題だと感じることを探しなさい」と呼びかけたことが活動のきっかけとされる（Swift［1997］p.5）。神父の立場から指導するのではなく「自分たちの行動は自分たちで決めていいのだよ」という彼の態度に共感した青年グループは、自らの足でコミュニティを歩き、貧しい生活を強いられている人々と直接話をすることで、少しずつ「人々の望むこと」と「自分たちにできること」を発見していく[2]（*ibid.*, pp.5-9）。

軍事政権が経済成長への道を突き進んでいた七〇年代初め、ベレンの街にはすでに路上生活者が存在しており、そのなかには子どもの姿も垣間見られた。彼（女）らの大部分は家計を助けるために働いていた。青年たちは、深夜から野菜と海産物の取引が行われるヴェールオペーゾ市場に、多くの働く子どもたちが存在していることに気がついた。ベレンの台所とも称されるこの市場では、子どもたちは荷物を運んだり買い物袋を売ったりして働いていたが、彼（女）らの多くが満足に食事を摂っていない状態で労働をしていることを知った青年たちは、そうした子どもたちが無料で昼食を摂ることのできる場所を作ろうと提案した。それが一九七〇年に開店した「小さな労働者のレストラン（Restaurante do pequeno vendedor）」であった。食事代はほとんど無料に等しいわずかな額が設定され、食料品は教会の呼びかけでコミュニティから集められ、調理は青年たちがボランティアで担当した（*ibid*., pp.10-15）。レストラン開設の目的は子どもへの物的援助ではなく、食事という行為を介した子どもとの会話の時間と、彼（女）らの生活をより深く理解するための空間の構築にあった。

暴力をふるう警官や子どもを搾取する大人に対する偏見を持っていた子どもたちは、はじめは青年たちの行為を疑うことも多かった。実際「子どもよりも自分のほうが優っている」という感情を取り払い、子どもたちと対等な関係で会話をするのは容易なことではなかった。しかし、そうした優越感情を持っている限り子どもたちの心の声を聞くことはできないということを、活動の中で青年たちは身をもって体験していった。

食卓という空間と食事の時間の共有を通じて、青年ボランティアと子どもたちの信頼関係は少しずつ深められていった。「お互いの意志のもとでそこにいること」により、相互の権利を尊重することへの同意は、子どもだけでなくボランティアにとっても社会参加の基盤となる体験であった（*ibid*., pp.16-17）。活動の目的が慈善ではなく相互理解のための空間作りにあったこと、運営に関する決定が自分たちを無視していないことなどから、子どもは次第にレストランを受け入れ、自発的に活動に参加するようになった（*ibid*., p.20）。子どもたちは自ら食器洗いや清掃担当の役割を希望し、レストランは活動に参加する人々の連帯の場として成熟していったのである。

子どもたちとの関係が深まるにつれて、彼（女）らが路上で働く理由や、貧困、家庭内暴力、雇用主からの搾取など、日常生活において直面している問題が明らかになると、その解決策の考案が次なる課題となった。彼（女）らは、買い物袋売り、駄菓子売り、運搬業など、それぞれの業種ごとのグループを作り、雇用主からの搾取を逃れるために自律的に仕事を行うことが出来るようなアイデアを出し合った。それは、今自分の置かれている状況を切り開くための実践であった。

こうしてレストランは、子どもが自分たちの生活を自分自身の手で変える機会をもたらす場所となり、もはや食事を摂る場所としての呼び名では表現しつくせない存在となっていった。ますます強化される軍事政権の権威主義的支配体制へのプロテストの意味を含ませ、レストランは一九七一年「小さな売り子たちの共和国《レプブリカ》（República de pequeno vendedor　以下レプブリカ）」と呼称を変える。レプブリカとは当時、大学生のコミュニティの名称でもあった。軍政に抵抗する若者たちの共和国《レプブリカ》があるなら、路上の子どもたちの共和国《レプブリカ》があってもいい、という思いから生まれた呼び名である。

次第に増加する子ども参加者の数に対応するための資金作り、そしてレプブリカの存在をベレンのあらゆる社会階層の人々に伝えるための広報活動として、町中あげての不用品回収が行われることとなった。このイベントは、「分かち合い」という意味をもつ地名「エマウス」（新約聖書、『ルカの福音書』二四章）になぞらえて「エマウス・キャンペーン（Campanha de Emaús）」と呼ばれ、地域住民に対しレプブリカの活動を広報する重要な行事として定期的に行われるようになり、集められた不用品の売上はレプブリカの主要財源となった。

七〇年代後半になると、路上で労働するだけではなくそこを生活の場とする子どもたち――ストリートチルドレンが増加する。彼（女）らは、家族とのつながりが希薄で、警察の暴力や性的搾取といった危険と隣り合わせで生活し、人権が保障されているとは到底いえない状況に置かれていた。レプブリカのスタッフは、警察や自治体の児童保護課のように、子どもたちを路上から排除し施設に入れるのではなく、路上で生活することで被る危険について子どもたちと話をし、共に解決方法を考える路上教育を行った。こうして、レプブリカはベレンの路上の子どもたちにとってかけがえのない居場所を創出したのである。

レプブリカは、不用品回収事業「グランデ・コレッタ（Grande coleta　大収集）」を行うエマウス・キャンペーン事務局、ベレン市近郊の貧しい地域ベングイに建設された初等・中等教育学校エマウス・シティ、一九八九年にブラジルで初めて設立された子ども権利センターを統合し、一九九二年に「モヴィメント・レプブリカ・デ・エマウス」（以下エマウス）へと組織改正した。それぞれの組織は「表現（expressão）」という名で呼ばれる（「社会運動の表現」という意味が込められている）。組織が拡大し、活動が多様化する一方で、創設から三五年以上の年月を経た今も、レプブリカは子どもたちの昼食の場としての機能も維持している。

子どもが主体となる活動

実際に子どもたちに対して教育活動を行うエマウスの組織は、主にコンドル地区のレプブリカ、ベングイ地区のエマウス・シティの二つである。エマウス・シティはベレン郊外の不法占拠地域にエマウスが設立した地域社会の学校が、その地域に公立の学校がなかったことから初等・中等教育機関としての公的資格を得たものである。レプブリカは、公立学校に就学している子どもが、学校に通っていない時間帯（ブラジルでは初等教育は二部制である）に参加するコミュニティの教育空間として機能している。よってこここでは、エマウスの教育方針をより反映した教育活動を行っている代表的な教育組織としてレプブリカの活動を中心に考察する。

レプブリカの活動は、子どもと青年を対象とした社会化と職業教育の二つのプログラムで構成されている（表6—1）。原則的に路上生活の経験のある子どもと青年を対象とした社会教育を活動の指針とし、それぞれの子どものニーズや年齢層を考慮した多彩なアクティビティが展開されている。

幼児から初等教育低学年を対象としたプログラムである「ノヴァ・カンサォン（新しい歌）」は、ダンスや歌、サッカーなど身体を動かす情操教育を行っている。この活動はレストラン時代に、食事の後で同年代の子ども同士が触れ合う時間が自然に形成されていたものが、幼い子どもたちの遊びの場として残されたものである。

「アルテ・デ・ヴィヴェール（生きる術）」（以下アルテ）は、人形のリメイクや古着を利用した鞄の製作などリサイクルをメインとする活動グループである。グランデ・コレッタで回収された壊れた人形の手足などを保管しておき、他のパーツが見つかればそれらをつなぎ合わせて新しい人形に作り変え低価格で販売するなど、子どもたちのアイデアから発展したプロジェクトである。自殺未遂を繰り返していた女の子が人形のリメイクに夢中になり、人形遊びに没頭する様子を見たスタッフは、子どもが必要としていた時間の過ごし方を改めて知ることとなる。リサイクル品の販売で得た収入は七割が子どもに還元され、残りがリメイクの材料費とされた。自分たちが夢中になって生産するものが資金となり、さらに活動を継続できるという確信は、子どもに自信と喜びを与える。

アルテの参加者のうち、一〇代後半という思春期真っ只中の子どもたちのなかには、愛情不足を埋めるための性行為や経済的理由による売春行為により幼くして母親となった女の子や、空腹を紛らわせるため

表6－1　レプブリカの活動内容（2001～02年）

●社会化プログラム（Programa da socialização）

名　称	活動地域	対象と人数	スタッフ人数	活動内容
芸術教育（Arte Educação）	ヴェールオペーゾ市場を中心とする商業地区	5～18歳 168人（夜間6人）	6名	路上で行われる芸術教育と，路上生活をしている子どもたちの労働状況の把握。スタッフの主な仕事は会話。ムニシピオ*系財団 FUNPAPA と提携。
ノヴァ・カンサォン（Nova Canção　新しい歌）	コンドル地区	5～13歳 41人	2名	音楽，映画，本，劇，ゲームなどを使った，想像力と認知能力の発展のための低学年児童中心のプログラム。
学習スペース（Espaço Pegagógico）		随時活動	—	個別の学習指導による公立学校への就学促進プログラム。
古紙リサイクル（Reciclagem de Papel）		11歳以上 23人	1名	リサイクル作業を通じての環境教育プログラム。再生紙でポストカード，文房具などを製作。
アルテ・デ・ヴィヴェール（Arte de Viver　生きる術）		11歳以上の女子 35人	2名 研修生1名	人形のリサイクル，再生紙を使った創作活動，端布を使ったバッグや帽子の製作など。他に，ポスター描きやダンス，週一で保健教育，ビデオ鑑賞など。
オラトリオ・プロジェクト（Projeto Oratório）		8～18歳 122人	不明	毎日曜日に実施。文化活動，スポーツ，福音の教えなど。路上生活経験のない子どもや青少年も参加できる。
ファゼール・オウトロ・ボニート（Fazer Outro Bonito: FOB）	バレイロ地区	8歳以上 320人	6名	放課後と週末に公立小学校の施設を利用して行う芸術文化活動。

●職業教育プログラム（Programa da Profissionalização）

名称	活動地域	対象と人数	スタッフ人数	活動内容
自営業プロジェクト（Projeto Trabalhador Autônomo: PTA）	コンドル地区	14～18歳 153人	1名 ボランティア数名	エマウス・キャンペーンで収集された不要品を教材に，溶接，家電修理，家具のリサイクル，ソファーの布張りなどの技術を習得する。職業技術指導者はボランティア。
正規雇用プログラム（Mercado Formal de trabalhador: MF）	派遣先企業	16～18歳 159人	1名	フォーマルセクター（正規労働部門）での研修。1日4時間労働で，給与を受け取ることができる。

注）校舎の老朽化と財政難により，2006年，エマウスはコンドル地区の土地を半分売却し，職業教育プログラムと管理部門をベングイ地区に移転した。そのため08年末現在，レプブリカの活動は路上教育，芸術教育（カポエイラ，ダンス，パーカッション），アルテ・デ・ヴィヴェールの三つである。従来通り，活動に参加する子どもたちはレストランで昼食を摂ることができる。

＊　ムニシピオ（município）：日本の市町村にあたる基礎的自治体。

出所）MRE［2002a］，［2002b］と筆者による現地調査をもとに作成。

のドラッグ使用により感情が不安定になっている子ども、家庭内暴力によるトラウマを抱える子どもがいる。HIV／エイズなど性感染症を防ぐための性教育や、依存性薬物の知識を与える社会教育は、そうした経験をもつ子どもたちに最も必要とされていた教育であった。リサイクル活動の傍ら、心療内科の専門家による保健の授業や、性愛をテーマにした映画のビデオ鑑賞などが行われ、これらの活動はそれまで子どもがアクセスできなかった情報提供の場として重要な意味を担っている。

「自営業プロジェクト（PTA）」も、エマウス・キャンペーンに参加する子どもの声から生まれたプロジェクトである。壊れた家具や電化製品を修理してコミュニティの人々に低価格で販売し、売上はエマウスの収入源となる。しかも修理の技術を習得することで、リサイクル事業を自分で始めることができる、というのが子どものアイデアであった。PTAは、それまで被雇用者として劣悪な条件下で労働してきた子どもに自立の機会を与えうる職業教育の場となった。

子どもの生に正面から向き合わなければ、本当に子どもの必要としているものを理解することはできない。子どものニーズから創造されるエマウスの教育活動の実践は、参加意欲を向上させる機能をもつ。それは、子どもたちが自分の生を自分の力で生きる権利を体得する試みであり、自分を取り巻く社会的状況に意識的に臨む姿勢をもつための教育といえる（田村［二〇〇二］一一一—一二八頁）。

子どもの自由意思の尊重と対話的関係

エマウスは、子どもの意見を軸とした教育活動を実践する場であるが、集団で行われるものであるがゆえに、反発したり異議を唱える参加者により活動がスムーズに進まないことは日常茶飯事である。エマウスでは、子どもの自由意思を尊重することと、子どもとの対話を重視することで、活動への自発的参加を促す方法をとっている（田村［二〇〇二］二九―三六頁）。

例えばアルテの活動が子どもにとって常に楽しいものとは限らない。家族や仲間、スタッフとの諍いのため気分的に活動に参加したくない時もある。早朝から学校で授業を受けた後でエマウスまで来ることは、時に子どもの負担にもなる。そうした時、活動に強制的に参加させられることはなく、参加・不参加の判断は子ども自身に委ねられている。ただし、参加しない場合はその理由を子ども自身が説明するというきまりがある。例えば、実際には子ども自身は参加したいと思っているにもかかわらず、親が病気になったり、弟や妹の面倒をみるよう親に言われたりというように、何らかの家庭の都合で参加できない場合が頻繁に起こる。不参加の理由を聞くことは、そうした問題を共に解決するために必要な情報源となる。各プロジェクトの定員の空きを待つ子どもは少なくないため、長期にわたり活動に参加しなくなった子どもを登録名簿から除外する場合もあるが、その際も必ず本人の意思が確認される。エマウスでは、自由意思の尊重は、自分の行動に責任をもつことと表裏一体であることをも子どもに伝えようとしているのである。

しかしながら、子どもの意思をきちんと聞くためには粘り強い忍耐力と自制心が必要とされる。スタッフは、子どもがなかなか本音を口に出さないことを認識している。唯一の方法は、子どもとの会話の時間を充分に取り、子どもとの信頼関係を築くことである。他の仕事を遅らせ、組織運営に支障をきたすことになっても、子どもとの会話の時間は最優先される。また、スタッフが威圧的な態度でいれば子どもが本音を打ち明けるのは難しくなる。教育の場では教育者と被教育者という支配―従属関係が生じやすいが、エマウスではそうした関係性を乗り越える教育活動がめざされている。時にはスタッフが子どもに対し抑圧的な態度をとってしまうこともある。その場合、子どもがそうしたスタッフの行動を問題とし、なぜそのような態度をとったのかということが徹底的に話し合われる。もちろん、子どもに迎合する形ではなく、スタッフも自分の意見を納得いくまで語り、子どもたちと意見が分かれた時には徹底した話し合いがもたれる。

子どもたち自身が、自分たちの生活に必要な知識は何かを意識することで生まれる教育活動は、子どもを取り巻く社会的状況の変化に即した創造的なものとなる。また、子どもの自由意思による参加を尊重する教育方針は、活動の継続性の鍵となる。子ども自身がプロジェクトを作り上げ、スタッフはそれを支援するという姿勢は、子どもの内発的動機づけを促進する（滝澤［一九九八］一四一―一四四頁）。これまで路上生活を送っていた子どもにとり、自分の意思が他者に尊重されるエマウスの活動は、今までとは違う生き方が可能なこと、そして自分たちにはそのための能力があることを実感するプロセスを提供する。その実践のなかで、子どもたちはそれまで他者によってのみ決定されていた時間と空間を、自分の意思によって自由に使う力を獲得してゆくのである。

3 教育実践と社会参加

社会参加を体感する活動

エマウスの教育実践は、原則的に路上生活の経験のある子どもたちを対象としているため、隔離された更生施設のように他の社会組織から孤立した存在となる可能性もある。しかしながら、エマウスに参加する子どもは自らが主体となり、単一のＮＧＯ活動として閉じた形ではなく、ダイナミックに地域社会への参加を実践し、さらには地域開発の担い手としての役割を果たしている。エマウスは、ブラジルの不平等な社会構造を変革するには貧困層の子どもたちの生活改善だけでは不十分であることを熟知しており、政府や企業、地域社会など、他の社会アクターとの相互関係を積極的に作り出すことで活動の領域を広げている[3]。ここでは、NGOの教育実践における子どもの社会参加と開発活動の空間の形成過程を、二つの事例を通して分析する。

二〇〇二年、あるアパレル企業系の社会福祉財団がエマウスに在庫処分衣類の寄付を申し出たとき、それらをどのようにプロジェクトに結び付けるかが話し合われた。ダンボール箱二〇個近くにもなる多量の衣類は状態が良く、大半がそのまま利用可能なものだったので、標準価格と比較し格安の値段（安売り店舗の価格の半額ほど）でコミュニティ向けに販売し、その収入を各種プロジェクトの運営資金に充てることが決められた。本部建物の入り口に一番近い場所にあったアルテの教室を店舗として改装し、アルテで製作した人形と一緒に販売することとした。アルテの教室はそれまで倉庫として使われていた場所に移動された。店舗運営と商品管理はアルテのメンバーに任され、年長の女の子が交代で店番の仕事を受け持った。そして店名は「アルテのリサイクル（Reciclando a arte）」と名付けられた。

在庫処分品とはいえ山のように積まれたほぼ新品同様の衣類の数々をみて、子どもたちの頭にひらめいた考えは、ファッションショーを兼ねた開店記念セールであった。自分たちがそれらの服を着てみたいというちゃっかりした気持ちから生まれたこの企画は、子どもたちの家族や近隣の住民にもアルテの活動を大々的に宣伝するという目的のもと実行に移された。財団のスタッフがこのアイデアを気に入り、ファッションショーのヘアメイク担当を買って出た。イベントの場所には施設中で一番広いスペースであるレストランを使うことが決まり、アルテの子どもたちは衣類の選別とタグ付けの作業に追われる日々を過ごした。段ボール箱いっぱいに無造作に詰め込まれた衣類のなかから販売可能なものを選別し丁寧に折りたたむ作業は、骨の折れるものではあったが、さまざまな種類の洋服を手にとる楽しさに子どもたちは夢中になって仕事に取り組んだ。自分の好みの服を見つけたときの喜びは大きく、種類の多さのためショーの衣装はイベントの直前まで決まらなかった。

一月の土曜日に開催されたイベントには、子どもたちとスタッフの家族を含め一〇〇人前後の地域住民が集まった。ビールケースと布で作られたステージと色鮮やかなオーナメント、軽快な音楽は本格的なファッションショーを観客に期待させるものであった。ステージを目の前にして緊張するアルテの子どもたちを、財団の担当者は次々とモデルに仕上げる。歓声に包まれてショーが終わったあと、ヘアメイク係たちもモデルの体験をした子どもたちに劣らぬ笑顔をみせていた。エマウスのスタッフはといえば、家族や子どもを引き連れていち早く商品の争奪戦に参加している。路上で生活していた頃には夢にも思わなかったモデルの経験、普段は関わることのない人たちとの触れ合い、店舗運営のための下準備、それらすべてが子どもにとり社会参加の経験として蓄積される。これは企業からの寄付という受身の行為を主体的に変換し、エマウスと他の社会セクターとの接点の一コマへと練り直す創造力を必要とする活動実践であり、

（上）子どもたちとスタッフ総出で膨らませた風船で豪華に装飾されたファッションショーのステージ。（下）お気に入りの衣装でショーの花形となった子どもたち。

子どものアイデアとスタッフのサポート、そしてイベントに関わるすべての人々の協力——それは労働の提供でもあり、時間の共有でもある——が結集して、はじめて可能となった。

子どもたちの手による開発

エマウスの最大の目標は公正な社会の構築にある。グランデ・コレッタは、全ての階層の人々にエマウスの活動をアピールし、子どもの権利について考える機会をもってもらい、社会問題を意識化させる活動であり、エマウスを象徴する存在である（田村［二〇〇三］一七五—一七六頁）。子どもたちもその活動精神を共有し、自分たちにできる社会貢献活動に奮闘している。「ファゼール・オウトロ・ボニート（Fazer Outro Bonito　以下ＦＯＢ）」は、エマウスの子ども自身がスタッフとなって取り組まれている地域開発教育プロジェクトである（以下、ＦＯＢの活動については二〇〇二年の筆者によるインタビューの他、［O liberal 2003/8/15］およびユニセフブラジル事務局ウェブサイト［www.unicef.org］を参照した）。

ＦＯＢの活動のきっかけは、一九九八年にパラ州立美術館で開催されたアルテの作品の展覧会であった。会場にはリサイクル人形と、リサイクルペーパーで作られた手作りのポストカードが所狭しと並べられ、メンバー自身を講師とする人形のリメイク体験教室も開かれた。大勢の来場者に対し、メンバーはアルテとエマウスの広報担当となって活躍した。展覧会に立ち寄ったユニセフのスタッフが、作品とプロジェクトの説明を聞いた後に「君たちはこれからどういう活動をしたいと思っているの？」と尋ねた。メンバーは、「まだプロジェクトに参加していない他の子どもたちと一緒に活動したい」と答えた。自分たちの経験したことを他の子どもたちと分かち合いたいというこの思いは、ユニセフの助成を受けることとなり、エマウスの新しい教育プロジェクトとして結実した。[4]

FOBの人形劇。人形の独特な表情と衣装は，子どもたち自身の手作りである。

この活動がエマウスのなかでも際立った特徴をもつ点は、以前路上生活をしていた子どもたちが他の子どもを包摂する構想から発していること、そしてプロジェクトにおいて子どもたち自身が教育者として活動していることにある。運営に関わる教育者は、アルテの担当スタッフであった大人一名のほかは、みなアルテの修了生の女の子たちで構成されている。「自分はアルテに通うことができたから、美しい（bonito）生活を送っている。だから、他の子どもたちも同じようにこうした活動に参加させてあげたい」という思いが、子ども自らが命名したこのプロジェクトの名称「ファゼール・オウトロ・ボニート」（「他の人を輝かせる」の意）の由来である。

活動拠点に選ばれたのは、ベレンの北西に位置し、洪水の多いマージナルな地域に位置するバレイロ地区であった。この地区には当時初等教育の学校は二つしかなく、情操教育の授業は全く行われていなかった。以前からエマウスを知っていたコマンダンテ・クラウタウ小学校の校長は、ＦＯＢの活動のために学校の設備を提供した。こうして放課後と休日にはカポエイラ（ブラジルの伝統武術）、人形劇、図画工作などの授業が行われることとなった。ＦＯＢで行われた美術館や図書館など文化施設の見学は、バレイロ地区の子どもたちにとって初めての経験であり、そうした芸術作品を自分たちが作り出すこともできるＦＯＢの活動への参加はとても魅力のあるものだった。週末の小学校は、約三二〇人もの子どもたちの集まる賑やかな空間となった。そこは、家にいると働きに出されたり親から暴力をふるわれることの多かった子どもが集まる場所ともなった。放課後のＦＯＢの活動に参加するために、学校の授業に休まず出席する子どもも増加した。こうして、ＦＯＢはバレイロ地区で暮らす子どもの文化活動の中心地ともいえる存在となっていった。

バレイロ地区での教育実践が自分自身の手に任されていることから来る自尊心は、子どもたちに開発の担い手としての新たな力を育成する。ＮＧＯの実践する教育活動が、貧困状況にある他の子どもたちと地域社会を共に引き入れた運動として、貧しい地区の小学校という公的空間で展開されている。「共にある」ことの実践が、貧困の悪循環とは逆の、教育による上向きのスパイラルを作り上げているのである。

4　連帯と参加に基づく教育活動の意義

「レププリカ」とは共和国の意であるが、ブラジルでは「共同体」という意味で使われることが多い。大学生のコミュニティや学生寮がレプブリカと呼ばれ、「共に生活する場所」としての意味で使われるのと同じように、エマウスでは「みんなが共に協力し、連帯する共同体」としてこの呼び名が付けられた。

今もこの共同体は、民主化以降のブラジルにおいて社会的に排除された人々のなかでも最も顕著に貧困の打撃を受けやすい子どもたち――ストリートチルドレン、幼くして仕事に従事する子ども、家庭に居場所のない子ども――と、彼（女）らを支援するために集まったスタッフたちが共に支え合い、その名にふさわしい生活圏を形成しつづけている。

本章では、エマウスの教育活動と社会参加が子どもに与える影響を分析した。活動の内容は子どものアイデアから生まれたものであり、子どもの意見やニーズに基づいたものであった。さらに教育実践の場において、子どもの意見を尊重するために十分な時間が取られていること、スタッフが子どもとの対等の関係を構築していることが明らかとなった。こうした社会的意識の向上と対話的関係は、パウロ・フレイレの教育思想と共通するものである。さらに、「底辺の民衆と共に闘う」という「解放の神学」の教えにも影響を受けている。教育を受ける側である子どもが活動における中心的存在となり、生活改善への取り組みを主体的に行うプロセスを重視することは、ブラジルの民衆教育NGOにおいてこれまで実践されてきた方法論である。このプロセスにより、エマウスは子どもの心理的・社会的なエンパワーメントを実現しているのである。

また、社会参加の分析においては、子どもがエマウスの活動に参加することによって獲得する新たな社会的領域の拡大、さらには社会開発への創造的試みの様相が観察された。エマウスでは、地域社会をフィールドにして多様な活動を実践するなかで、現実社会と子どもとの関係性が新たな形で再構築される。それは、家庭や労働の場において社会的に排除されてきた子どもたちが、それまでとは異なる社会化のプロセスを経験することを意味する。それらは自分が主体的に社会参加できる空間や、今まで触れたことのない世界との出会い、もしかしたら一生出会うことのなかったかも知れない人々との関わりであったりする。

また社会参加の可能性の拡大は、子どもたちに社会批判の精神と自発的行動の機会をもたらす。

さらにエマウスの教育実践において重要な意味を持つのが、時間の使い方である。食事を介した時間の共有、子どもたちの現実を理解するための時間、子ども自身に必要な時間、子どもとの会話の時間は、効率性のみを追求する教育活動では決して獲得することはできない。こうした時間の使い方は、他者を尊重することではじめて生まれるものでもある。子どもたちは、それまで自分たちが奪われていた時間をエマウスの活動のなかで取り戻し、自分の時間と空間を主体的にコントロールできる力をつけていく。エマウスで紡がれる連帯の空間は、子どもたちの教育活動への自発的な参加意欲を引き出すことを可能にしている。自分の意思が尊重される教育を受けることは、子どもの自由な選択の可能性の幅を広げることにつながるともいえる。エマウスの活動を通して、子どもたちは自分の生きる社会を批判的にとらえ、社会をより良くするための自分の生きる道を自ら選びとるための力をつけているのではないだろうか。

おわりに

ＮＧＯの教育活動は、「国民形成」、「人材開発」の場として機能している公教育とは異なる方法論により、市民形成、人間の尊厳への意識を高める教育の場の形成に成功しているように感じられる。私たちはこれまで「将来良い暮らしができるように」という理想のもとで、公教育の充実と学歴至上主義に則り、子どもの現在を犠牲にしてきた。子どもとしっかりと向き合い、子どもの声と今を尊重した教育活動を行うことで生きる力を育てているエマウスの試みは、子どもを画一化し無言にさせてゆく公教育の在り方を批判するノンフォーマル教育として貴重な役割を果たしている。公教育の普及と共に減少傾向にあると思われていたノンフォーマル教育は、「より良い生を」という意思のもとに人々が集まる場となり、途上国のみならず先進国においても活動範囲をさらに広げている。たとえば現代の日本社会においても、フリースクールやプレイパークなど、就学年齢の子どもの教育の空間は多様化している。

そうした意味で、ブラジルのNGOによる教育実践は、日本の文部科学省が新しい教育の場作りとして導入する「地域子ども教室」やコミュニティ・スクール[5]の検討に少なからず示唆を与えるものである。これまで学校に一任してきた感のある子どもの教育に地域社会の参加を促すことには、地域独自の文化に根ざした創造的活動を作り出す可能性が秘められている。しかし、家族、教師、地域住民という教育に携わる構成員のすべてが、人間的な関係性を重視し、子どもの今を直視した活動を考案する試みなくしては、単なる教育の責任転嫁の繰り返しを招く結果となるだろう。現在の日本では、教育への満足度は高いとはいえない。青少年の犯罪、蔓延する薬物依存、未成年の売買春など、青少年をめぐる重大な問題も山積している。著者が一九九八年にブラジルのファヴェーラで調査をはじめた時、不純物を多く含む麻薬である「クラック」がストリートチルドレンの間に広く流通し、深刻な問題となっていた。当時は、一〇年後日本においてここまで未成年の間にドラッグ使用が蔓延し、頻繁に取り沙汰されるようになるとは思いもしなかった。気づかぬうちに、日本の子どもは薬物の危険性や性の知識といった、自分の人生に大きく影響を与える事柄についてじっくりと考える時間を奪われ、危険と隣り合わせの状態に置かれはじめている。

このような状況は、近年日本においても顕在化しつつある「子どもの貧困」と無関係ではない。たとえ経済的貧困の状況に置かれていないとしても、社会的排除としての貧困状況に多くの子どもたちが置かれつつあるのである。すべての人が安心して暮らすことができる社会の構築には、子どもの抱えている問題と正面から向き合う努力が不可欠である。現在の日本の公教育システムは、「全国学力テスト」の実施・公表をめぐる議論などに顕著に現れているように、教育の自由化のための政策を積極的に推進している。しかしそうした学力向上のための施策が、逆に子どもたちを序列化し、人間的な成長を可能にする機会を彼（女）らから奪ってはいないだろうか。エマウスの活動にみられるような、子どもの心理的・社会的・政治的エンパワーメントを可能にする教育実践は「子どもの貧困」を克服する試みであり、「安心社会」を創るための根幹をなす要件として認識されるべきであると考える。

もちろん、エマウスの実践は不平等な社会を解体するための万能薬ではない。いったん活動に参加しても、家庭の事情や個々の意思により、路上生活に戻っていく子どもも少なくない。しかし、子どもの生活を少しずつではあるが着実に改善していく地道な試みは、他の社会アクターと連携することにより社会変革への連帯のうねりを強化する可能性をもっている。教育、そして子どもの未来は、すべての社会アクターの責任のもとにある。子ども自身の可能性への信頼と共生の場を原動力とし、三五年以上もの年月を通してベレンの貧しい子どもたちの生活を支えてきたエマウスの教育実践が、日本を含めあらゆる地域の地域社会教育に託された「新たな教育空間の構築」に役立つ実例となることを願ってやまない。

注

1　二〇〇二年一二月九日、国連開発計画（ＵＮＤＰ）のマーブブルハク賞受賞時のスピーチで、カルドーゾ大統領がブラジルを「発展の途上にある国ではなく、不平等な国である」と述べたことは、社会的公正がいまだブラジルの最優先事項であることを端的に示している。

2　サレジオ会が、学習者と教育者の相互関係を大切にしながら人間的な教育を提唱したカトリック修道会のひとつであることは、ブルーノ神父の行動に少なからず影響を与えたと思われる。

3　本章では子どもの教育実践の分析に焦点を当てたため、NGO全般の活動場面における政府、企業、他の組織との関係性については論じていない。しかし、NGOと各セクター間の協力活動が進展するなかで生じる交渉と葛藤の考察はNGO研究には不可欠な分析視点であり、今後の課題としたい。

4　これはユニセフ（国連児童基金）、ユネスコ（国連教育科学文化機関）、テレビ会社グローボの合同社会開発プログラム「希望の子ども（Criança Esperança）」のプロジェクトとして採用され、二〇〇〇～〇四年まで継続的に助成を受けた。加えてベレン市政府の助成も受けており、NGO、国際機関、企業、自治体の協働実践型プロジェクトとなった。

5　「地域子ども教室」は、文科省により二〇〇四年から実施されている「子どもの居場所づくり新プラン」の一つで、「スポーツや文化活動など多彩な活動が展開されるよう、家庭、地域、学校が一体となって取組む」（文科省ウェブサイト［www.mext.go.jp］）新しい教育活動とされる。コミュニティ・スクールは、地域社会と保護者が学校運営に参画する機関（学校運営協議会）を設置した、「地域が参画する新しいタイプの公立学校」（同上ウェブサイト）である。二〇〇五年より開設、二〇〇七年には全国で一九五校にのぼっている。

Más allá de la década perdida

Além da década perdida

第7章

多民族の共生と市民参加

エクアドルの事例から

野口洋美

はじめに

一九九八年、エクアドルでは多民族・多文化国家としての憲法改正が行われ、一三の先住民族の存在が公的に認可された。中でも最大のグループは、ケチュア語話者のグループであり、その人口はエクアドル先住民族の九割以上を占める。このケチュア語グループはさらに、オタバロやサラグロなどのサブグループに分かれている（van Nieuwkoop & Uquillas［2000］p.4）。このように多民族を抱え、多様な文化を有するエクアドルでは、一九九四年、先住民問題を扱う本格的な政府機関である国家先住民・少数民族問題事務局（SENAIME）が設立された（以下、本章に登場する組織・機関名については表7―1を参照）。エクアドル政府は、それまでにも先住民政策を扱う担当部署を設置したことはあるが、名ばかりのものが多く、本気で先住民族のために取り組んだことはなかった。しかしSENAIMEが他と異なるのは、新自由主義的改革を押し進める世界銀行（以下、世銀）などの国際機関に対し、政府機関として融資を依頼して、先住民族とアフロ系の人々のための開発プロジェクトに向けての予算を確保した点である。SENAIME設立以降、先住民・アフロ系組織とエクアドル政府は共に、対等に意見を交換し、プロジェクトを策定し実施してきた。これは、近代化に向かって国民統合を目指してきた上からの農村統合開発に対して、異なる文化や言語を容認し合い、多民族の存在を認め、下からの声に耳を傾ける政策へと転換したことを示すものであり、画期的な出来事である。しかしながら、世銀融資による初のエスノデベロップメントの舞台となったエクアドルにおいて、このような政府の政策転換は容易に行われたのではない。二言語教育が政府予

表7－1　エクアドルの先住民およびアフロ系の人々に関連する組織・機関・プロジェクト

■政府機関

日本語訳名	略称	正式名称
国家先住民・少数民族問題事務局	SENAIME	Secretaría Nacional de Asuntos Indígenas y Minorías Etnicas（1997年3月，次の CONPLADEIN へ改組）
国家先住民・アフロ系企画開発審議会	CON-PLADEIN	Consejo Nacional de Planificación y Desarrollo Indígena y Negro（1998年12月，次欄の CODENPE へ改称）
エクアドル諸民族開発審議会	CODENPE	Consejo de Desarrollo de las Nacionalidades y Pueblos del Ecuador
国家開発審議会	CONADE	Consejo Nacional de Desarrollo
環境顧問委員会	—	Comisión Asesora Ambiental
農牧業戦略研究所	IDEA	Instituto de Estrategias Agropecuarias
第一地区農業会議所	—	Cámara de Agricultura de la Primera Zona
エクアドル先住民・アフロ系開発プロジェクト	PRODEPINE	Proyecto de Desarrollo de los Pueblos Indígenas y Negros del Ecuador

■先住民・アフロ系組織

日本語訳名	略称	正式名称
エクアドル先住民族連合	CONAIE	Confederación de Nacionalidades Indígenas del Ecuador
エバンヘリコ先住民族エクアドル連盟	FEINE	Federación Ecuatoriana de Indígenas Evangélicos
農民・先住民族・黒人組織国民連盟	FENOCIN	Federación Nacional de Organizaciones Campesinas e Indígenas y Negros
インディオエクアドル連盟	FEI	Federación Ecuatoriana de Indios
農民組織国民連盟	FENOC	Federación Nacional de Organizaciones Campesicas
アフロ系エクアドル人国民連合	CNA	Confederación Nacional Afroecuatoriana

●エスノデベロップメント（Ethnodevelopment）　先住民が抱くアイデンティティ，連帯意識，社会的結束，祖先の土地への愛着，共有された目標に向けた資本・労働・資源を動員する先住民の能力，といった彼ら／彼女らの文化と社会の特性を活かして行われる，先住民を主体とした開発を指す（van Nieuwkoop & Uquillas［2000］p.22）。

算によって実施されたことに始まり、その後展開した新自由主義的改革により、生活が改善するどころか改革の犠牲者となりうる局面に遭遇した先住民族の人々による運動があってこそ、ようやく実現されたのである。

本章は、国際金融機関と政府による近年の新自由主義的政策に対してエクアドルの先住民族がいかに抵抗し、その後どのようにしてエスノデベロップメントの実現に至ることができたかというプロセスを振返ることで、市民参加の重要性を提示し、そこに日本社会への示唆を探ることを目的とする。

第1節では、エスノデベロップメント実施の契機となった二つの経済改革に対するエクアドル先住民族連合（CONAIE）の抵抗運動を振り返る。次いで第2節で、この抵抗運動を機に開始されたエスノデベロップメントの準備作業に先住民が参加するプロセスを追う。第3節では、エスノデベロップメントの特徴を整理し、二〇〇二年末に終了したプロジェクトの第一フェーズ（段階）の結果を示し、これらの過程で達成されたことを確認して課題を整理する。最後に、この事例から日本はどのようなことを学ぶべきかを考えたい。

1　経済改革への抵抗

ラテン・アメリカの他の諸国同様に、エクアドルでも一九九〇年代に構造調整政策が進められ、世銀などからの融資と引き替えに様々な経済改革が行われてきた。ここでは二つの経済改革に対する先住民族による反対運動を紹介する（Treakle［1998］; van Nieuwkoop & Uquillas［2000］）。

石油セクター改革

一九九二年、エクアドルのオリエンテ（アマゾン地方）に位置するパスタサ県の先住民族が、自分たちの生活領域に対する権利の合法化などを政府に要求するため、首都キトへの行進を行った。また翌九三年一一月には、テキサコ社（現、米国系の石油メジャー、シェブロン社）の石油採掘によって経済、社会、環境面の被害を受けてきた同地方の先住民コミュニティが、損害賠償を求める訴訟を米国の裁判所に起こした（新木［二〇〇〇］三九頁）。

ことの発端は、一九六七年、スタンダード・オイル社（シェブロンの前身）によってオリエンテ地方のラゴ・アグリオに高品質の石油が大量に発見されたことから始まっている（Schodt［1987］p.104）。それから二〇年以上にわたり、オリエンテの先住民族は石油採掘による環境破壊の被害を受けてきた。九〇年代に入り、先住民族の窮状を受けて、環境問題に取り組む国内NGOアクシオン・エコロヒカ（Acción Ecológica以下アクシオン）は、シェブロン社などに対し、採掘がどの程度環境に影響を与えているかを評価するよう要請し、併せてエクアドルの国営石油企業であるペトロエクアドル社の民営化を推進する世銀の融資に反対する運動を開始した。この運動にCONAIEおよびその傘下のオリエンテの先住民組織も同調し、反対キャンペーンはさらに国際的な支援も獲得していった。その結果、米国では一一のNGOからなる「エクアドルネットワーク」が形成され、最終的に世界各国から数百の環境活動団体および人権団体が参加する国際的な同盟が形成された。

一九九三年八月初旬、アクシオンからの要請を受けた米国のNGO、銀行情報センター（BIC：Bank Information Center）は、世銀からはわずかな情報しか収集できなかったものの、オリエンテの環境評価に関し次のように結論づけた。すなわち、国営企業ペトロエクアドル社の民営化は、国家の規制力を減退させ、オリエンテにおける環境破壊を加速させる可能性がある、と。ＣＯＮＡＩＥのリーダーたちは、国家の近代化には基本的に合意するものの、近代化のプロセスが大量の失業を招きうることや、近代化の影響を受ける人々の参加なしに政策が決定されてしまうことなどを懸念した。

一九九四年三月、米国の先住民組織の招聘で、オリエンテの二人の先住民リーダーがワシントンに向かった。彼らは世銀の担当者と面会し、彼ら自身が作成したパスタサ開発計画を提出した。このことで世銀の対応が変わることはなかったが、膠着した状態を打開しうる朗報がＣＯＮＡＩＥに舞い込むことになった。それは、国際機関との交渉が国際的に認められ、ＣＯＮＡＩＥ代表のマカス氏（Luis Macas）が、環境保護活動に対するノーベル賞と言われるゴールドマン環境賞を受賞したことである。授賞式に出席するためにワシントンに向かったマカスは、エクアドルネットワークの計らいにより、一週間の滞在の間に、世銀、米州開発銀行（ＩＤＢ）、米国政府代表、さらにワシントンを拠点とするＮＧＯを訪問する機会を得た。このマカス氏の訪米自体は何ら具体的な解決策を生まなかったものの、これによってその後の問題解決への展開を導いたのはエクアドル政府側であった。

一九九四年五月初旬、ＢＩＣのスタッフは、この問題をめぐる世銀での会合に出席を求められた。この会合はＣＯＮＡＩＥが世銀と直接交渉したことを懸念したエクアドル政府の提案によって開かれたものだった。ＢＩＣ以外の出席者は、これまで交渉にかかわった世銀側の担当者に加えて、エクアドル政府側から国家開発審議会（ＣＯＮＡＤＥ）と在米エクアドル大使、そして当時設立されたばかりの国家先住民・少数民族問題事務局（ＳＥＮＡＩＭＥ）の代表であった。この会合でエクアドル政府は、先住民とＮＧＯが主張するオリエンテの環境破壊問題に対して、国際機関による支援を受けて環境顧問委員会を設置することを表明した。また、先住民のニーズを取り入れるためにＳＥＮＡＩＭＥを大統領府に設立したことを

米州自由貿易地域（FTAA）首脳会議のキト開催に反対してデモ行進を行うCONAIEのメンバーたち（2002年10月31日）

伝えた。そして、国際金融機関の協力を得て、エクアドル政府は先住民の文化を尊重し、先住民のためのプロジェクトをデザインし、先住民に資金提供を行うことを示した。[1]

農業開発法

石油開発に関して政府がSENAIME設立という対応を示したことには、もう一つの改革である農業開発法の制定に対しても先住民による抵抗が大きかったことが影響していた。この法案は民間セクターの農業への投資増大を目的としたもので、先住民共同体が所有してきた共有地を分割し、個人所有も可能にすることを掲げていた。さらにアシエンダ（大規模農園）の収用条件が法案から廃止されることによって、土地の不平等な再分配を目的とする農地改革を事実上終了させるものであった。

　農業開発法の策定に中心的に関与したのは、農業セクター向けの融資八千万米ドルを用意したI

ＤＢであったが、世銀、米国国際開発庁（ＵＳＡＩＤ）およびその支援を受ける農牧業戦略研究所（ＩＤＥＡ）や第一地区農業会議所もまた、ＩＤＢがエクアドル政府に推進させようとしている改革を後押しするような研究結果や法案のドラフトを発表した[2]（Chiriboga y Rodríguez［1999］p.171）。これに対して、ＩＤＥＡと第一地区農業会議所による法案を底辺組織に持ち帰って協議したＣＯＮＡＩＥは、自分たちで代替案を作成して国会に提出したため、国会が混乱するという事態になった。にもかかわらず最終的にはＩＤＥＡにより起草された法案が一九九四年六月に国会を通過したのである。

この結果に対し、新たな法律に反対するデモ行進が全国各地で始まった。国土を縦貫するパンアメリカンハイウェイの重要地点は閉鎖され、都市部への農作物や物資の流通が妨害された。また、多くの政府機関が先住民により占拠された。オリエンテでは、先住民によって油田採掘地へのアクセス路が封鎖され、数日間石油の生産が停止された。大統領は国家非常事態宣言を発令し、蜂起を鎮圧するために軍隊を出動させた。南部のカニャール県では、ＣＯＮＡＩＥに加盟している地方組織の事務所が放火され、四人が逮捕、一人が殺害された。

全国規模に拡大した混乱を受け、政府は農工業界のリーダーとカトリック教会を交えて、先住民との交渉に応じざるを得なくなった。二週間にわたって激しい議論が行われた末、最終的には農業開発法の一部を改正することを政府が呑んでＣＯＮＡＩＥと合意したのである。

2　開発計画への参加

石油セクター改革と農業開発法に対するCONAIEの抵抗、さらにはCONAIEを支援する国内外のNGOのネットワークの影響力は、エクアドル政府のみならず世銀も無視することができないものとなっていった。

一九九四年一一月、SENAIMEと世銀との間で、先住民族を対象としたプロジェクト策定の可能性を探る電子メールによるやりとりがなされた。さらに翌一二月にはエクアドル大蔵省から世銀に対し、プロジェクトへの融資を求める書簡が送られた。政府はCONAIEに対して依然批判的な見方をしてはいたが、石油採掘がもたらす環境問題と、貧困層を多く含む先住民族の経済的問題についてどのような対策を講じるのか、内外に示すことを迫られていたと言える。翌九五年早々には、世銀から大蔵省に対して、先住民問題に関するプロジェクトの準備を開始するよう要請が出され、以後九八年に世銀の融資が承認されるまで、三年を越えるエスノデベロップメントの準備作業が始まったのである。

九五年四月には、プロジェクトの基本的な構成要素、策定方法、事前の作業計画について議論するために、SENAIMEの代表がワシントンを訪問し、その後世銀からプロジェクトの構想が、エクアドル政府、先住民組織、NGOなどに提示されることになる。このプロジェクトでは、先住民組織の組織強化、先住民コミュニティの開発、土地所有権の改善に焦点が当てられ、さらにアフロ系エクアドル人もまたプロジェクトの受益対象とすることが決定された。

同年六月、ＣＯＮＡＩＥは、プロジェクトの主旨には合意するものの、政府機関であるＳＥＮＡＩＭＥを通さず、世銀と直接やりとりしてプロジェクトを実施したいと申し出てきた。世銀は制度上、政府を通さずにプロジェクトを実施することができない。そこで世銀は翌七月、ＳＥＮＡＩＭＥの関与は残しつつ、政府と先住民族との間にプロジェクトについての政治的決定を行う運営委員会（Comité de Gestión）を設置することを、先住民組織に提案した。

同年九月、ＣＯＮＡＩＥをはじめとする全国レベルの複数の先住民およびアフロ系組織（ＦＥＩＮＥ、ＦＥＮＯＣＩＮ、ＦＥＩ、ＦＥＮＡＣＬＥ、ＦＥＮＯＣ、ＣＮＡ）は、一〇年委員会（Comité del Decenio）を設立し、この一〇年委員会から運営委員会へ代表者を送ることを表明した。さらにＣＯＮＡＩＥは、運営委員会を先住民代表三名、政府代表一名、世銀代表一名で構成することを提案した。これに対して政府は、逆に政府三、世銀三、先住民一という構成比からなる委員会設置を提案していた。また、先住民組織間でも先住民代表の人選を巡って対立がみられた。最終的には同年一一月に、政府代表と先住民代表それぞれ三人ずつで構成される運営委員会が設立されることで、政府とＣＯＮＡＩＥが合意に至り、併せて運営委員会で決定された内容を受けてプロジェクトの準備作業に取りかかる技術部門（Unidad Técnica）の設置も決定された。

一九九六年一月、世銀によるミーティングが開催され、ここでは次の二つの決定が下された。第一に、プロジェクトは技術援助ではなく投資であり、開発プロセスは先住民組織の手に完全に引き渡されるものであること、第二に、プロジェクトは土地と水の権利に関連した法律を変更する権限はもたないが、これらの権利を巡って対立中の事案を解決するメカニズムを支援するものであること、であった。

九六年三月から四月にかけて、世銀と国際農業開発基金（ＩＦＡＤ）の派遣団がエクアドルを訪問し、ようやく運営委員会と技術部門への一〇年委員会側からの代表者が決定され、五月には運営委員会が正式に結成された。また同時期に、教区を代表する第二レベル組織（OSG）、あるいは県を代表する第三レベル組織（OTG）をプロジェクトの実施主体とすることが決定された（OSG、OTGについては注2を参照）。

同年八月、ブカラン政権発足により民族開発省が設立されたため、先住民問題を扱うプロジェクトの政府側の責任機関がSENAIMEなのか民族開発省なのか不明確となった。その結果、政府からの運営委員会への参加が少なくなり、先住民組織が政府に対し運営委員会への参加を改めて要請しなければならないこともあった。同年一一月から一二月にかけてフィールド調査が行われ、先住民組織の約七〇名の代表者が参加したワークショップでその調査結果が発表された。そして、調査結果とワークショップでの反応に基づいて、プロジェクトはさらに詳細に設計されることになった。

一九九七年一月、パイロットプロジェクトが開始される。また、ブカラン政権崩壊後の同年三月に、SENA

コラム

アソシエーション——ある集会の一夜

毎週木曜日、アンデスの山あいに日が沈み夜空に星が輝きだす夜七時から、この集落の人々によって結成されたアソシエーションの集会が始まる。この集落は、エクアドルのシエラ地方、コトパクシ州ラタクンガ郡トアカソ教区のイリニサ山の山麓に位置する。

このアソシエーションはCONAIE傘下の底辺組織である。集会がある木曜日は、近隣のサキシリで週一回開かれる市場の日でもある。市場で収穫物を売り、買い物を終えて街から戻った人々は、一週間の内で最もくつろいだ心持ちでここに集まるのだ。

この日の集会は、CONAIEの次期全国代表選出や、毎年恒例の集落の聖人の祝祭を控え、いつも以上の熱気に包まれていた。CONAIE全国代表選にアソシエーションの代表として誰が出席するかを決定した後、議題は祝祭に移った。この年は、集落内の全世帯が祝祭のホスト役であるプリオステ（prioste）を務めることに決まった。プリオステは祝祭の全ての費用を負担する。祝祭で振る舞われる料理、音楽バンド、ダンスの貸し衣装代など、相当な出費となる。これまでプリオステは毎年個人や集団が交代で担ってきた。前年にプリオステを務めた小グループは、集落に残存するアシエンダを購入し、

IMEは国家先住民・アフロ系企画開発審議会（CONPLADEIN）へと改組される。同年四月には、世銀とIFADの派遣団と、約八〇の先住民組織の代表者が参加するワークショップが開催され、先住民の貧困状況に基づいてプロジェクトの対象地域が決定された。その際に、世銀、IFAD、エクアドル政府と受益者が、それぞれ二五〇〇万米ドル、一五〇〇万米ドル、一〇〇〇万米ドルずつプロジェクトの費用を分担することが決定された。その結果、一九九八年一月二九日には遂に、「エクアドル先住民・アフロ系開発プロジェクト（PRODEPINE）」という名称が決まり、世銀からの融資が正式に承認された。そして、マウア政権発足後、多民族・多文化国家として憲法が改正されたことを受け、一二月にはCONPLADEINはエクアドル諸民族開発審議会（CODENPE）に改称されたのである。

その土地で共同の農場経営に成功し、土地購入の際に受けた融資を繰り上げ完済していた。その前の年は、集落で最も羽振りがいいとされる一家がプリオステに名乗りを上げた。このように、プリオステは集落内部で富の再分配的機能を果たすのだ。

この日の議論は長引き、日付も変わる時刻になった。集会もそろそろ終わりかと思ったその時、突然一人の男が立ち上がって話し始めた。途中泣き崩れ、泣きじゃくりながらの話に必死で耳を傾ける。何でも、妻が男をつくって家を出てしまった。家には赤ちゃんも含めて四人の子どもが残された。彼の兄弟らの世帯が子どもたちを預かって面倒を見てきたが、自分は借金も抱えており、生活が破綻に追い込まれてしまった。家屋は雨漏りもするぼろぼろの状態。どうにもならず、男は集落の人々に助けを求めたのである。彼の兄弟の一人もまた涙を流しながら、親族による支援の限界だと訴えた。集会の司会者は皆にカンパを募り、人々はアソシエーションの役員が座る席にカンパを持ち寄った。誰がいくらのカンパをしたのか司会者が読み上げる作業は、まるでアソシエーションの結束を皆で確認するかのようであった。最後に、ミンガ（minga）と呼ばれる共同労働によって、男の家を修理するために集まることを約束し、この日の集会は幕を閉じた。

3　エクアドルにおけるエスノデベロップメントの特徴

ＰＲＯＤＥＰＩＮＥは、エクアドルの先住民族とアフロ系の人々の生活改善、民主的統合への貢献、自己管理能力の強化を目的としている。ＰＲＯＤＥＰＩＮＥの実施の引き金となったのは、先に示したような新自由主義的経済改革に対する激しい抵抗ではあったが、先住民およびアフロ系人口をターゲットとしたこのプロジェクトが正当化される最大の理由は、彼ら／彼女らの貧困率の高さである。ここではＰＲＯＤＥＰＩＮＥの特徴をまとめ、プロジェクトの第一フェーズの結果および課題点を示したい（以下van Nieuwkoop & Uquillas［2000］pp.16-21を参考とした）。

PRODEPINEの特徴

ＰＲＯＤＥＰＩＮＥの最大の特徴は、これまでタブー視されてきた特定の民族、すなわち先住民族とアフロ系の人々をターゲットとしていることである。ただし、プロジェクトを実施する際には、対象をどのように絞り込むかという問題が発生する。なぜなら、エクアドル全人口中の４５％が先住民人口であるとＣＯＮＡＩＥが主張するのに対し、九〇年代以降に実施された国勢調査などによると、先住民族と自己認識する者は全人口の約７％未満しか存在しないからである。[3] プロジェクトではまず、先住民族あるいはアフロ系であると自己認識する人口の多い行政教区と、地域ごとの貧困指標をクロスさせることで先住民貧困マップを作成し、ターゲット地域を決定した。ところがこの作業の際に明らかになったのは、国勢調査の中の自己認識を問う質問に〝先住民族〟あるいは〝アフロ系〟と回答しなかった人々もまた、実際には先住民組織、アフロ系組織の底辺組織に属している、ということであった。そこで、先住民族あるいはアフロ系と自己認識していない人でも、加入している底辺組織がＣＯＮＡＩＥなどの先住民組織やアフロ系組織と連携している場合においては、自分の認識にはかかわらずプロジェクトのターゲットとすることになった。最終的にプロジェクトのターゲット人口は約八一万五〇〇〇人となり、四八郡二八八教区（うち先住民二三〇教区、アフロ系五八教区）の約一八〇のＯＳＧがプロジェクトの実施主体と決定された。内訳は、先住民あるいはアフロ系と自己認識する人々が人口の半数を占めた教区は一五〇教区（うち先住民一一一、アフロ系三九）、残りの一三八教区は先住民あるいはアフロ系人口の割合は１０～５０％に留まり、メスティソ（先住民と白人の混血）が共存する教区であった（*ibid.*, p.17）。

ＰＲＯＤＥＰＩＮＥの第二の特徴は、地域のＯＳＧあるいはＯＴＧをプロジェクトの実行主体とすることである。先住民がかかわるＯＳＧの多くは、土地や灌漑をはじめとする資源へのアクセスの要求、識字プログラムの実施、開発の外部アクターからのプロジェクトの受け入れなどを目的として、七〇年代に結成されたものが多い。これに対してアフロ系の人々がかかわるＯＳＧやＯＴＧは歴史が浅く、近年になって結成されたものが多い（ＰＲＯＤＥＰＩＮＥのウェブサイトを参照）。

ＯＳＧは、メンバーである底辺組織の要望に基づき、ＮＧＯや民間コンサルタントの協力を得て地域の開発計画を取りまとめることになる。計画が認められると、一件あたり二万五〇〇〇ドルを上限とするサブプロジェクトの実施を準備し、底辺組織のニーズに基づき優先順位を付ける。底辺組織は、ＯＳＧから配分される資金を用いて資材を購入し、成員を動員してサブプロジェクトを実施する。ＯＳＧは技術と資金の両面で、管轄するサブプロジェクトを自己管理しなければならないものの、プロジェクトの持続性を高めるため意思決定は完全に地域に委譲され、そのため、サブプロジェクトは計画から実施まで人々の参加によって実行される。

ところでOSGは、底辺組織との距離が近く、地域のニーズや要求を知る格好の立場にあり、また、底辺組織に何らかのサービスを提供してきた歴史もすでにある。しかしながら全てのOSGがプロジェクトを遂行できるほどの管理能力を有してはいない。そのためPRODEPINEでは、社会関係資本指標（第1章七一頁参照）を用いて、OSGを三つのグループに分類し、OSGの能力の程度に合わせ、プロジェクトの内容や手法を変えている。例えば、社会関係資本指標が中レベルのOSGにはサブプロジェクトあたりの最高限度額を減額し、最も低いレベルのOSGの場合は国内NGOがサポートするなどである。さらに、地域の開発専門家を育成するために、若者に奨学金を支給し、大学で学ぶ機会を提供している。

PRODEPINEの第三の特徴は、特定の民族をターゲットとした開発プロジェクトであることに基づき、開発におけるアイデンティティの再生産にも取り組んでいることである。直接的な方法としては、消滅の危機にある先住民とアフロ系の人々の豊富な文化的世襲財産を救済し強化するための活動がプロジェクトに組み込まれている。儀式や遺跡の確認、祝祭の支援、民族誌の材料となる視聴覚資料の準備、伝統芸術や手工芸品などの伝統を強化するコンテスト、開発とアイデンティティについて議論するイベントの開催などがこれにあたり、これらの活動に政府機関や地方自治体、NGO、民間セクターも協力する。一方、間接的な方法としては、先住民やアフロ系の文化を保存し強化する内容のプロジェクトがある。例えば、先住民やアフロ系の人々に影響を与えうる法案が提案された場合に、その法案を評価し、場合によっては代替案を提案できるような専門家チームの支援を行うことがこれにあたり、先祖伝来の森林や保護地域における土地所有権の確立も含まれている。

第一フェーズの結果

ＰＲＯＤＥＰＩＮＥの第一フェーズは二〇〇二年一二月末に終了している。以下、世銀の第一フェーズ終了レポートから、その結果を要約する（World Bank［2003］）。

①先住民組織の強化　二四二の地方および全国レベルの先住民組織が二一二の開発計画を作成し、就学中の者も含めて一二〇五名が開発専門家育成のための奨学金を受け取った。

②土地と水利権の合法化支援　九三の先住民・アフロ系組織の一万一〇〇〇人に、二五万ヘクタール以上の土地が移転された。地域別面積比を見ると、オリエンテ（アマゾン地方）８４％、コスタ（海岸地方）１０％、シエラ（山岳地方）６％である。さらに、生物多様性の保護と、先祖伝来の土地での生活を維持してきた人々による持続可能な利用を目的とした土地所有権を付与する改革の草案が作成された。これは近く国会で審議されることになっている。

③農村投資　第一フェーズ終了半年前には、一六〇のＯＳＧに属する一五三一の底辺組織に対し、六五四のプロジェクトへの補助金が拠出され、六万二六四四世帯が裨益した。ケチュア族は投資額の６７％、アフロ系は１３％、シュアル族は９％の投資を受けた。部門別に見ると、５０・４％が社会インフラ、４０・４％が生産インフラ、８・１％が環境や天然資源の持続可能な管理に使われた。

④ＣＯＤＥＮＰＥの組織強化　一九九八年の憲法改正をはじめとして、先住民文化を保護する法律などが制定された。

第一フェーズの結果から見える課題

第一フェーズの結果は世銀によって比較的高い評価がなされ、そのためEUやスペインなどからも資金提供の申し出があったという。が、ここまで至るには一筋縄ではいかなかったことも確かであり、さらにいくつかの課題も残る。

例えば、PRODEPINEの準備段階から、先住民自らが主役となって資源へのアクセス権を獲得していった時でも、先住民組織間における複雑な対抗意識や利害争いが表面化した。PRODEPINEに参加したうちの七つの先住民・アフロ系組織は、宗教組織あるいは農民組織であったが、宗教や農民という枠組みが、新憲法の多民族・多文化という条項を反映したプロジェクトにはそぐわないという理由から、CONAIEがこれらの組織を受益対象から外そうとする動きがあった（World Bank［2003］p.11）。これにはなんと、意思決定プロセスから先住民らを排除して強引な経済改革を押し進めようとしていた世銀が、仲裁の役割を果たさなければならなくなってしまった。

組織内部での意思決定プロセスもまた、まだまだ改善の余地がある。PRODEPINEの各地域の開発計画において、OSGは優先順位を付け、その順番にプロジェクトを実行しなくてはならないが、発言力の弱いリーダーを持つ底辺組織のプロジェクトは、優先順位が低く実施に至らない場合や、悪い場合にはその底辺組織のためのプロジェクトが何も計画されない場合があった（二〇〇一年九月～一二月の筆者のフィールド調査で得られた情報）。また、このプロジェクトで組織強化の目的で奨学金を受けた人々の多くが、すでに地域のリーダーを経験した者であり、リーダー育成という目的に照らして奨学生の選考過程に公平性を欠いたと報告されている（*ibid*., p.5）。

また、先住民組織にプロジェクトの提案を打診してから、正式な合意を得るのに数か月要していることからも分かるように、先住民組織内部での意思決定には相当の時間を費やした。CONAIEでは、各地域のOSGや底辺組織での検討を経て、CONAIEとしての見解が示されることが原則となっている。しかし実際には、下部の組織はCONAIEの指導者たちの行動や言動をテレビやラジオを通じてチェックした上で組織としての決定を行うなどのケースがしばしば見られ、意思決定プロセスの改善は容易ではないのである。

おわりに——日本への示唆

いくつかの課題は残るものの、エクアドルの先住民族連合CONAIEは、二つの経済改革に対する先住民族の反対運動を通じて自分たちの見解を表明し、代替案を提示する高い能力を有することを証明した。このことは、情報、交渉、資金といった面で彼らを支援してきた国内外のNGOを抜きにしては語れない。国境を越えた多元的な市民の連携ネットワークが、暴走する政府あるいは国際金融機関の一方的な決定に変更を迫った好例と言えるのではないか。政府や世銀にとってPRODEPINEは、内外のNGOなどの市民社会セクターからの批判をかわし、先住民政策の国際的な潮流に遅れていないことをアピールするための、都合の良いプロジェクトであったのかもしれない[4]。それでも、エクアドルにおける多民族の存在を認め、特定民族を対象としたプロジェクトを実施したことは、彼ら／彼女らの権利を認めた改正憲法を体現した出来事と言えるだろう。とにかく、新自由主義による民営化・規制緩和によって負の影響を被り続けている人々の声を地域の底辺組織から発信し、国際NGOとの連帯によって政府および国際金融機関の決定を覆したという事実は画期的なことである。

ＣＯＮＡＩＥは、環境を保護しながら、底辺部の先住民組織が受益しうる参加型の開発の実現を訴え続けてきた。ここでＣＯＮＡＩＥが述べる「参加」とは、政府が提案する政策によって被りうる潜在的な影響を確認し、先住民自身が開発計画を作成し、代替案を提示する機会を持つことである。また、先住民指導者だけでなく底辺組織までもが、意思決定プロセスの最初から最後までに関与するというレベルの「参加」である（Treakle［1998］p.255）。政府による開発から取り残されてきた先住民とアフロ系の人々が、自らの福祉を向上させるための政策策定に「参加」する機会を得た今、次なる課題として、異なる民族同士のみならず同一民族内部でも互いを尊重し合い、さらには国内外の市民社会からのアドバイスも受け入れて、透明で健全な意思決定プロセスを確立することが重要であろう。それが、多民族が共生するエクアドル社会のさらなる発展に繋がるのではないだろうか。

こうしたエクアドルの経験は、新自由主義的改革が我々の生活をどのように変えるのかについて、社会を形作る一人ひとりが関心を持つことがいかに重要かを教えてくれる。一方的な改革は全ての人の生活に等しくプラスの効果を及ぼすとは限らない。その際に「それではどうすればよいのか」を議論する意思決定のプロセスに我々一人ひとりが能動的に参加しなければならないことも、この事例は示していよう。エクアドルでは先住民の底辺組織やＯＳＧのような地域に密着した市民社会組織が存在し、そこを起点として市民一人ひとりが参加し、他の諸組織と連帯できる空間が作られていった。現在、多くの国や地域では新自由主義のもとで人々は競争にさらされ、人生の「勝者」と「敗者」に分けられ、敗者は切り捨てられている。ひと握りの競争の勝者だけが社会を決定する世の中にしてしまって良いのか、格差の拡大によって社会が不安定化して良いのか。「敗者」を排除して成立した社会がむしろ暴力や犯罪を伴う「不安社会」であることは、すでにラテン・アメリカの「失われた一〇年」のみならず、現在の多くの国や地域でも顕在化している事実である。排除や競争の果ての格差ではなく、共生と参加こそが「安心社会」の基盤であることを、エクアドルの事例は教えてくれている。

注

1　最終的に、ペトロエクアドル社の民営化は政府自身も納得しなかったために実施されず、この件について世銀融資も行われなかった。

2　底辺組織はその地域の世帯が成員となって結成される地域密着型の組織である。これら底辺組織を教区（最小行政単位）レベルで統轄するのが「第二レベル組織（ＯＳＧ：Organizaciónes de Segundo Grado）」、ＯＳＧを県レベルで統轄するのが「第三レベル組織（ＯＴＧ：Organizaciónes de Tercero Grado）」、そしてＯＴＧをコスタ（海岸地方）、シエラ（山岳地方）、オリエンテ（アマゾン地方）の地方ごとにそれぞれの上部組織（ＣＯＩＣＥ、ＥＣＵＡＲＵＮＡＲＩ、ＣＯＮＦＥＮＩＡＥ）が統轄し、最終的にＣＯＮＡＩＥが全国を統轄する。組織系統図は野口［二〇〇三］を参照のこと。

3　ＣＯＮＡＩＥが主張する先住民人口は、http://CONAIE.nativeweb.org/を参照した。人口国勢調査の結果は、一九九〇年、二〇〇一年について、INEC［1990］，Guzmán［2002］をそれぞれ参照した。

4　先住民政策に関する国際的動向は、浦野［二〇〇一］を参照のこと。

Más allá de la década perdida

Além da década perdida

第8章

人間の生活を中心に据えた都市計画

環境都市クリチーバの取り組み

中村　ひとし

はじめに

ブラジル南部パラナ州の州都クリチーバ市は、「環境都市」として国際的な評価を得ている。なぜクリチーバ市は、経済的に開発途上の国ブラジルの都市でありながら、環境政策を充実させ、「生活の質」を重視した都市計画を実現し、モデル都市となり得たのだろうか。しかもクリチーバ市には、日本の多くの都市にあるような最新式技術によるゴミ焼却炉や地下鉄、きれいな花とショウ・ウィンドウで飾られた地下街もない。ゴミは郊外の埋立地に捨てられるし、公共交通機関はバスだけで、高速高架道路もない。都市の中の河川もそのほとんどが自然の姿のままで流れており、日本の都市のように地下暗渠方式でもなく、コンクリートで護岸されたりもしていない。その上、開発途上国の典型的な現象である都市部への人口集中によって、スラム（ファヴェーラ）が多く形成されている。

このように述べると、クリチーバ市のどこが「環境都市」で、「生活の質」を重視しているのかと疑問に思われるかもしれない。しかし、たとえば都市生活の質を示す指標の一つとしてよく使われる、一人当たりの緑地面積をみてみよう。当市では、一九七二年に人口約六〇万人、一人当たり緑地面積〇・五平方メートルであったのが、一九九二年には人口が一五〇万人と二・五倍に増加したのに対して（途上国に顕著な現象）、緑地面積は一人当たり五〇・一五平方メートルと百倍近くにまで増加している。つまり、一般的には爆発的な人口増加を伴う途上国における都市環境は、年々悪化していくことが容易に予想できるのだが、クリチーバ市では全くその逆の結果を生み出しているのである。しかも都市環境の悪化を避けるだけでなく、より良い改善の方向に進んでいる。そこで本章では、クリチーバ市がどのような環境政策を行って「環境都市」および「人間の生活中心の都市」を実現していったかを紹介し、それがこれからの日本の「安心社会」の構築にどのような示唆を与えるかを考えたい。

ちなみに、日本の主要政令指定都市の一人当たりの公園面積をみると、東京二三区で二・九、大阪三・五、名古屋六・八、最も整備されている神戸でも一六・五平方メートルであり、政令指定都市平均でみても六・一平方メートルに過ぎない。これは、世界の都市（ニューヨーク二七・〇、パリ二四・二、ソウル二八・七、ロンドン一二・〇平方メートル）と比べてみても圧倒的に低い水準である（国土交通省による二〇〇六年の「都市公園データベース」より）。

1 人間の生活を中心とした都市計画

環境都市への道

クリチーバ市が「環境都市」への道を歩み始めたのは一九七三年のことだった。まず都心部の自動車をできるだけ少なくし、街を人間のための空間に戻すことがめざされた。自動車優先で設計されていた市の中心にある繁華街の道路を歩行者専用の「花通り」とし、コーヒーハウス、花売り店、雑誌売店（キオスク）、ベンチ、花鉢等々を設けた。日本でもよく見られる「歩行者天国」（日曜祭日の一定時間のみ自動車を通行止めにする）という方法ではなく、道路を完全に歩行者だけのものとし、人間性と自然的要素を中心に据えた空間へと変えたのである。こうしてクリチーバの目抜き通りは、それまでの騒音と排気ガスに満ちた街路、あるいは買い物中の母親の、子どもが車道に飛び出すのを制止する大声が飛び交う苛立った空間から、花や木に囲まれた自然の空間、子ども連れの家族が安心して散策できる道、人々の出会いの場所に変わっていった。この道路計画は、発表の段階では繁華街の全商店主から強い反発を浴びた。買い物に自動車は欠かせないものと考えていた商店主たちは、そんな計画が実現したら必ず売上が落ちると考えたのである。

しかし二か月後、新しい道路計画の効果はすぐに、しかも売上額に表れてきた。繁華街の集客率が上がり、各店の売上も伸びはじめたのである。隣接する区画の商店会からは自分たちの道路も同じようにしたいとの要請が起こり、「花通り」がさらに延長された。今では市の中心部に約二キロメートルにわたって歩行者専用道路「花通り」が作られ、観光地にもなっている。そこは街の人々が買い物をし、子どもたちが絵を描き、高齢者が集まって日向ぼっこをしながらお喋りをし、若者たちが歌を歌い、アイスクリームを食べ、ビールを飲むなど、市民の出会いと憩いの場となっている。まさしく「人間の生活」を中心とした、「人間のための空間」となったのである。

クリチーバの中心部に設けられた「花通り」。

世界中の都市が、交通システムの麻痺を解決し自動車をスムーズに走行させるための都市計画に熱中しているときに、クリチーバ市は全く逆の発想をし、都心から自動車を取り除く計画を実行したのである。クリチーバの都市計画がいかに画期的であるかは、同じブラジル国内の都市、首都ブラジリアと比較考察するとより明らかになるかと思う。

一九六〇年に新首都として完成したブラジリアは、「二一世紀の未来都市」として、当時の都市計画家の夢の結晶であった。都市機能をうまく作用させるためにモータリゼーション（自動車化）を最優先要素とし、車のために計画された都市である。全体が飛行機の形を模して設計され、操縦室に当たる部分に大統領府、胴体部分に官庁地区、といった具合に機能・職掌ごとに地区が設定された。そして、人々が住居から職場へ、職場から商業地区あるいは保養・娯楽地区へ向かう時には、車での移動が前提とされたのである。そこでは車なしの生活は考えられないものであり、道路ももっぱら車のスムーズな運行のために設計された。一〇〇メートルもの道幅、立体交差、高架がはりめぐらされた街の中で、人々はできるだけ車を使うように仕向けられ、その結果、ブラジリアは環境悪化の諸要因（排気ガス、騒音、エネルギーの浪費＝すなわち地球温暖化の原因）に満ちた都市となった。

しかも、ブラジリアの建設工事は経済的にも多大なコストを要した。都市のスケールは人間の尺度を飛び越えた超人的なものであり、建築物も、芸術的には評価されるとしても、人が住み、働く場所としては少々よそよそしく、人間に無理を強いる空間となった。ブラジリアの道路は、たとえば高齢者が横断歩道を歩いて渡るには危険を伴うほどの広い道幅である（しかも信号がめったに設けられていない）。このように車を主人公とした都市計画は、どうしても時速四〇～六〇キロのスケールになり、過度に人工的になる。このような都市は人間的なスケールを逸脱し、人と人、人と自然とのかかわりあいはなおざりにされてしまう（これはブラジリアの地下街を歩く時などに強く実感される）。日本でここ二〇年来、都心大整備計画という名のもとに多くの大都市で行われたのは、残念ながらこうしたブラジリア型の、車を主体とした都市計画であった。狭い道路や古い建物はすべて取り壊され、駅を中心に直線的に幅広い幹線道路が通される。高架化・ビルの高層化が進み、地下街が作られ、かくして全く新しい「モダンな都市」の風景が出来上がる。結果、どの都市も同じような景観を呈し、ひどい場合は駅名のプレートを見てやっと自分がどこの町にいるのかわかるといった具合である。さらにはこうした都市計画は多額の予算を必要とし、経済的に非効率でもある。

このような都市計画によって、ブラジリアあるいは日本の都市は、本当により良い生活の質を実現したのだろうか。交通問題は本当に解決したのだろうか。古くから人々が暮らしてきた雑踏の街を、まるで消しゴムで消すようになくしてしまい、そこに全く新しい線を引くことで、本当に街の環境は良くなったのだろうか――それも多大な時間的・経済的コストをかけて――。筆者は、そうは思わない。

他方、クリチーバは、それとは全く逆の方法をとった。古い建物も狭い道もできるだけ取り壊さずに活用し、無駄な費用をかけることなく、人間の生活を中心に据えた道路計画を実現したのだ。一本の幅広い幹線道路を貫通

コラム

首都ブラジリアからの応援要請

二〇〇七年一二月末、筆者の所属する「ジャイメ・レルネル都市計画研究所（Environmental Consultant Instituto Jaime Lerner）」（クリチーバ市の都市計画の中心人物であった元クリチーバ市長レルネル氏が市長を退いた後に設立、所長を務めている）に、首都ブラジリア政府から緊急連絡が入った。「何とか首都を助けてくれないか」との応援要請である。筆者は一九八九～九四年、クリチーバ市の環境局職員として勤務していたが、退職後この研究所の研究員となっていた。レルネル氏はさっそく、私を含めた研究員数人を招集し、チームをつくってブラジリアへ出発した。二一世紀型都市計画の最先端であったはずの未来の街、ユネスコ世界文化遺産指定を受けているブラジリアの街が、いまや交通麻痺で身動きできなくなっているというのだ。地下鉄もあるのだが、多くの市民が使っていない。貧困が拡大し、人口当たり犯罪数も国内最多となってしまった。なぜ、この首都はこのような事態に陥ってしまったのか？

私は、レルネル氏がクリチーバで実践してきた「人を大切にする街づくり」こそが、都市の基本的要素だと考える。氏の言葉によれば、人々は市が自分たち市民を大事にしてくれると感じると、自然に市や街への責任感と

させるかわりに、平行する三本の既存の道路によって幹線道路と同じ機能を持たせせた。しかも土地利用計画とうまく統合させて、市民の移動距離をできるだけ少なくしつつ、移動手段としては公共輸送システムを活用するようにした。それがクリチーバ唯一の公共交通機関、バスである。なぜ都市計画において一般的な地下鉄ではなく、バスなのか。

バス交通網の整備

それは、第一にバスの方が地下鉄より低コストで整備・運営できるからだ。輸送能力も、やり方次第では地下鉄に劣らない。クリチーバ市では、一日平均二〇〇万人がバスを利用している。ピークの時間帯には三連結の大型バスが三〇秒ごとに運行され、この運行体制のためにチューブ型プラットホーム停留所が発案された。乗降時間を短縮し（一〇秒以内）、発着回数を増やすためである。ちなみに、ピーク時間帯の一時間当たりの輸送能力は、サンパウロの地下鉄と同じかそれ以上である。

第二には、施行が簡単で、需要にすぐ応じることができ

市民意識を持つようになるという。もっぱら都市交通の効率のみを重視してしまうと、街が人間の尺度を失い、人々にとって馴染みづらい空間になってしまう。ブラジリアがまさにそうで、住宅街は緑も多く物理的には理想的に計画されているが、店舗やレストランがなく、買い物には自家用車を使わねばならない。首都交通の効率を第一に考えたために、人間の日々の生活が犠牲になったのである。

これでは「私たちの街」という意識を持てようはずもなく、いつまでたっても街づくりへの参加意識も生まれない。レルネル氏は、「人間がつくった最高の知である都市は、問題をつくりだす場ではなく、様々な問題の解決策を生み出す場である」と言う。また「都市の美は日本の生け花と同じで、そこに存在する個々のものの特質を最大限に生かしながら全体をまとめていく調和の美である」とも語っている。

考えてみれば、日本文化には古くから「調和の美」という美的感覚があった。私たちにも、人間の生活を中心とした街づくりを考案できないはずはない。むしろ「調和の美」のセンスを、ブラジリアをはじめ、人間の尺度を失って苦しんでいる都市を救うために生かさない手はないだろう。ブラジリアでは今、新たな都市づくりが始まろうとしている。レルネル氏は言う。「日本のみなさんに頑張ってほしい。世界が待っている！」

きるからである。またそれ以上に、バスなら市の発展の方向に即した交通計画を立てることが可能で、その結果、市の経済発展に資することができると考えられたからである。クリチーバでは、交通機関をバスにすることで、他の都市のように交通システムが市の発展を後追いする形ではなく、交通計画が市の発展を誘導していくことを実現したのだった。

第三には、市民が街の変化を自分の目で確認できるという特性がある。バスという交通手段は、乗降の際や乗車中に周囲の景色を見ることで、都市経済の発展のプロセスや、季節ごとに街の木々が花をつけたり葉を落としたりするさまをじかに体験できる。そしてこれらの体験を通して、自然＝地球の生命と共に生きていることを体感できる。つまりバスは、都市の主役たるべき人間が地下に押し込められる地下鉄や、人間が闊歩すべき地表を我がもの顔で占有する自動車よりも、人間の感覚や感情を損なわない交通手段といえるのではないだろうか。

都市とは、多くの人々が集まって生活し、働く場であり、あくまでもその主役は人間である。したがって都市計画は、人間の生活の質を高めることを目的とすべきはずである。それがいつのまにか、自動車優先の交通システムを敷くことで、人間の存在が忘れられてしまったような都市が増えている。いま多くの都市では、非常に複雑で感受性の高い人間という生物の特性が、交通システムの歪みによって磨耗しつつある。

2　地域の特質に合った都市計画

都市計画のあり方

グローバリゼーションという言葉で、世界が単一化・均質化されつつある。その結果、各地方・地域の文化の特質やすぐれた習慣等が忘れ去られ、あるいは軽視されていく傾向にある。こうした傾向は、特にそこに住む人々の生活の質を高めるための都市計画においては、決して望ましいものではない。しかし現実は、たとえば日本でも、先に述べたようにどの都市も画一化された景観となってしまっている。ことに駅前は、ショッピングセンターや商業複合施設、幅広い幹線道路、美しい花壇と緑で整然と区切られた広場、その周りを取り囲む高層ビル群、といった風景があまりに多い。そしてそのすべてが、多大なコストによって建てられている。しかし、こうした景観にその地方・地域独自の個性は見られない。古い建物や混雑した街並みを、本当にすべて取り壊さなければならなかったのか、その土地独自の景観を残して都市計画を立てる方法はなかったのか。交通問題一つとっても、幅の広い幹線道路を貫通させてより多くの車を街に入れ、地下鉄を作ることで果たして本当に解決したのか。この問いの答えは自明ではない。特に日本人の場合、伝統的に自然との触れ合い、四季の移り変わりを大切にする習慣を長年にわたり培ってきた。そうした感受性を損なう地下型あるいは自動車優先の都市景観に、多くの人は息苦しさを感じているのではないだろうか。人間の生活の質は、習慣や伝統や文化と分かちがたく結びついているはずである。そうであるならば、人間の生活の質を高める都市計画とは、その土地の文化の特質を生かし、育む形で立案されるべきであろう。

クリチーバ市の多民族共存型の街づくり

クリチーバ市は、日本の多くの都市とは全く別な方法を採った。できるだけ現存するものをうまく活用

市内に設けられた「日本公園」。

し、古い歴史を持つ建物などは極力残し、また可能な限り歴史的景観を再現もした。また、クリチーバ市は様々な国からの移住者が集まって出来た都市なので、この点にも配慮した街づくりを行った。クリチーバ市にはポーランド、イタリア、ウクライナ、ドイツ、日本、フランス、スイス、ユダヤ系、アラブ系、そして先住民族の人々など、多くの民族が共に暮らしている。そこで、これらすべての国・地域の文化と伝統を尊重する街づくりがめざされた。各国の名前を持つ公園や資料館が作られ、市民はそこで各民族の踊りや工芸品、食文化等について知ることができるようになっている。つまり、異なる故郷を持つ人々同士が自国の文化を互いに伝え合う街となったのである。クリチーバでは、様々な文化が共存し、互いの文化に対する敬意と信頼が培われ、さらには各国各地の文化が融合しながら新しい「クリチーバ文化」が生まれつつある。

このようにクリチーバ市は、人間の生活の質を高めることを軸に、環境への配慮と多民族の共存・文化の尊重を重視した独自の街づくりを行っている。もちろん、どの地域にも固有の特色があり、経済発展の内容やプロセスも違うであろうし、都市が抱える問題も様々だろう。港湾都市なのか材木を産出する街なのか、漁業が盛んなのか観光地なのか等々によって、地域の特質に応じた都市計画があって当然で、ニューヨークで成功した都市計画を新潟市に適用してもおそらく役に立たないであろう。グローバリゼーションの名のもとで、地域の特質を無視して規格化された都市を作ることは、あらゆる点で非合理的なのである。

3 交通計画と土地利用計画の統合

都心部の設計

前述したように、クリチーバの交通計画の特徴は、都心から車を最大限少なくし、できるだけ公共交通機関（バス）を使うようにしている点である。この交通計画と、市の土地利用計画との統合が綿密にはかられ、市民の移動距離が少なくて済むように考えられている。一般に日本だけでなくどこの国でも、都市は都心から外に向かってダンゴ状に、爆発するように無秩序に施設や宅地が広がっていき、そのあとを交通計画が追いかける形になってしまう。動線はすべて中心に収斂され、したがって中心部は常に大混雑を引き起こすことになる。しかしクリチーバの場合、ダンゴ状の広がりを避け、先に幹線道路を敷き、それに沿って都心を線状に誘導していった。平行する三本の幹線道路は中心部で交差しないように東西南北に延ばされ、そのうち真ん中の道路にはバス専用レーンが設置された。両側の残りの二本は一方通行で、一つは都心から郊外へ、いま一つは郊外から都心へと向かう高速道路となっている。この幹線道路は、既存の普通の道路を繋ぎ合わせて作ったもので、日本の幹線道路のように幅広の立派な外観ではない。しかし、二五～三〇メートル幅の三本の道路の機能が組み合わさることで、ブラジリアの一〇〇メートル幅の大幹線道路と同じ効果を発揮する。こうして、バス専用レーンと、普通のシンプルな平行する三本の道路にそれぞれ別個の機能を持たすことによって、都心部の交通効率を上げることができた。

しかも土地利用計画法では、高層建築はこの平行な三本の道路に挟まれた区画だけに許可されており、この区画に人口を集中させながら、バス専用レーンの沿道に銀行、ショッピングセンター、大店舗、事務所、スーパーマーケット等、利用頻度の高い施設を集めている。こうした計画によって、自然と都心が線状に延びていき、きわめて整然とした街づくりが行われることになった。この街づくりの細部については、すでに多くの研究で紹介されている（服部［二〇〇四］、ラビノビッチ&レイトマン［一九九六］、福島［一九九八］等）。ここでは、クリチーバ市が画一的な都市計画、交通計画に盲従せず、地域の特質に合った計画を、しかもコストを抑えて迅速に実現したことを特筆したい。日本では、都市計画というとむやみに構想が大きくなり過ぎ、時間的・経済的コストが高くなることが当然視される傾向がある。しかし、都市計画はシンプルかつ迅速であるべきだ。たとえば何百頁にもわたる計画書を一年もかけて作成するというのではなく、一〇頁の計画書を一か月で作成し、すぐに実行する方が望ましい。クリチーバ市の場合がまさにそれである。

合理的なバスシステム

クリチーバ市のバスシステム計画は、最初から完全なものだったわけではなく、必要に応じて適宜修正され、再設計されていったものである（たとえば最初のプロジェクトでは現在実施されている快速バス、チューブ型停留所、三連結バスは考案されていなかった）。バスのシステムは大きく分けて四つから成っており、それぞれ車両が色分けされ、利用者にもきわめて分かりやすく合理的である。赤いバスは急行線で、バス専用レーンを走り、郊外と中心部を結んでいる。緑のバスは環状線で、市内を四重に回っており、幹線道路との交差地点には必ずターミナルを設置し、各路線への乗り換えが可能となっている。黄色のバスは周辺地区－ターミナル路線、銀色のバスは快速である。料金は市内一律で、初乗りの切符一枚でどこへでも行くことができる。

さらにこのバスシステムは、行政と民間のパートナーシップで実現したものである。市と民間バス会社一〇社が契約し、市の都市計画公団が計画を立て、実際の運行業務はバス会社が行っている。市は経営に関して一切資金援助をせず、バス会社の独立採算制となっている。二〇〇八年度現在のバス代は、日本円にして約八〇円程度で、日本人からすれば破格の低運賃であるが、バス会社の経営は順調である。車体はいつも清潔に保たれ、運行時間もほぼ正確なので、多くの市民が自家用車よりバスを便利に使っている。実際に、市内を走行しているバス以外の車は、世界の同規模の都市と比較して約30%も少ないという統計が出ている（クリチーバ市役所ウェブサイト）。こうした道路状況は、地球温暖化防止にも大きな役割を果たすであろう。またバスの燃料も、現在ではアルコールと大豆油をディーゼル燃料と混合したビオディーゼルが、全車両の30%に試験的に使用されている（エンジン構造を改造する必要もない）。結果は上々で、かなりの排ガス量を削減できる可能性があると実証された。

かたや現代日本に目を転じれば、クルマ依存社会と化し、その弊害の解決策としては地下鉄の導入や高架建設といった画一的な都市整備計画しか実施できずにいる。しかもそのために市民の負担を増大させ、地球温暖化防止には全くと言っていいほど寄与していない。このように持続可能な都市の創造からますます遠ざかっていっている日本にとって、クリチーバのこの交通・土地利用計画の理念および実行プロセスは、大きな示唆を与えてくれるのではないだろうか。

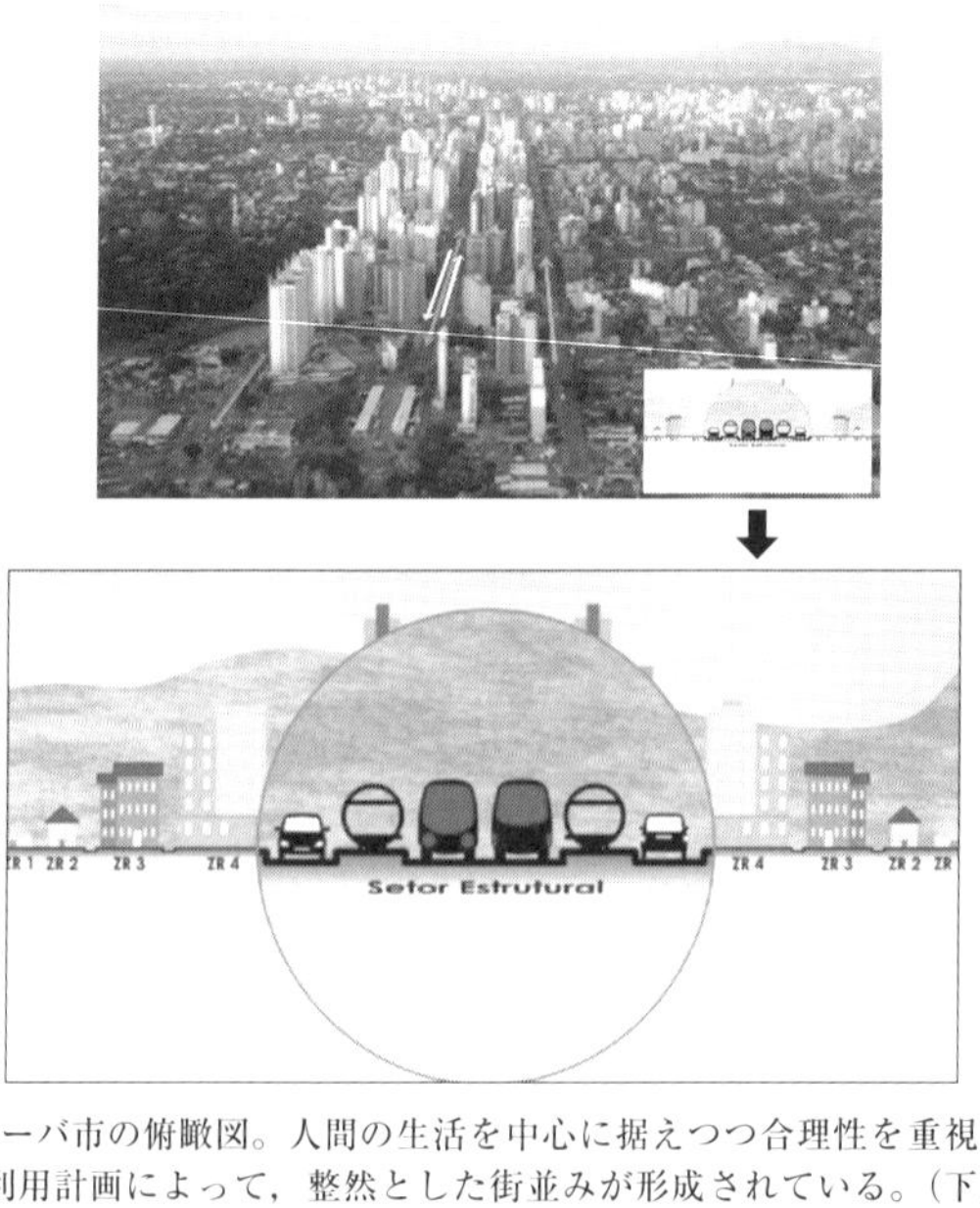

（上）クリチーバ市の俯瞰図。人間の生活を中心に据えつつ合理性を重視した道路・交通・土地利用計画によって，整然とした街並みが形成されている。（下）市内を通る幹線道路の様子とバスシステムの概念図。

4 調和に基づく緑地計画

「あるものを守り、生かす」緑地計画

次に、クリチーバの緑地計画をみてみよう。先に述べたように、クリチーバでは一九七二年に一人当たりの緑地面積が〇・五平方メートルであったのが、二〇年後の九二年には百倍の五〇・一五平方メートルに増えている。しかも市の人口は、同じ二〇年間に六〇万人から一五〇万人へと二・五倍に増加している。常識的に考えて、人口が急増した都市では、一人当たりの緑地面積は減少し、住みにくい街になるのが普通であろう。しかしクリチーバ市では、全く逆の現象を示している。二〇〇〇年の時点ですら五五平方メートルと、さらに増え続けているのである。では、どのようにしてこのような緑地化が可能だったのだろうか。

その秘密は、クリチーバ市独自の方法にあった。これは、経済的にどの開発途上国の都市でも可能であり、しかもこの方法によって、最終的には都市経済にプラスの効果がもたらされるだろう。その方法のポイントは、普通「都市計画学」で学ぶ緑地計画（たとえば緑地計画と各種公園の誘致距離［利用者にとって抵抗のない距離］との関係など）にとらわれず、現時点で可能なことから着手したということである。

第一に、新しく緑地を造成する（特に市の中心部に）のではなく、残っている森林を保存するようにした。そうした森林地帯は、開発の視点からはあまり利用価値がない土地として放置されている場合が多く、したがって地価も安い。第二に、河川の両岸を保護し、市街地を水から守りつつも川を自然の状態に保っ

た。これには、クリチーバ市の過去の苦い経験が生かされている。かつてクリチーバでは、水害防止策および下水の防臭対策として、市の中心部を横切る河川の暗渠工事を膨大なコストと時間をかけて行った。一〇〇メートルを工事するのに小学校を一校建てられるほどの費用がかかり、それが二・五キロにわたって行われたのである。その時点では需要があったとはいえ、多大なコストと時間をかけた結果として、住民の生活に密着した川が地上から消え、クリチーバの人々は非常に残念な思いをした。この経験をふまえ、市内を流れる他の三本の河川については保護する市条例が制定された。

このようにクリチーバでは、残っている自然林や河川を保護しつつ、環境に配慮した街づくりがめざされた。また湿地帯や、河川の氾濫が起きやすい場所では人工の池や湖を作り、豪雨で増水・洪水の発生しやすいアスファルト・コンクリート舗装の弱点を補強する対策もかねて、景観的にも美しい自然公園を作った。この緑地計画は、環境保護だけでなく別の効果も生み出した。湿地帯付近の生活環境が劣悪だった地域が、自然公園に面した高級住宅地へと変化し、土地代の上昇に従って税収も増え、一〇年間で自然公園の建設費までまかなえるようになったのである。

採石場を再利用した「針金オペラハウス」。

第三に、市内に放置されている空間（たとえば昔の石切り場、工場跡、古い兵舎跡等）を再生利用したことである。しかも古いものを取り壊して新しいものを建設するのではなく、あるものを活用して、悪い条件（考えようによってはその土地固有の価値でもある）を逆手に取りながら、全体を公園にしていった。

これは調和の精神に基づく緑地計画といえる。日本にも、もともと自然と人間との調和という考え方が文化として根づいていたはずである。しかし現在、それは見る陰もない。いわゆる西洋的な開発方法に基づいて、すべてを潰して整地し、土地の高さが足らなければ盛土をして、という具合に、施工者・設計者の計画に合うように地勢が人為的に変えられる。その方が施工費も管理費も安く済み、美しい景観を造ることができると信じられているが、実際には人工物に囲まれ画一化した都市景観のみが生み出され、環境をも破壊しているのである。

「創造された土地」条例による効果

第四は、市が「創造された土地」という制度を条例で作ったことである。この条例は、たとえば環境的価値の高い森林を市が接収する場合、市はその森林の持ち主に代金を支払うかわりに、その値段に匹敵する「建築上乗せ権」を与えるというものである。この権利を獲得した森林の旧所有者は、たとえば土地利用計画において六階建てまでしか許可されていない幹線道路沿いの区域でも、七階以上の高層ビルを建てることができる。しかもこの権利は譲渡自由なので、高層建築を建てたい企業がこの権利を買い上げ、ビルを建設することもできる。このようにして市は、事実上現金を使わずに、森林を保護できるようにした。この方法はまた、歴史的建築物の保存や低所得者住宅対策にも応用された。このように、クリチーバ市は様々な工夫をこらしながら、年々緑地面積を増やすとともに、自然公園の観光的要素をアップさせることで訪園者を増やし、財政をも改善したのである。

5 市民の参加意識の形成

人々の誇りに裏打ちされた街づくり――環境プログラムの取り組み

一九九〇年のアンケートによれば、クリチーバ市に住む市民の96％が「自分の住む街を愛している」と答えている。二〇〇〇年も同じ結果であった。ちなみにサンパウロ市では、自分の街が好きだと答えた人はわずか11％であった。なぜクリチーバ市では大多数の市民が自分の住む街を「愛している」と言えるのだろうか。

ある時期までクリチーバ市民は、「田舎街」の住民として卑屈なまでにサンパウロに憧れていた。しかし一九八九年、市が「環境都市宣言」を行ってから、市民の意識は大きく変わった。環境都市という街づくりが、市民の意識的な参加を促しながら追求されたからである。市の行政当局は、市民が街づくりのための環境保護という目標を共有し、社会に積極的に参加できるように施策を行うことに成功した。市がまず着手したのは、すべての市民にかかわりのあるゴミの問題であった。しかしそれはゴミをいかに処理するかということではなく、「再生利用可能な資源」という視点からのゴミ問題への取り組みであり、計画には一般市民への環境教育プログラムも含まれていた。多くの先進国の都市でも、ゴミの分別収集すらまだ難しい課題である。当初は、ブラジルのように教育水準が低い途上国で果たしてそのような取り組みが可能なのか、といった悲観論が大半を占めた。だがそれは杞憂だった。八九年の実施直後に、すでに市の全世帯の70％が分別収集に参加し、現在では家庭から出る再生可能ゴミの80％が適正に収集・再生

古い建物を残した歴史保存地区。

利用されている。この実績が、クリチーバ市民の誇りと自信につながったことは言うまでもない。

なぜこのプログラムは成功したのだろうか。ここでは、その理由を四点挙げておこう。第一に、市がこのプログラムを市民に押しつけず、ゴミの分別を環境保護と自然資源の持続可能性に対する市民の意識と結びつけるようにし、自主的参加を促したことである。これに基づき、家庭内でのゴミの分別を、環境保護と街づくりへの参加の第一歩として意識づける環境教育プログラムが徹底された。また日本のようにまとめて収集した家庭ゴミを処理場の最新式分別機で分けるという方法は採らなかった。というのは、大事なのは市民一人ひとりの参加意識だとみなされたからである。もちろん都市計画・交通計画と同様に、先進国の都市のような経済力・技術力がなく、最新技術による設備を採り入れることができないという市の事情が、こうした独自の解決策を生み出したということも事実である。しかし、果たして日本などが採用しているゴミ処理の方法が環境を守る上で正しいのかどうかは大いに疑問だろう。日本ではほとんどの都市でゴミを可燃・不燃で仕分けさせているが、これはゴミを処理する市政側の都合に基づいた方法であって、ゴミについての市民の意識改革を促す取り組みになっているとは言い難い。

第二に、すべての学校において環境教育を徹底させ、再生可能ゴミのリサイクルの重要性を子どもたちが理解するようにしたことである。教室では、古紙やプラスチックゴミなど再生可能ゴミを、再生紙で出来たノートや新品のプラスチック製おもちゃと交換するなど、リサイクル製品を実際に手にすることで実地の環境教育を行っている。そしてこのように教室で学んだ子どもたちが事実上、各家庭内でのゴミ分別の指導者になり、大人を教育しているのである。

第三は、徹底した広報戦略である。再生可能ゴミの分別プログラムに参加することは持続可能な社会のために不可欠の行動であり、しかも楽しいことであるというイメージを普及するため、TVや新聞などのメディアが徹底的に活用された。そのほか「葉っぱ家族」というシンボルキャラクターを考案したり、回収車や回収作業員の制服を緑色にするなどの工夫も行われた。

第四は、このプログラムに関する情報の公開を徹底したことである。たとえば、クリチーバ市民が今までに紙の再生によって何本分の樹木を切らずに保護できたか、あるいは再生工場に売ったリサイクル原料の売上のうちいくらが社会福祉に回されたのか、などが常にタイムリーに市民に公開された。このように、自分たちが直接参加した環境プログラムの結果を知ることができることによって、市民は街づくりに直接参加していることを実感でき、より良い環境づくりへの参加の意識がさらに高まった。このようにみてくると、市民のクリチーバ市への愛着は、環境プログラムを通して自分が街づくりに参加しているという意識が培われたことによって、よりいっそう深まっていったことがうかがわれる。

貧困層の包摂

こうした参加意識が、貧困層が暮らすファヴェーラ（スラム）でもみられることがクリチーバ市の大きな特徴である。そして、ここでも環境プログラムは大きな役割を果たしている。ファヴェーラ内での環境プログラムは「ゴミ買いプロジェクト」と呼ばれている。クリチーバのファヴェーラでは、非常に不衛生な環境（下水設備もゴミ収集もない）のために乳幼児の死亡率が高く、また子どもは空腹に耐えきれず、時には落ちているゴミをあさって食べたために病気になることも多かった。したがってゴミと子どもたちの飢餓の解決が重要な課題であった。そこで考案されたのがこのプロジェクトで、それは住民がファヴェーラ内のトラックが入れる場所までゴミを持ってきたら、野菜・果物・タマゴ等の食物を報酬として支払う、というものである。それらの食料は、中央卸売市場で売れ残ったもの（半額以下で買える）、あるいは近郊小農家が余剰生産で売れなくて困っているものを市が買い取ったものである（ちなみにこうした小農家は、借金を抱えて「土地なし農民」（第6章一七八頁参照）となることが多い）。プロジェクトの成果はめざましく、現在三〇近くのファヴェーラ（一時は七八にものぼっていた）にはゴミがほとんどなくなり、中には乳幼児死亡率がゼロになったところもある。このプロジェクトも市民・住民の自主的参加に基づいたものであり、環境に良い街づくりというだけでなく貧困の緩和もめざすという画期的なものである。

貧困層を対象としたもう一つのプログラムは「緑の交換」と呼ばれている。これはファヴェーラではなく、低所得者層が多く、やはり食料確保に困難を抱える地区（多くは郊外）で行われているものである。このプログラムもやはり、環境意識と生活の質の向上のために、再生可能ゴミと食料の交換を行うものである。

また、環境教育もファヴェーラにおける重要なプログラムとして行われた。ファヴェーラには不法占拠の人々が多いため、市が公に保育園や学校を建設することはできない。しかし現実にファヴェーラには多くの子どもがおり、飢餓のため家を離れて都心でストリートチルドレンになるケースが非常に多くなっていた。そこで市は、環境教育をいわば大義名分にして、ファヴェーラの空地に日本の寺小屋のような施設を作り、四～一四歳までの児童（ほとんどが学校に行っていなかった）を集めて環境教育を行ったのである。まずとにかく充分な食事を与え、基本的な衛生知識と環境に関する正しい知識を普及させるプログラムであり、これも大きな成果を上げた。

クリチーバ市は、このようにすべての市民・住民が環境プログラムに参加できるようにした。特にファヴェーラの住民や貧困層に対する環境プログラムは貧困の緩和、教育機会の提供といった目的とも統合され、大きな成果を上げたといえる。こうした取り組みを通して、住民自身がクリチーバ市の一員であるという意識を持つようになったのである。この点が、サンパウロやリオ・デ・ジャネイロなどの大都市のように、ファヴェーラの人々と一般市民が対立してしまうケースと決定的に違うところだろう。クリチーバ市では、貧困層を社会に包摂しつつ、環境保全を軸とした新たな街づくりが進んでいるのである。

おわりに——クリチーバ市の経験が教えること

以上、ブラジル・クリチーバ市の取り組みを紹介しながら、経済的・技術的に先進的でなく、しかも多くの貧困層を抱える都市であっても、地域の特質を生かした独自の方法によって開発と環境保全を両立させ、持続可能な都市づくりが可能であることを示した。こうしたクリチーバ市の街づくりから、私たちは多くのことを学ぶことができるだろう。

第一に、街づくりにとって最も重要なのは、どのようなコンセプトにおいて都市計画を立案するかであるが、クリチーバ市はこのコンセプトを「人間の生活を中心に据えた街づくり」として明確に打ち出した。都市計画の主人公は人間であって、自動車でも機械でも工場でもない。それらの要素は人がより良い生活の質を確保するための手段であって、その逆ではない。

第二に、多くの人々が集まる都市には様々な問題が起こるのが当然で、その解決策はシンプルで迅速なものでなくてはならないということである。複雑でスピードを要する都市の動きに対応するにはできることから直ちにやるのが肝要であり、大仰な計画のために個々の問題を放置していてはむしろ解決が遅れる。まさにイギリスの諺に言うように「時を得た一針は九針の手間を省く」である。クリチーバ市は、行政の有力なリーダーシップと各種シンクタンクの活用によって、様々な問題に迅速に対応した。

第三に、決定的に重要なこととして、市民がいかにこの街づくりに主体的に参加できるかということである。クリチーバ市では、市民の主体的参加を促す様々な創意工夫が試みられ、実行された。

第四に、そのように創意工夫されたプログラムが、住民の生活の現状や地域独自の自然環境を正確に捉えつつ、柔軟に実行されていったことである。グローバリゼーションの名のもとで、いま街づくりは地域・地方の文化の特色を脇に置きつつ、画一的な方法で進められがちである。しかしそれとは逆の方法がむしろ有効だということをクリチーバ市は示した。街づくりとは、その地域に合った開発と解決の方法を、そこに住む人々自身が参加することによって発見されていくものである。クリチーバ市の都市問題・環境問題への対応が貧困問題・社会問題への対応ともなった背景には、明らかにこうした地域性の重視と市民の参加がある。

ひるがえって日本の街づくりは、クリチーバ市のような「市民参加による街づくり」という観点からみてどうであろうか。日本では一般的に、都市計画は専門家にしか携われない難しい仕事であり、一般市民はその計画に従って行動すればよい、と押しつけられている場合が多い。そこに、市民自身が参加の意識を持ちにくくなる原因がある。

とはいえ日本でも、都市計画、教育、文化事業、高齢者福祉、あるいはリサイクルといった分野における市民参加を伴う街づくりを実施する都市が徐々に増えている。たとえば富山市もそうした一例である（筆者は二〇〇八年五月、招聘を受けて同市で講演を行った）。

二〇〇五年に七市町村が合併してできた新富山市は、新市政発足にあたり、市の将来像を以下の五つの基本方針に基づいて策定した。①笑顔があふれる福祉都市、②人と心をはぐくむ都市、③庄川流域の自然と共生する環境都市、④魅力ある産業が発展する都市、そして最後に、そのような都市を実現するために不可欠な要素として挙げられた方針が⑤住民と行政が協働する都市、である。注目すべきは、これが富山市では単なるスローガンとしてではなく、実際の行政にも着実に反映されていることである。

同市ではまず、都市計画の中心として交通網の整備に着手した。この点はクリチーバ市と共通している。同市は「住居、商業、福祉、文化などの都市機能を集約し、徒歩と公共交通で日常の用が足るコンパクトな街に富山市をデザインし直そうと提案」（『中日新聞』二〇〇八年四月二六日）し、車に代わる交通機関として、日本で初めてライト・レール・トランジット（環境に配慮した低床型の新しい路面電車）を導入した。この路面電車は朝のラッシュ時には一〇分間隔で運行され、多くの人が利用するようになり、今や確実に市民の重要な移動手段となりつつある。

しかし、路面電車が交通機関として定着するためには、住民自身がそれを「自らの足」として守り育てる意識を持つことが重要である。したがって、まず計画にあたって市は市民、自治体、民間交通事業者を核とした地域協議会を組織し、市民参加による計画の策定と実施をめざした。そこでは市民の意見も採用され、ラッシュ時の降車をスムーズにするために改札をなくした「信用降車」といった画期的な試みも行われることになった。こうした取り組みを通して路面電車は人々の間に徐々に定着しつつあり、市民が「私たちの街」という意識を持つ重要なきっかけともなっている。

このように、日本においても市民参加型・環境配慮型の街づくりの例が生まれつつある。こうした動きがさらに大きくなることに期待したい。そして、クリチーバ市はその先駆的なモデルとして、今後も様々な場面で貢献しうると信じている。

Más allá de la década perdida

Além da década perdida

第9章

補完通貨と地域の再生

南米諸国の例から学ぶ

廣田裕之

はじめに

本章では、一九九五年にアルゼンチンで発足し、最大時には六〇〇万人[1]もが参加して生活を下支えする道具として機能した「交換クラブ（club de trueque）」を中心に、同国や周辺諸国で行われている類似の事例についても紹介する。この交換クラブは、世界各地で行われている補完通貨の運営形態の一種であるが、欧米や日本での補完通貨が主に地域コミュニティの活性化という社会的な効能で注目を浴びているのに対し、ここ数年で中流階級以下の生活が急激に悪化したアルゼンチンでは、むしろ失業者や生活困窮者の駆け込み寺として幅広く受け入れられていた。なお、補完通貨一般の概要に関しては本章コラムを参照していただきたい。

ちなみに、日本ではアルゼンチンの補完通貨運動イコールＲＧＴ（Red Global de Trueque）、という認識が一般的だが、以下に示すようにＲＧＴと関係のない、あるいはＲＧＴから分離していったクラブも数多く存在する現在、同国の社会運動全体のうちの一部分を指す固有名詞ＲＧＴよりも、一般名詞である交換クラブのほうが実態に即していると判断し、本章ではこの名称を使うことにする。

1 交換クラブの歴史と原則

交換クラブの誕生・発展・現状

ここでの考察対象となる交換クラブが生まれたのは一九九五年五月一日であるが、交換市（trueque）という発想そのものはラテン・アメリカではごく一般的である。首都ブエノスアイレスでは以前から古本の交換市が広く行われており、トゥクマンなど北西部では先住民が貨幣に頼らない形で生活を送っている。言い換えれば、ラテン・アメリカでは、現金なしで生活をある程度やり繰りする互助システムが多かれ少なかれ存在してきたのであり、農村部でさえもかなりの現金収入を必要とする日本型の社会とは構造そのものがかなり違うといえる。

最初のクラブが生まれたのは、ブエノスアイレス都市圏南部にあるキルメス市のベルナル地区である。環境関係のNPO「地域自給プログラム（PAR）」を運営していたカルロス・デ・サンソ（Carlos de Sanzo）は、自宅の庭で大量に栽培していたカボチャを生活難に陥っていた隣人に渡していたが、お互いの余剰物を交換することで生活の改善ができるのではないかと思いつき、起業に関心のあった知人オラシオ・コーバス（Horacio Covas）と共同で交換市を始めることにした。最初は週一回集まり、お互いの取引記録をパソコンに記録していたが、その記録作業自体に時間を取られるようになり、何らかの対策を講じる必要に迫られていた。その頃、PARのメンバーであったルベン・ラベーラ（Rubén Ravera）がクレジットと呼ばれる紙幣の発行を提案し、これによって爆発的に交換クラブが成長してゆくことになり、PARを中心とした補完通貨運動のネットワークはRGTという名称を用いるようになった。

一九九七年三月にはブエノスアイレス市社会推進局から協賛を受ける形で「ラ・プラタ多者間バーター見本市」が開かれ、そこで交換クラブのノウハウが全国各地に知られてゆくことになった。この頃からテレビや新聞など各種マスコミにも交換クラブの取り組みが大きく取り上げられるようになり、PARと直

表9－1 交換クラブでの主要商品の価格比較

商品	価格（2001年）	価格（2002年）	インフレ率（倍）
牛乳1リットル	4	280	69
清涼飲料水1リットル	3	250	82.33
卵12個	4	500	124
砂糖1キロ	3.5	500	141.86
小麦1キロ	3.5	500	141.86
米0.5キロ	3	600	199
オリーブ油1.5リットル	6	1500	249
マテ茶0.5キロ	3.5	800	265.67
ポレンタ*0.5キロ	2	600	299
石鹸1つ	2	1000	499
生理用ナプキン20枚	3.5	2000	570.43

注）価格単位はペソで，両年とも9月時点のもの。
＊ポレンタ（Polenta）：トウモロコシの粉で作った食品。
出所）『アンビト・フィナンシエロ』紙，2002年9月6日号

接関係を持たずに各地域で運営される交換クラブの数も増えてきた。たとえばブエノスアイレス都市圏であれば，ブエノスアイレス市内・北部地区・北西部地区・西部地区・南部地区という形で各地区のクラブ（インターネットの結合点のようなものということで、スペイン語でノード nodo と呼ばれる）が共通クレジット券を発行するようになった。これによって各クラブの自治性は弱まったが相互連携は強化され、曜日ごとに別のノードに足を運んで生活用品をそろえる人も増えていった。二〇〇〇年一二月にはPARが経済省中小企業局からの支援も得て（六か月で終わったが）、さらに交換クラブの活動を推進していった。

ただ、各地が自主的に運営していた交換クラブに介入して、自分たちが発行したクレジットの使用を強制するPARの方針に対して異議を唱える動きが二〇〇〇年頃から加速し、RGTとは別の名称（たとえば連帯交換ネットワーク＝RTS）で運営される交換クラブも多数出てきた。特に、PARのほうで五〇クレジットを二ペソで販売する動きが出て、クレジット券の流通量が急増すると、RGTに属するクラブではクレジットレベルでのインフレが起こるようになった。『アンビト・フィナンシエロ』紙の二〇〇二年九月六日の記事によると、二〇〇一年九月から〇二年九

月までの一年間で、交換市におけるクレジットでの取引価格が数十倍から数百倍に急騰し（表9―1）、クレジット経済に対する不信が巻き起こるようになった。インフレの原因としては、PAR側の問題の他にも偽造クレジット券の増加や、大量の新規入会者の需要に比べての商品供給不足による物価上昇も考えられるが、これによって数百万人単位にまで成長した交換クラブの運動は、とりあえず量的な面では成長に歯止めがかかることになり、多くの交換クラブが閉鎖に追い込まれることになった。二〇〇八年現在でも当時と同様の方法で運営されている交換クラブは存在するが、参加者数はせいぜい数万人程度とみられている（それでも諸外国の事例よりは参加者数が多いが）。

また、以上の状況はブエノスアイレス首都圏でのRGTに属する動きの一般的な状況であり、RGTに属さずに運営されている交換クラブ（特に地方）に関しては、地元の生活実態に即した形で運営されているものが多数ある。筆者が二〇〇一年九月にコルドバ州を訪れた際、二つのクラブを視察することができたが、当時コルドバ市内ではブエノスアイレスと異なり、各クラブごとに専用の紙幣が使われていた。また、同州ラ・ファルダ市のクラブも首都圏とは異なり、ある会員宅を店舗として利用し、そこに他の会員が商品を持ち寄り、必要な商品を持ち帰って清算するという方式を取っていた。広大なアルゼンチンの各地に散在する交換クラブの全貌を把握するのは不可能に近いといえるが、地方ではブエノスアイレスと異なった運営が行われ、首都圏と異なった形での発展を遂げている可能性もある。

一二の原則と「プロシューマー」という考え方

以上のような経緯のため、アルゼンチンの交換クラブはいくつかの系統に分かれたり、あるいは地域独自で運営されていたりするが、以下の一二の原則（廣田［二〇〇一］一九〇―一九二頁）に関してはアルゼンチン全土で共有されている。

一、人間としての自己実現は、貨幣によって条件付けられる必要はない。

二、われわれの目的は商品やサービスの販売促進ではなく、労働や相互理解、そして公正な取引を通じてより高い意味での生活に到達するべく相互扶助を行うことである。

三、不毛な競争や投機を、人間間の相互関係に取って代わらせることは可能であるとわれわれは信じている。

四、われわれの行為、生産物、それにサービスが、市場の要求や消費主義および短期利益の獲得以前に、道徳や環境の基準に応えるものであることをわれわれは信じる。

五、交換クラブの会員になるための唯一の必要条件は、グループのミーティングに参加し、品質自助サークルの勧告に沿って財やサービスおよび知識の生産者かつ消費者になることである。

コラム

世界の補完通貨

ここではラテン・アメリカ以外の補完通貨の事例を紹介したい。補完通貨とは、一定のコミュニティ内での財やサービスの取引の際に、米ドルや日本円などの法定通貨ではなく自分たちで独自に制定した決済手段を使うというものである。本文で詳述するアルゼンチンなどの交換クラブの他、主に以下のようなものがある。

●**LETS**（Local Exchange Trading System）
もともとはカナダ西部で炭鉱が閉山して経済的に停滞した地域で、地域住民同士のモノやサービスの取引を行うシステムだったが、現在では欧米や豪州、ニュージーランドなどに広く波及している。なお、フランスではSEL（Système d'Echange Local）、ドイツでは交換リング（Tauschring）と呼ばれる。（http://www.lets-linkup.com/）

●**イサカアワー**　米国ニューヨーク州トンプキンス郡で、一九九一年より使用されている。一時間の労働を一〇米ドル相当の価値があるものとして、一アワー・二分の一アワー・四分の一アワー・八分の一アワーの四種類の紙幣が郡内で流通しており、地域の商店や農家などの支援に役立っている。（http://www.lightlink.com/hours/ithacahours/）

六、各会員自身が自分の行為や生産品およびサービスに責任を持つ。
七、グループへの所属は依存を意味するものではないとわれわれは考えるが、それは個人の参加は自由意志に基づくものであり、この原則はネットワークの全てのグループに適用されるからだ。
八、グループは公式かつ安定した方法で結成される必要はないが、それもネットワークの構築が役割や機能の巡回を意味すると考えるからだ。
九、内的事情に基づいたグループの自治と、ネットワークに属するために必要な原則との両立は可能であるとわれわれは信じる。
一〇、会員として、われわれの基本的な原則を歪曲しないために、交換クラブとは無関係な主義に対して金銭的援助を行わないことをわれわれは勧める。
一一、ネットワーク内外でのわれわれの行動が最良の例であると信じる。プライバシーに関する信頼性と、ネットワークの成長に影響するテーマの扱いに関する慎重さをわれわれは保持する。

●**タイムダラー**　米国の弁護士エドガー・カーンが創始、貧困地区などでの相互扶助活動として広く定着。また、企業からの支援も受けつつ、ある程度地域活動を行った児童・生徒にパソコンを支給するなどの活動も行っている。詳細はhttp://www.timebanks.org/を参照。なお、日本では愛媛県の関前村で、現地の方言で「ありがとう」を意味する「だんだん」という名称で利用されている。

●**WIR銀行**　一九三四年スイスで創設。当初は後述するゲゼルの思想をそのまま採用し、自分たちの通貨を減価させていたが、一九四八年にそれを中止した。スイス企業の六社に一社が加盟しており、二〇〇一年度は約一七億スイスフランの経済効果を生んでいる。(http://www.wir.ch/)

●**キームガウアー**　二〇〇三年一月よりドイツ・バイエルン州のプリーエン・アム・キームゼー市やその周辺地域で流通。ユーロを担保としており、商店は5％の手数料を払えばユーロに再交換できるが、この手数料のうち3％が地域の事業に再投資されることになる。後述するゲゼルの「減価する貨幣」システムを採用しており、三か月ごとに額面の2％（一〇キームガウアーであれば二〇ユーロセント）の小切手を貼る必要がある。(http://www.chiemgauer-regional.de)

日本でも同様の動きは、さわやか財団の「ふれあい切

一二、社会の大多数の持続可能な福祉の結果として、進歩が達成されることをわれわれは心より信じている。

この一二か条は厳密な規則ではなく、あくまでも交換クラブの理念をうたったものであるが、この中で特に注目したいのは第一条である。つまり金銭の不足によって自己実現がかなわない、たとえば食堂を開きたいが資金が十分にないために夢が達成できないといった事態を、交換クラブでは極力なくそうというわけである。その具体例については後ほど述べるが、何らかの資本や技術を持っている各個人が集まって協力することで自己実現を達成することを、交換クラブは究極の目的としているのである。

また、交換クラブ内ではプロシューマー（prosumidor）という単語がひんぱんに使われる。これは未来学者アルビン・トフラー（Alvin Toffler）がその著書『第三の波』（Toffler［1980］）で造語した言葉で、生産者（スペイン語ではproductor）と消費者（同、consumidor）を

符」や「ボランティア労働銀行」という形で一九七〇年代から存在しており、二〇〇〇〜〇三年頃にかけてブームを迎え、数百ものシステムが生まれたが、ボランティア活動などの推進が主目的であり、現在では運動は下火になっている。「エコマネー」は一九九八年に同名の本（日本経済評論社）の刊行の際に通産省（当時）に在籍していた加藤敏春氏が提唱しているものだが、多種多様な補完通貨の一種類としてこれを把握するのが妥当なところであろう。なお、日本全国の事例については http://www.cc-pr.net/list/ が詳しい。

『マネー崩壊』（日本経済評論社、二〇〇〇年）の著者であり、補完通貨という概念を生み出したベルナルド・リエターによると、現在の外国為替取引額は一日当たり二兆ドルを超え、この額は全世界での財やサービスの生産量の一五〇倍になるという。そのため、ある国の経済に対して悲観的な見方が大勢を占め、その国の通貨が売られ始めると途端に通貨危機が発生し、特に途上国経済に深刻な打撃を与えることになる。また、現在の法定通貨は市中に出る際に公定歩合という形で金利を銀行に課すことになり、これが全経済活動にのしかかるが、リエターはこの現行経済の特徴として、「中央権力・ヒエラルキー・競争」などを指摘しており、道教の陰陽二元論の立場からこれを、陽が過剰で「相互信頼・平等主義・協働」などの陰が不足している状態と認識している。

リエターはそこでお金を、「何かを交換手段として使

組み合わせることで、各個人の両方の側面を強調することになる。工業化社会では個人は消費活動しか行わず、生産活動は大企業などが専ら担当していたわけだが、機械化によって生産活動に大量の労働力を必要としなくなるポスト工業化社会では、自らの知識や技術を資本とする個人が直接生産活動を担当する分野が増えるため、それらの個人が連携する形で生活を支えてゆこうというわけである。アルゼンチンでは皮肉にもポスト工業化社会への移行ではなく、グローバル化による工業化社会の瓦解とそれによる大量失業が市民のプロシューマー化を必然的に引き起こしたわけだが、企業などの巨大資本に自らの生活の糧を頼らない経済システムの構築という点では全く同じ構造であることに、ここでは注目したい。

2　交換クラブの実際と特徴

参加の実態

筆者は二〇〇一年九月に、ブエノスアイレス首都圏の

おうという共同体内の合意である」（『マネー崩壊』）と定義し、違う合意が形成されさえすれば別のものを通貨として使うことが可能であることを示唆する。現在の法定通貨が陽過剰状態ならば、陰的な性格を持つ通貨を補完通貨として流通させ、陰陽の均衡を達成することが世界の安定に必要であるとしているわけだ。

また、**地域通貨**（補完通貨のうち、特定の地域限定で流通するもの）に関連して「マイナス金利」あるいは「持ち越し費用」がよく話題になるが、これはドイツの経済学者シルビオ・ゲゼル（Silvio Gesell　一八六二～一九三〇）が提唱したものである。具体的には、たとえば月が替わるごとに千円札に一〇円のスタンプを貼ることを義務づけることで、通貨の主要機能のうち「貯蓄機能」を排除し、その流通を促進しようというものである。ゲゼル自身は地域通貨の発想に反対していたものの、ドイツのシュヴァーネンキルヒエン（一九三〇～三一年）やオーストリアのヴェルグル（一九三二～三三年）などではこの発想を取り入れた地域通貨を流通させて、実際に地域経済の回復に成功した。これらの例は各国の中央政府によって禁止されてしまったものの、「減価する貨幣」の有効性を証明する事例として広く引用されており、前述したキームガウアーも同様の手法を採用している。今後地域通貨の導入を考える場合、この減価システムも考慮する価値があるだろう。（地域通貨については本シリーズ第一巻11章も参照されたい）

交換クラブで聞き取り調査を行い、四九名より回答を得た。それを要約すると、参加者は主に三〇代から五〇代で、女性が四分の三以上を占める。参加歴は半年未満がほぼ半数を占め、大半は一年未満であるが、当時交換クラブが急成長していたことを考えると当然の結果といえる。各参加者が月あたりクレジットを稼ぐ額もバラバラで、稼いだクレジットをすぐに使ってしまうためいくら稼いだのかわからないと答えた人が半分を占めるが、有効回答のうち半数が三〇〇クレジット（当時の価格で三〇〇ペソ、つまり三〇〇ドル相当）を超えており、特に失業者などペソでの収入がない人にとっては貴重な収入源になっていることがわかる。交換クラブに行く回数は週一回から六回までさまざまだが、当然のことながら頻度が高い人はそれだけ私の聞き取り調査を受ける可能性が高いため、それを考慮して平均すると週二回強となる。

「交換クラブがなければどれだけ生活が悪化していたと思うか」という質問に対しては、「食いつなげないことはないものの生活水準は下がっていただろう」という答えが三六名、「生きていけないだろう」と答えた五名を合わせると、八割以上の人にとって交換クラブが生活水準悪化の緩和に役立っていることがわかる。就職状況については、失業者一二名と主婦一五名を合わせると過半数がペソ経済に参加していない人たちであり、こういう人たちの経済参加の場として交換クラブが機能していることがわかる。また、提供物も入手物も食料と衣類が大きな割合を占めているが、水道管工事や医療サービスなどを受けている人もいる。

だが、提供物の仕入れ方法はペソでの購入および購入物の加工（食料品など）が大多数を占めており、クレジット経済で完全に回っているとはいえない。また、新規事業の立ち上げを考えている人は三分の一程度にとどまり、交換クラブからそこまでの可能性を見取っていない人が大多数であった。人間関係については、交換クラブでのみのつきあいの友人が大多数で、仕事仲間まで見つけた人はごく少数であった。

問題点を挙げる人はそれほど多くはなかったが、スペース不足や運営の手際の悪さが指摘されていた。

また、交換クラブ内では各種の情報誌も売られている。この中には経済理論やプロシューマーとしての教育的な記事もあれば、各種サービス（パック旅行、タクシー、誕生パーティの設営サービス、パソコン関連サービスなど）の広告もあるが、最も大切なのはクラブの一覧表である。どこの町のどの地区で何曜日の何時からクラブが開催され、連絡先は誰かという情報が掲載されているが、これを頼りにして一般消費者は開催情報をつかみ、都合のつく限り各地のクラブに足を運んで取引を行うのである（もちろんインターネットなどでも情報は公開されているが、特に貧困層にとっては紙メディアが唯一の情報源である）。

経済的識字教育

アルゼンチンの交換クラブで行われている面白い実践として、「経済的識字教育（alfabetización económica）」と呼ばれる活動がある。これは交換クラブの新入会員を対象として行われるもので、各人が自分の能力や活用されていない資源（土地・機械類など）を再度認識した上で、それらを組み合わせて自分たちの「プロシューマー」としての特性に気づき、経済的な自立の可能性を探ってゆこうという取り組みである。

実践方法自体はそれほど難しいものではない。まず、二〇名から三〇名ほどの参加者が車座に座り、各人がそれぞれ自己紹介をする。このときに過去の職歴や自分が得意とする技能、また経営難から商店や工場を閉鎖した人で、不動産や機械類など経済活動に役立ちそうな資本を持っている人はそれについても紹介する。この際に、「自分は何も人の役に立てない」と思い込んでしまう引っ込み思案な人がいた場合、司会者が「でも主婦ならアイロンかけぐらいできるでしょ？　美味しい料理も作れるでしょ？」などと話しかけることで自信を引き出し、自分としては大した技術と思っていなかったことでも人の役に立てて、それで生活してゆくことが可能だということを感じてもらう。交換クラブへの参加者の多くは失業などで精神的に非常に落ち込んだ状態にあるため、司会者としては彼ら／彼女らを温かい言葉や歓待のふるまいで励まし、交換クラブに積極的に参加しようという気持ちを持たせることが重要となってくる。

これだけであれば他国で行われている試みとそれほど変わらないが、アルゼンチンの「経済的識字教育」が興味深いのは、各人の自己紹介が終わった時点で五名ほどずつの小グループを形成し、自分たちの持っている技術や資産などを集めてどのようなビジネスが展開できるかを考える場をつくる点である。たとえば家庭菜園を持っている人とピザ屋経験者とバイクの免許を持つ人がいた場合、ピザの宅配サービスに近いことができるというわけである。もちろん実際にはこのようなワークショップから即新規ビジネスが誕生するわけではないが、こうした経験を繰り返すことで自分がどのようなビジネスに向いており、どういう人と組んでどのようなビジネスを実現できるのかが少しずつ理解できるようになる。こうして、従来であれば職探しに励んでいた人が自分で稼ぎ出す手段を見つけ、成功してゆくと、クレジット経済だけでなくペソ経済でも収入を得られるようになるというわけだ。

3　補完通貨の新たな展開

地域時間銀行

二〇〇二年に起こった交換クラブの爆発的成長と、ＲＧＴの崩壊による活動の急激な縮小を経た現在の交換クラブの状況を把握することは簡単ではない。以下、筆者が把握したいくつかの事例を紹介してゆきたい。

まず、アルゼンチン中部コルドバ州の保養地カピージャ・デル・モンテ（Capilla del Monte）町では、「地域時間銀行（Banco de horas comunitario）」と呼ばれるシステムが運営されている。同町に限らずコルドバ州はブエノスアイレス市民などの避暑地として知られ、首都の喧噪と無縁な生活を送るためにこの地に移住してきた人も少なくないが、そのような人たちによって、従来の学校教育とは異なり、音楽や美術など情操教育を重視した自主学校が設立された。しかしながらそれほど所得に恵まれていない家庭が多く、授業料だけで学校の経営を成り立たせるのが困難だったため、同銀行を併設して授業料を補完通貨建てでも支払えるようにすることで、学校の運営経費の四割がペソを使わずに賄えるようになった。現在ではその学校自体が地域時間銀行を使わずに運営されているが、この手法自体は非常に興味深いものであるため、この場を借りて紹介したい。

地域時間銀行で扱う補完通貨は、アルゼンチンペソと等価のソル[2]と呼ばれる単位である。前述の交換クラブと違い、このソルはあくまでも会員から何らかの担保の提供があったときにのみ発行される。たとえば野菜や衣服などを、同町の中心部に位置する地域時間銀行の事務所に持ってくると、その量に応じてソルが発行される。また、現物がなくとも、何らかのサービス（たとえば日曜大工）を提供するという約束でもかまわない。こうして得られたソルを利用して会員間で取引を行ったり、あるいは銀行に立ち寄って生活に必要なものを入手したりするわけである。自主学校の学費（地域時間銀行の運営経費を含む）は月額三五ソル（日本円で一二〇〇円程度）と私立学校としては特に高いものではないが、学校関係者の所得水準から考えるとかなりの負担であるため、ペソではなくソルで支払い可能というこのシステムは、経済

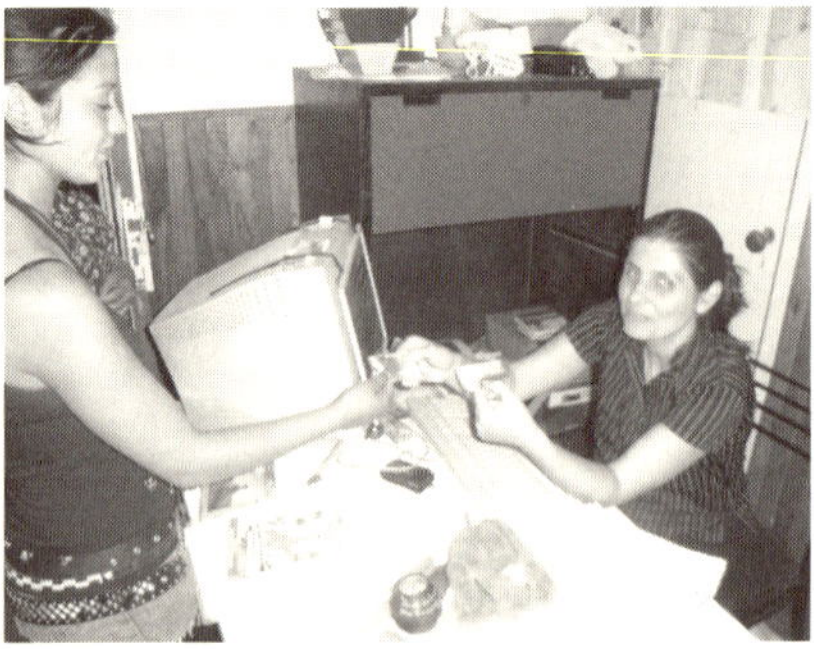

（上下とも）
地域時間銀行の業務風景（アルゼンチン，コルドバ州カピージャ・デル・モンテ）

的に過度の負担を強いられることなく希望の教育を子供たちに与えることができる点で、親たちにとって非常に助かるものである。

連帯経済を基盤とした実践

また、交換クラブの黎明期から最盛期にかけてシステム推進にたずさわり、前述の「経済的識字教育」プログラムの作成にも関わったエロイサ・プリマベーラ（Heloisa Primavera）は、ここ数年「ハチドリプロジェクト（Proyecto Colibrí）」と呼ばれるプロジェクトを推進している（www.redlases.org.ar/HTML/COLIBRI.htm）。プロジェクト名は、知恵を使ってコンドルとの競争に勝つことができたハチドリの伝説に由来する。

連帯経済の推進道具として補完通貨を認識しているプリマベーラは、専らモノとモノの取引に終始していた交換クラブとは別の場として、連帯経済を基盤とし、補完通貨を使用しながら地域社会全体が発展してゆけるようにするためのシステムのデザインに取り掛かった。その中には会議をより民主的に運営する方法論なども含まれているが、補完通貨に関しては上記の地域時間銀行と類似したエコバンク（Ecobanco）と呼ばれるシステムを提案し、実践を推進している。

プリマベーラの推進するエコバンクは、交換クラブ同様交換市が基本となるが、その交換市で使われることになるクレジットの発行方法が異なっている。参加者は自分の生産物のほか、長持ちして誰もが消費を希望するもの（小麦粉、マテ茶、コーヒーなど）も交換市の会場に持ち寄り、エコバンクにそれらを担保として引き渡す。エコ

●連帯経済　　連帯・参加・協同を原理とする経済領域。営利目的を第一義とせず，社会的な目的（人権擁護，環境保護等）を実現するために経済活動を行う開放的・自律的・民主的な共同経済組織と位置づけられる。具体的には生産・生活協同組合やNGO／NPOによる各種の取り組み，フェアトレードなどが挙げられる。連帯経済の概要およびメキシコ・チアパス州における取り組みについては本シリーズ第1巻10章を参照。

バンクの担当者はその商品の市場価格に応じてクレジット紙幣を渡し（たとえば一〇ペソ相応なら一〇クレジット）、どの商品と引き換えに何クレジットを発行したかを記録する。参加者全員がこのようにエコバンクからクレジットを受け取ると交換市が始まり、そこで各人がそれ以外のもの（たとえば化粧品や古本、中古の電化製品など）を自分の場所に並べてクレジットで売買する。参加者は取引が終了したらエコバンクに行って、担保としてバンクに預けてある商品を最初に渡されたクレジットと交換に引き取る。当然のことながらクレジットの発行量は担保と一致しているため、過不足なく商品が引き渡され、その結果交換市が終了するとエコバンクもきれいさっぱりと清算して全業務を終了する、というわけだ。このシステム自体は実用性よりもむしろ補完通貨に関する教育的側面が強いものではあるが、どうしても抽象的な概念となりやすい補完通貨の実際を体験してもらうには非常に有効な方法であるといえる。

4 アルゼンチン以外の動き

補完通貨の類似事例は周辺諸国でも見られる。その中でも最も有名なのが、ブラジル北東部セアラ州の州都フォルタレーザ市で運営されているパルマス銀行である（De Melo Neto Segundo e Magalhães［2003］）。スラムから脱したパルメイラス地区の生活向上に長年関わり、電力や水道などのインフラを整備してきた地域NPO「ASMOCOMP」は、インフラの整備によって生活条件は改善したものの収入が伴わないために同地区を離れざるを得ない家族が多いことに気づき、地域の経済振興活動に本腰を入れ始めた。地産地消を通じての地域内産業の発展が大切ということで、地域住民や商店を対象としたパルマス銀行が一九九八年一月に開業した。地域内の企業の製品の見本市を開いたり、二〇〇二年からパルマスという補完通貨を流通させたりして、地域の学校の建設資金の八割をパルマスで賄うことで地元企業を潤わせることができた。パルマス銀行のシステムは共同購入や都市農業、シングルマザーの支援やマイクロクレジット（少額融資）など他の地域発展プロジェクトと組み合わされつつ、地域内の発展に役立っている。

また、このパルマス銀行に技術支援を提供したオランダのNGO「ストロハルム」は、現在ウルグアイで中小企業の経営改善につながる補完通貨システムを開発中であり、二〇〇八年中に第一段階として首都モンテビデオ市における導入が予定されている。このプロジェクトにはウルグアイ産業省や労働省、ウルグアイ東方共和国銀行（BROU）やモンテビデオ市役所、また電力業界なども参加しており、中小企業向けに補完通貨建てで融資を行うことで同国の中小企業の経営を改善させ、ひいては国内経済全体の振興を目指すものである。類似のシステムはすでにブラジルのパラナ州やリオ・グランデ・ド・スール州などで実施されているが、このように官民が一体となって推進するプロジェクトはラテン・アメリカではこれが初めてであり、今後の動向が非常に注目される。

おわりに――アルゼンチンから日本が学ぶこと

このような展開をみている交換クラブであるが、地球の反対側に位置する日本にとっても非常に参考になる点がいくつかある。前述したようにアルゼンチンでは失業率の増大や金融危機のために交換クラブへの参加が急増したが、日本の国家財政も国債と借入金を合わせた額が三六九兆円（一九九七年末）から八三八兆円（二〇〇七年末）へと一〇年間で倍以上に増加しており、アルゼンチンの経済危機を対岸の火事と嘲笑できない状況にある。アルゼンチンが債務危機に陥った二〇〇一年時点での政府債務残高は対GDP比で55・4％（世銀データ）であったが、日本の政府債務はすでにGDPの160％を超えている。アルゼンチンと違い、日本の国債は全てが円建てであり、かつ海外依存度が3・5％（二〇〇二年度末）と低いために国際通貨基金（IMF）や世銀からの融資が必要となるとは考えにくいが、一度政府国債の不安が醸成されるとアルゼンチン以上の深刻な事態に日本経済が陥ることも十分に考えられる。また、二〇〇八年三月現在では「財政再建団体」（赤字額が標準財政規模の5％［都道府県］ないし20％［市区町村］を超えた自治体）に転落しているのは北海道夕張市だけだが、今後他の市町村でも同様の事態が起こり、自治体の財政難により特に地方経済が貧窮する可能性も否定できない。そんな中、日本各地で運用されている補完通貨が、以下のようにアルゼンチンなど諸外国の成功点を取り入れ、問題点を十分に把握した上で実践の改善を行うことが大切だと思われる。

まず、アルゼンチンではもともと交換市という具体的な活動があって、それを補佐する形でクレジットという補完通貨が導入された。日本の場合は福祉ボランティアや商店街の活性化という社会的な目的が先にあって、これを促進する道具として補完通貨が導入される傾向にあり、また経済的に不自由していない人たちによる社会活動の一環として補完通貨がとらえられがちだ。それに対し、アルゼンチンでは失業者やわずかな年金に頼って生活している高齢者など、ペソ経済では十分な生活水準を保てない人たちが集まってペソ以外の手段で手持ちのものを交換することで、生活の下支えをすることが可能となっている。今後日本でも補完通貨を活性化するには、やはり本当に日本円経済で苦しい立場に置かれている人たち（フリーターや非正規雇用の人々、失業者など）に積極的に参加してもらい、彼ら／彼女らが少しでも経済的なメリットを感じるようにしてゆくことが大切であろう。

次に、各会員が具体的に自分の可能性を探り出す機会をつくる「経済的識字教育」の導入も重要であるといえる。日本の補完通貨の場合、参加者各自が提出した提供物のリストを事務局がとりまとめて配布することで満足したり、極端な場合には参加者間でのサービスの直接取引を禁じて必ず事務局経由で必要なサービスの依頼を行ったりする例もあるが、やはり日本でも参加者同士が直接顔を突き合わせ、各人の状況や能力などをお互いに理解した上で交換活動を行うことを、補完通貨活動の基本とすべきではないかと思われる。もちろん経済的自立の達成はそう簡単なことではないし、政府には最低限の生活を保障する施策を要求すべきである。しかし補完通貨があくまでも「自律的な市民社会」を前提として運営されるものである以上、ワークショップなどを通じて参加者の意識変革を徐々にでも行ってゆき、自分たちの生活を自主的に改善してゆくための一つの道具として補完通貨を利用するのだという認識を共有できるようにすることが大切だと思われる。それには「経済的識字教育」が非常に有効であろう。

一方、補完通貨には問題点もある。アルゼンチンでは、経済危機に伴う交換クラブ参加者の急増は商品供給不足を招き、クレジットの過剰発行と相まって、クレジット経済におけるハイパーインフレを引き起こすことになった。交換クラブのクレジットは、アルゼンチンペソや農産物などといった具体的な担保を持たない不換紙幣として発行されていたが、このシステムでは一度クレジットという通貨システムに対する不信が高まると商品価格が急上昇したり、そもそもクレジットでの代金支払いが拒否されたりするようになる。交換クラブではペソの使用が禁じられていたため、クレジット経済への不信は交換クラブへの不参加を招くようになり、交換クラブの活動が大幅に縮小した。日本では経済の道具として補完通貨を幅広く使う実践がまだ少ないため、今日時点で日本の補完通貨の実践者に対してこの問題を説くのは時期尚早という感が否めないが、もし本格的（たとえば都道府県や地方自治体単位）に地方経済の活性化の道具として補完通貨を導入しようという試みが出てきた場合には、日本円あるいは市民生活に必要な財やサービス（電力サービス、コメなどの食料、あるいは税金）などを担保として確保して、企業に信頼してもらえるような仕組みを作ることが肝要であろう。このあたりに関しては南米以外の諸事例が非常に興味深いコラム（二五四頁）でいくつか紹介しているので、それを参照されたい。

【謝辞】筆者が何とかこの一文を執筆できたのは、ひとえに現地の最新状況を伝えてくれたみなさんのおかげである。私が二〇〇一年にアルゼンチンでお会いしたエロイサ・プリマベーラ教授については本文でも触れたが、カピージャ・デル・モンテでは地域時間銀行を創設したマルセロ・カルダーノ（Marcelo Caldano）さんに非常にお世話になった。ローズマリー・ゴメス（Rosemary Gomes）さんには、パルマス銀行についての詳細な報告書を届けていただいた。また、ウルグアイに関しては本文で紹介したプロジェクトを準備中のアナ・フェレイラ（Ana Ferreira）さんから貴重な情報をいただいた。この場を借りて、みなさんにお礼を申し上げたい。

注

1 ブエノスアイレス大学で教鞭を取りながら交換クラブの実践にも携わってきたエロイサ・プリマベーラ（本章第3節参照）の推測による。

2 蛇足ながら、ペルーの法定通貨ソルとは執筆時点（二〇〇八年三月末）においてほぼ等価であるが、当然のことながら両者には何の関係もない。

Más allá de la década perdida

Além da década perdida

第10章

ラテン・アメリカからの移民労働者が日本にもたらす貢献

千葉県の事例から

グロリア・トリニダ・サルガド・メンドサ

［翻訳　櫻井純理］

はじめに

ラテン・アメリカ諸国と日本は、地理的な距離だけでなく経済関係の面でも遠く離れた地域であると思われがちである。一般に、「血のつながりは強いがビジネスのつながりは弱い」と受け止められているのである（Kagami［2002］）。しかし、果たしてそうなのだろうか。

ラテン・アメリカには、約一三〇万人の日系人がいる。そのうち、日本で働いている人の数は三〇万人を超え、この人数は年々急増してきた。一九八九年一二月八日に「出入国管理及び難民認定法」の改正法（以下、入管法）が国会で可決され、九〇年六月に発効して以来、この法律によって日系人とその配偶者・子弟に対して門戸が開かれ、企業の労働力需要を満たすための合法的な移民が促進されてきたからである。この法改正が重要なのは、それによって日本の非熟練労働市場が日系人に開放されたことであり、その結果多くの日系人が日本に移住してくることになった。そして当初、この移民は一時的な滞在者と考えられていたが、現在は定住化する傾向を示している。

こうした日系ラテン・アメリカ人の増加と定住化は、ある意味で避けられないことである。国際市場では中国の低い労働コストが標準として要請されており、そこで競争する日本企業は安価でフレキシブルな非熟練労働力を求めているからだ。それまで日本政府は、非熟練労働者として外国人を受け入れることには慎重だった。しかし日系人の労働移民を認めるという例外規定を設けることで、結果的にこうした企業の要請に応えることになった。つまり政府は非熟練労働者、いいかえれば単純労働者の非合法な入国を食い止めるためにに、日系ラテン・アメリカ人の受け入れを合法化したのである。この措置によって、日系ラテン・アメリカ人は、企業が活用できる労働力の在庫を意味することになった[1]。

このように、たしかにラテン・アメリカと日本のビジネス関係は貿易や投資などの面では弱いように見えるが、労働力移動の面ではむしろ結びつきが強いことがわかる。日系人は、他国からの研修生やその他の合法的・非合法的な外国人労働者とともに、日本が世界で競争力を維持するためには欠かせない存在となっている。

ちなみに、二〇〇二年現在ラテン・アメリカから来ている外国人労働者は、総務省統計局が報告する国籍別外国人登録者数によれば、南米出身者（アルゼンチン、ブラジル、ペルーその他）とメキシコ人（北米に分類されている）を合わせて、合計三一万七六四人となる。この数字はオーバーステイの外国人三〇万人を含んでいない（Statistics Bureau［2002］）。それでは、こうした日系ラテン・アメリカ人は日本社会の中でどのような状況に置かれ、日本社会にどのような貢献をもたらし、また課題を投げかけているのだろうか。日本が国内における国際化を進めていく場合に、こうした問いの探究は避けて通れない。本稿がその一助となれば幸いである。

1 外国人労働者の現状

移民を促した諸要因

日本における外国人労働者の特徴は、その人数が全体として一九九〇年の法改正以降増加してきたこと、

ブラジルやペルー出身の日系人が人口の約１割を占める，群馬県邑楽郡大泉町のブラジル人地区の街並み（東武小泉線西小泉駅前／写真提供＝田島久歳氏）

また出身国籍が多様化してきた（Hayase［2000］）ことである。ここではまず、移民を促した諸要因について見ておこう。

第一の要因は経済的なものである。外国人の労働移住は、一九九〇年の入管法改正前には、八五年のプラザ合意後の円高に誘引された、いわゆる出稼ぎ的なものであった。そして当時は、主にアジア出身者が外国人労働者の大部分（全体の93％）を占めていた（*ibid.*）。

第二の要因は、送り出し側の社会の脆弱性（vulnerability）に由来するものである。特にラテン・アメリカからの移民については、この要因が大きな位置を占める。ラテン・アメリカ／カリブ人口センター（CELADE：国連ラテン・アメリカ／カリブ経済委員会CEPALの人口統計部門）によれば、ラテン・アメリカ人労働者の移民が増加しているのは、自国の社会に「人々がリスクや不安を感じている結果である」（CELADE［2002］）。不安定な収入、出口のない貧困、そしてあてにならない労働市場と劣悪な労働条件が、ラテン・アメリカ社会をきわめて不安定な状態に置き、移民を促しているのである。

第三の要因は、日本の人口構成上の諸問題に由来するものである。つまり、高齢化と出生率の低下が日本の労働市場をラテン・アメリカ人に開放する要因になった。日本の人口

●プラザ合意　1985年9月22日，米国ニューヨークのプラザホテルで行われたG5（先進5カ国蔵相・中央銀行総裁会議）で発表された，為替レートに関する合意。当時の米国の対外不均衡解消を名目とした協調介入への合意であり，最大の狙いは対日貿易赤字是正であった。これにより円高ドル安政策が進められた。

における年齢中位数（中央値）は、一九五〇年には二二〜二三歳だったが、二〇〇〇年には四一・五歳に上昇した。総務省によると、二〇〇〇年現在、人口の17・3%、約五人に一人は六五歳以上である（Statistics Bureau [2001]）。二〇五〇年には日本は世界で最も高齢化が進んだ国の一つになると予想されている。他方、出生率は一九五〇年の二・七五から二〇〇四年の一・二九へと低下している。こういった人口学的な諸特徴の影響を受け、高齢者に対する一五歳以上労働人口の比率は一九五〇年の一二・二から二〇〇〇年の三・〇へと低下した。このことは、高齢者への社会給付を支える労働力が不足するだけでなく、高齢者に対する介護などのサービス給付についても重大な問題が生じることを示唆している。

第四の要因は、一九八〇年代後半と九〇年代に、いくつかの日本の産業で労働力の需給アンバランスが生じたことに由来するものである。日本労働研究機構（現、労働政策研究・研修機構：JILPT）によれば、八〇年代後半、外国人労働者を引き寄せる最大の要因は円高であったが、同時に、技術改善の原資が不足している中小

コラム

不透明な未来、広がる情報格差

一九九〇年の「出入国管理及び難民認定法（入管法）」の改正によって、「定住者」の在留資格を与えられ、労働に制限のない日系人が南米（主にブラジル、ペルー）から大量に流入し、現在も増加を続けている。「来る、働く、貯める、帰る」という意識で来日した彼ら／彼女らは出身国と日本の行き来を繰り返しながら滞日を長期化させ、ペルー人に関しては二〇〇五年末に「永住者」の数が「定住者」を初めて上回った。したがって彼ら／彼女らをもはや一時的な滞在者である「デカセギ」ではなく、各自治体を生活の基盤とする「外国籍住民」と見なすことができるだろう。しかし彼ら／彼女ら自身にその実感はあるのだろうか。

日本で発行されているスペイン語新聞『インターナショナル・プレス』が二〇〇六年に日本国内のペルー人一五〇人に対して行ったアンケート調査によると、「日本に永住したいか」という問いに対して「はい」と答えたのは32・4%、「いいえ」は39・1%、「わからない」は28・5%であった。また「老後をどこで過ごすか」という問いに対しては「日本」13・2%、「出身国」19・8%、「米国・ヨーロッパ・その他の地域」

企業が、コスト削減を通じて国内市場で競争していくために安価な労働力を必要としていたことも大きな要因であった。なんといっても、中小企業は日本の全事業所の99・3%を占めており、全雇用者の64・9%にあたる四四九〇万四七五一人を雇用している（一九九九年時点のデータ。www.sme.ne.jp/policies/07_tokei/1_table.html）。中小企業は、日本経済を動かす重要な車輪のひとつである。そこで政府はこうした中小企業の要請に応えるために、日系外国人労働者に関する例外規定を設けたのである。

　入国管理局が一九九〇年代初めに、日系人とその配偶者および子弟には「活動制限」のない三年の就労ビザ（在留資格は「定住者」「日本人の配偶者等」）を与える決定を下したことは、日本経済にとって中小企業が重要な存在であることを改めて明らかにしたといえる。これ以降、中小企業は、安価なコストで外国人非熟練労働者を合法的に雇用することが可能となり、その存在に大きく依存することとなった。もちろん、研修という名目で就労している人々や、日系ラテン・アメリカ人以外の非合法の外国人労働者も多いが、現在、非熟練労働の分野

7・8%、「不明・無回答」は59・2%であった。回答者のうち滞日年数六年以上が全体の80・8%（「六～一〇年」34%、「一一～一五年」38%、「一六年以上」8・8%）、一一年以上は46・8%を占めている（二〇〇七年一月六日号）。日本に住む六万人弱のペルー人全員がこのような傾向にあるとは言えないにしても、滞在期間を長期化させながらも日本永住の強い意志を持たず、とはいえ「いつ帰国するか」を具体的に決めていない彼ら／彼女らの、将来への展望の不透明さがうかがえる。

　ある国に永住を決意すれば、その国の言語の習得は社会生活を円滑にするために有効な手段のひとつとなる。ところが日系人の場合、滞日年数が長ければ日本語の習熟度が高くなるとは限らない。労働時間が長いため勉強する時間がないといった個々の事情はあるにせよ、一〇年以上居住していても読み書きはおろか聞く・話すことも不十分な人も少なからずいる。絶対帰る、とは思うもののそれがいつなのかわからない、決められないという状態が本人や家族にとって大きなジレンマとなり、日本語さえわかれば自分で解決できることが増えるのはわかっていても、なかなか真剣に日本語学習に取り組めないのである。また、現在日系人の子どもの教育問題がマスメディアなどでも取り上げられ、彼ら／彼女らが居住する自治体にとっては対応が急務となっているが、その原因のひとつとして、どのレベルの教育をどこで受けさせ

で日系ラテン・アメリカ人労働者は大きな割合を占めている。また、現在では中小企業だけでなく、トヨタのような大企業も日系ラテン・アメリカ人等の外国人労働者の雇用を積極的に推進している。

ラテン・アメリカ出身の日系人労働者

すでに述べたように、ラテン・アメリカ日系人の移民には次の二つの特徴がある。第一に、一九九〇年以降、日本に入国・就労する日系人（一世から三世まで）が増加していることである。九〇年代の終わりから日本は経済危機に陥っているが、それでもこの増加傾向は今後も続くだろう。第二に、一時的な滞在者として日本に入国したラテン・アメリカ日系人たちが定住化する傾向を見せていることである。

これらのことが、日本社会に何らかの影響を与えるであろうことは容易に理解されることである。少なくとも、均質性が高いといわれている日本社会において、こうした定住化しつつある多くの外国人労働者をどのように受け入れていくべきなのか、真剣に考える必要性が高まっ

るかという意思決定が親の側でなされていないことが挙げられる。すでに永住を決意した一部の家族に見られるように、日本社会での上昇志向が生まれれば、子どもには工場で働く自分とは違う人生を歩んで欲しいと教育熱心になり、学校とも積極的にかかわろうとする。しかしその一方で「学校の先生は進学のことで親身になってくれるけれど、自分たちにも先のことはわからないから答えようがない。何だか申し訳ない気持ちになる」と話すペルー人がいるのも事実である。

日本での暮らしを一時的なものと考えることに関連すると思われるのがコミュニティの不在である。ひとつの市町村に長く住まず、転職にともなって転居を繰り返すことが多いペルー人の場合、ブラジル人と比べると人数が少なく、各居住地域内で集住する傾向がないことも理由のひとつと考えられるが、カトリック教会やサッカー、ダンスなど趣味のサークルといったグループ程度のコミュニティがあるのみで、在日ペルー人全体、あるいはひとつの自治体に居住するペルー人を網羅するような規模のコミュニティは存在しない。毎年一〇月に神戸市、名古屋市、神奈川県大和市など日本各地のペルー人が多く居住する地域で行われる最大の宗教行事には、近隣のみならず遠方からも数多くのペルー人が参加するが、友人同士や親戚などのグループ内で旧交を温めるのにとどまり、新しい交友関係を築くといった様子はあまり見られない。居住地域に根を下ろしたペルー人たちが、親睦や

ている。外国人労働者を社会に受け入れる前提として、相手の文化や、彼ら／彼女らが社会にとってどのような存在なのかをまず知らなければならない。それなくして社会が外国人労働者を真に受け入れることは難しいだろう。特に、彼ら／彼女らの存在が日本社会に大きな貢献をもたらしていることを積極的に明らかにしていくことが重要である。そのことによって、今では移民は日本にとって重要な文化的・経済的担い手であり、また世界経済における日本の役割の遂行を支える存在であるという認識が広く共有されるべきである。他方で、それが彼ら／彼女らの過酷な労働条件のもとでの貢献であることも認識する必要がある。こうした了解があって初めて、日本社会は外国人労働者をどう受け入れるべきかを真剣に考えていくことになるだろう。また定住化の傾向は、外国人の市民権をいかにすべきかという課題を否応なく日本社会につきつける。しかし、日本の市民は彼ら／彼女らの文化や現状について多くの知識を持ってはいないのが実情である。

　本章の意図は、統計分析と千葉県での調査に基づく事

相互扶助を図りながらさまざまな問題を自助努力で解決し、新来者に日本の文化や慣習を教え、必要に応じてホスト社会（日本）に自分たちの考えや実情を知らせるべく、情報を発信するためのコミュニティを形成しようという動きは、過去にはいくつかあったようだ。しかしながら積極的に参加しようとする人が少なく、いずれも成功しなかったという。

　このような日本語習熟度の差、小規模コミュニティへの関与の有無は得られる情報の量を左右し、ホスト社会のみならず日系人間にも情報格差を生む。昨今増加しつつある在日南米人によるスペイン語のウェブサイトやインターネットラジオは、ペルー人の間では意外と知られていない。スペイン語の新聞や雑誌も発行されているが、個人の嗜好や考え方に合わせて取捨選択できるほどの種類はなく、衛星テレビのスペイン語放送はスペインで製作された番組で南米出身の彼ら／彼女らにはあまりなじみがない。一方、日本のマスメディアからもたらされる情報は、ある程度の日本語能力がないと理解できず、毎日定時に放送されるNHKラジオのスペイン語ニュースはその存在すら知らないことが多く、知っていても勤務時間中のためなかなか聴くことができないという。また、各自治体では外国人相談や広報誌の発行など多言語による情報サービスの充実に努めているが、ブラジル人が圧倒的に多い都市ではポルトガル語に一本化され、同じような言語とみなされるスペイン語での情報提供は省略さ

例検証を通して、日本におけるラテン・アメリカ移民に関する認識の広がりと深まりに寄与することにある。

2 調査の課題と方法

調査の課題

では、日系ラテン・アメリカ人はどのような貢献を日本社会にもたらしているのか。この点について、本稿では次の二点を中心に調査を実施した。一つは中小企業への貢献に焦点を当てることである。また、調査では彼ら／彼女らの生活状況を把握するために、中小企業四社の労働条件も同時にリサーチした。いま一つは、コミュニティへの貢献である。ラテン・アメリカという文化的背景に関連した諸活動を通じて、彼ら／彼女らはコミュニティにも大きな貢献をもたらしている。これは、ラテン・アメリカ人のための文化的なイベントの実地見分と、二二人を対象とした詳しい聞き取り調査によって確認されたものである。

本調査が、日系ラテン・アメリカ人労働者に関する代表的な研究であると主張するつもりはない。しかし、ラテン・アメリカの人々が本国とはきわめて異なった社会において、どのような現状にあり、どのよ

れるケースもしばしば見受けられる。

結局情報収集の経路は「人から人へ」が中心で、つまり「情報を持っている誰か」を知る「情報のための情報」が必要なのである。地域全体を網羅するコミュニティが存在せず、求心力がない現状では、親しい友人を持たず、教会やサークルにも属さなければ「情報を持っている誰か」に出会うことさえむずかしく、情報格差は広がる一方である。さらに家族・親類の結びつきが強いペルー人は悩み事を相談する相手もほとんどが家族であるが、最近では離婚・DVなど家庭内での問題が増加している。そのような場合には友人にも相談できず、自分ひとりで悩みを抱え込んで状況が悪化し、事件や事故などにつながることも考えられる。

永住か帰国かの個人的な問題は別にして、日系人たち自身が日本で暮らしているという事実を再認識し、彼ら／彼女らの側からの情報発信も含めた何らかの対策を講じるべき時期に来ていると思われる。

［寺澤宏美］

群馬県大泉町内にあるブラジリアン・プラザで憩う人々（2008年10月／写真提供＝田島久歳氏）

うな貢献を果たしているのかの一端を例証できたと考えている。以下では、日本で生活するラテン・アメリカ人に関する公式統計と、日本での経験に関する彼ら／彼女らの生の声を分析することを通じて、生活の現状と貢献の内容を明らかにしていきたい。

なお、本章はこうした調査を通して、外国人労働者の市民権に関連した諸権利の拡大についての理論的な論争を実証的に把握するとともに、それによって日本ですでに働いている、あるいは仕事を探している人々の状況の改善につなげていくことをも目指している。

実地調査の方法

実地調査にあたっては質的方法を採用し、生活水準の向上を求めてラテン・アメリカから日本へ来た人々の感情や意見を明らかにすることを目指した。そのことによって、彼ら／彼女らの生の息吹が伝えられるようにとの意図による。

調査は千葉県で五カ月間にわたって実施し、データとして①公式統計を含む文献[2]、②労働条件に関する非参与観察とラテン・アメリカ人（日系人と非日系人）の社会活動における参与観察、③ボランティアや、ラテン・アメリカ人労働者と関わりのある組織の職員に対する詳しい聞き取り調査、を使用した。

実地調査のサンプルに関していえば、情報を提供してくれた二四人は、筆者が五カ月間の滞在中、二つのコミュニティのカトリック教会のミサに参列した際に出会った人たちである。主な調査地は、ミサがスペイン語で行われていた成田市とポルトガル語で行われていた習志野市実籾《みもみ》である。国籍の内訳は以下の通りである。メキシコ人（四名）、コロンビア人（二名）、ブラジル人（四名）、アルゼンチン人（一名）、ペルー人（三名）。日本人では、政府・非政府組織に所属する六名、企業の経営者・管理者四名に対する聞き取り調査を行った。これら計二四名のうち、二名の聞き取り調査の内容は他と回答がきわめて類似していたため割愛し、二二名の回答だけを分析対象とした。

企業調査については、㈶産業雇用安定センターが運営する「日系人職業生活相談室」（愛称「千葉ニッケイズ」）の助力を得て調査を申し込んだ多くの企業の中から、応じてくれた四社を対象とした。

3 ラテン・アメリカ人労働者たちの現状

統計分析と調査結果からいえることは、ラテン・アメリカ人労働者が多様な集団をなしていること、その人数が増大していること、そして定住化の傾向を示していることである。そして、これらのラテン・アメリカ人労働者は、必ずしも良い労働環境の下で働いているわけでないこと、それにもかかわらず確実に日本社会において重要な貢献をなしていることなどである。以下、順次見ていこう。

ラテン・アメリカ人たちの多様な集団

ここでは「ラテン・アメリカ人」として区分されている集団について説明する。彼ら／彼女らの法的地位を確認した上で、出身国や年齢等、集団内部の多様性について探りたい。

法的地位　一般に、法的地位の違いが、同じ移民集団の内部に階層化を招く要因であることが明らかにされている。日本へ移住するラテン・アメリカ人の場合にもこの指摘が当てはまると考えてよいだろう。特に「日系」といわれるラテン・アメリカ人は、日本において特別な位置にある。

いわゆる「公称（nominal）市民権」、すなわち諸個人と国家の間で認知される法的資格は、血統・子孫関係を通じるか、もしくは居住を通じて獲得されうる（Bauböck［1994］p.31）。日本の場合、ラテン・アメリカ人移民の合法的な入国は血統を通じて決定されてきた。従来の研究でも指摘されているように、日本国民と日系移民とはもはや文化的に遠い関係にあるにもかかわらず、血統は両者を自然に結びつけるものとみなされている。そのような結びつきへの認知は、直訳すれば日本人の子孫を意味する「日系人」という言葉によって表され、移民の分類に新たな項目を付け加えることとなった。

一九九〇年の入管法改正以降、日系ラテン・アメリカ人は独特の法的地位を獲得した。そしてこのことが彼ら／彼女らの日本への移住を急増させたのである。こうして、日系人はラテン・アメリカ人移民の中で最大の集団になるとともに、同じ移民集団内に階層化をもたらすことにもなった。日系人にはより有利な労働機会が認められることになったからである。しかしながら、現実には研修生や技能実習生などその他の資格を持つ者たちとの間で、同種の仕事をめぐる競争が起こっていることに留意しなければならない。

出身国　㈶海外日系人協会は一九九一年、日本における日系人の労働および生活条件について、幅広い調査を実施した。この調査では、ラテン・アメリカから日本へ来た日系人一〇二七人が詳細なアンケート調査に回答し、そこからいくつかの特徴が明らかになった。調査当時、日本の移民労働市場のほとんどを占めていたのは、四つの国の出身者、すなわち最多はブラジル人（62・4%）で、次にペルー人（22・2%）、アルゼンチン人（9・2%）、ボリビア人（9・2%）と続いていた（誤差を含む）。表10―1は総務省統計局による一九八〇～二〇〇〇年の国籍別の構成を示している（このデータにはボリビアが含まれておらず、代わりにメキシコが挙げられている)。

二〇〇〇年の時点で、ラテン・アメリカ諸国出身者は、日本で外国人登録されている一六八万六四四四人の18・2%を占めている (Statistics Bureau [2002])。表10—1からも明らかなように、依然として最大集団はブラジル人であり、ペルー人、アルゼンチン人がそれに続いている。

千葉県における外国人の出身国籍別分布も日本全体の傾向と類似しており、またラテン・アメリカ人を含む外国人総数も増大している。カトリック東京国際センター (CTIC) 千葉事務所が提供しているデータによれば、千葉県に居住する外国人は一九七五年には一万一八三五人だったが、二〇〇〇年には七万四九六九人に増加した。つまり、日本の外国人人口のうち4・4%が千葉に居住している。出身国籍別ではブラジル人 (8%) とペルー人 (5%) を合計すると全体の13%になる。

年齢構成　前述した海外日系人協会の調査の結果では、日系人労働者の年齢は若く、二〇～三九歳の人口が全体の67%を占めていた。しかし、㈶入管協会の統計 (Japan Immigration Association [2002]) が示す年齢構成からは、日系人の集団が高齢化していることがわかる。表10—2は、四カ国 (ブラジル、ペルー、アルゼンチン、メキシコ) の人々の年齢別人口を示したものである。

この統計によれば、二〇～三九歳人口はブラジル人では52・2%、ペルー人では54・8%、アルゼンチン人では51・9%、メキシコ人では61・5%を占めている。これらの数字は、日系人居住者の高齢化を示唆している。さらに今後一〇年以上が過ぎれば彼/彼女らは四〇～五九歳層に達することになる。それは、外国人労働者が日本の労働市場の中で安価な労働力として位置づけられる最終段階を迎えることを意味する。多くの企業がコスト削減のために、労働者への社会保障費の支払いを避ける傾向にあることから、この最終段階に至って年金給付などに関わるいくつかの問題が生じる可能性がある。したがって、

表10―1　日本に居住するラテン・アメリカ人の数の推移

国籍＼年	1980	1985	1990	1995	1997	1998	1999	2000
ブラジル	1,492	1,955	56,429	176,440	233,254	222,217	224,299	254,394
ペルー	348	480	10,279	36,269	40,394	41,317	42,773	46,171
アルゼンチン	293	329	2,656	2,910	3,300	2,962	2,924	3,072
メキシコ	418	487	786	1,238	1,551	1,596	1,612	1,740
その他	226	307	584	1,019	1,230	1,297	1,283	1,416
合計	2,777	3,558	70,734	217,876	279,729	269,389	272,891	306,793

出所）Statistics Bureau［2002］

表10―2　日本に居住するラテン・アメリカ人口の年齢別分布（2002年）

国籍＼年齢	0-9歳	10-19歳	20-29歳	30-39歳	40-49歳	50-59歳	60-69歳	70-79歳
ブラジル	30,460 (11.3)	27,990 (10.4)	77,150 (28.5)	63,960 (23.7)	39,090 (14.5)	22,647 (8.4)	4,366 (1.6)	4,626 (1.7)
ペルー	6,667 (12.1)	4,816 (8.8)	14,810 (27.0)	15,270 (27.8)	8,983 (16.3)	3,533 (6.4)	692 (1.3)	171 (0.3)
アルゼンチン	345 (10.7)	273 (8.5)	729 (22.6)	945 (29.3)	628 (19.5)	242 (7.5)	53 (1.6)	13 (0.4)
メキシコ	146 (8.4)	108 (6.2)	424 (24.5)	642 (37.0)	305 (17.6)	74 (4.3)	28 (1.6)	7 (0.4)

注）（　）内は全体に占める割合（%）を示す。
出所）Japan Immigration Association［2002］

「フレキシブルな労働力」は、現在のところ企業にとっては低コストをもたらすものといえるが、近い将来には社会に高いコストを課す労働力に転じるとも考えられる。

以上に見てきたように、ラテン・アメリカ人の集団は、国籍・年齢の面で多様であることがわかる。

日本の外国人労働者受入れ状況

先に見たように、総務省統計局のデータによれば、全体として外国人登録者数は一九九〇年以来増加し続けている（表10―3）。一九九〇年には一〇七万五三一七人だったが、二〇〇〇年には一六八万六四四四人に達している。九〇年代初め以降危機に陥っている日本の経済状況は、彼ら／彼女らの来日を思いとどまらせるほどの影響を与えていないと考えら

表10－3　出身地域別にみた外国人登録者数の推移

地域＼年	1980	1985	1990	1995	1997	1998	1999	2000
アジア	734,476	789,729	924,560	1,039,149	1,086,390	1,123,409	1,160,643	1,244,629
北米	24,743	32,239	44,643	52,681	55,312	54,700	54,882	58,100
南米	2,719	3,608	71,495	221,865	284,691	274,442	278,209	312,921
ヨーロッパ	15,897	19,473	25,563	33,283	38,200	39,925	41,659	47,730
オセアニア	1,561	2,472	5,440	8,365	9,645	10,514	11,159	12,839
その他	3,514	3,091	3,616	7,028	8,469	9,126	9,561	10,225
合計	782,910	850,612	1,075,317	1,362,371	1,482,707	1,512,116	1,556,113	1,686,444

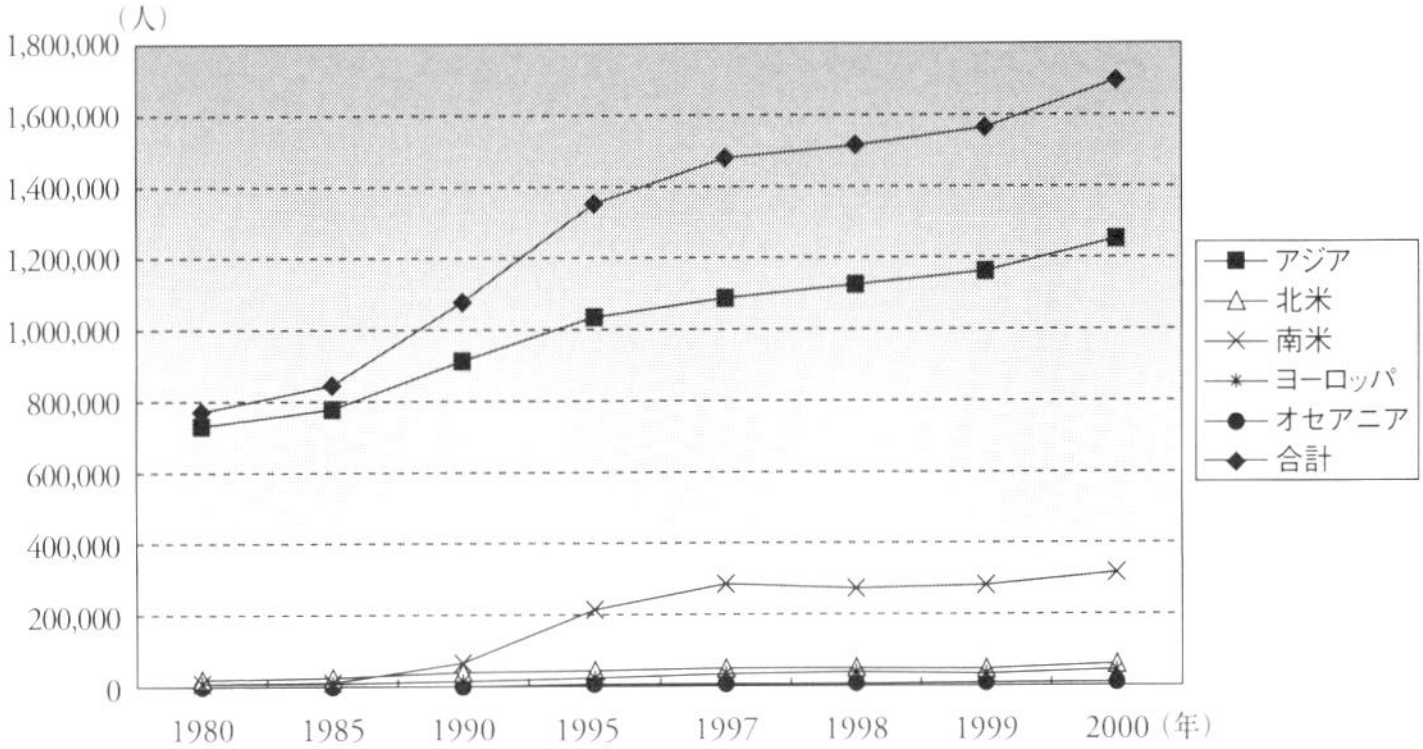

出所）Statistics Bureau［2002］

れる。

また九〇年には外国人人口の８６％をアジア系が占めていたが、二〇〇〇年には約７４％に減少している。その一方で、南米出身者の人口は九〇年の６・６％から〇〇年の１８・６％へと増大し、三一万人にのぼっている。また、改正入管法の影響で、ラテン・アメリカの中でも国籍ごとに受入れ状況は異なる。たとえばビザを免除された短期滞在の入国が許可されている国もあれば、ペルーのように許可されていない国もある（ペルーは九五年七月一五日以降、査証取得勧奨措置がとられており、査証相互免除の対象国でなくなっている）。

労働市場に占める外国人の増加と永住への希望

日本の労働市場で働く一五歳以上の外国人は、総雇用者数の約1・1%にあたる六八万四九一四人である（二〇〇一年現在）。一九九五〜二〇〇〇年の期間に、八万一三五七人、11・9%の増加となっている（Statistics Bureau [2002]）。日本の失業率が5・4%（二〇〇二年）まで悪化しているにもかかわらず外国人の雇用が増加しているということは、一般的には日本人が避けたがる仕事を彼ら／彼女らが担っていると考えうるだろう。また、今後もこうした労働力への需要は増大すると想定できる。千葉ニッケイズが提供するデータによると、ラテン・アメリカ人労働者は千葉県では主に船橋市、八千代市、成田市の三か所に居住している。彼ら／彼女らの多くが働いているのは製造業（コンピュータ関連、AV機器、セメント、アルミニウム、窓枠、自動車部品）、食品産業（主に弁当工場）、東京国際空港近辺のサービス業である。

そして法務省の報告によると、永住資格を持つ外国人が増加し続けているという。その数は一九九八年で九万三三六四人である。ここからは、「定住者」及び「日本人の配偶者等」の資格で在留していた人々が日本永住を決意したと推測しうる（法務省二〇〇〇年のデータ　www.moj.go.jp/ENGLISH/IB/IB2000/ib02.html）。このデータに基づくなら、多くの入国者は、当初は一時的な在留資格で日本へ入国したとはいえ、永住する意図を持っていたと結論できるだろう。ちなみに、非合法的労働者の数について、二〇〇二年一月時点で法務省は二二万四〇六七人と推計しているが（International Press [2002]）、三〇万人という非公式統計もある（Douglas & Roberts [2000] p.7）。合法的労働者が長期滞在を望んでいるという事実をふまえれば、非合法的な労働者たちも同じ理由で長期滞在を意図していると推測できる。

日系人の移民に関しても、これまでは一時的な滞在者と考えられていたが（JITCO [2002]）、今回の調査からは、日系人労働者は賃金の問題だけでなくいくつかの理由から永住を望んでいることがわかった。

「私は従兄弟たちに勧められて日本に来ました。その当時、メキシコではもっと稼いでいました。でも、私は日本を探検したかったんです。今では向こうに戻るつもりはありません」（情報提供者22）

日本に来ることで、生活水準を上げたいというラテン・アメリカ人たちの夢の少なくとも一部は満たされてきた。今日、彼ら／彼女らはその夢を子どもに伝えようとしているようである。親たちは、出身国へ戻ることは、日本で育ち、教育を受けた子どもたちにとって損失だと考えている。

「娘たちには日本に留まってほしいと思います。なんのためにメキシコに戻る必要があるでしょう？あちらの状況は日に日に悪化しています」（情報提供者8）

このように、日系ラテン・アメリカ人の永住化傾向は次第に強くなっている。

4　労働環境と労働条件

日本人労働者との競合

次いで、ラテン・アメリカ人たちがどのような労働環境と労働条件のもとで働いているかみてみよう。合法的な移民労働者がハローワーク（公共職業安定所）で仕事を見つけようと思うと、まず遭遇するのは日本人労働者との競争である。一般にラテン・アメリカ人を含む外国人は、日本人が避けたがる3K労働に就くと考えられており（Brody［2002］p.2）、事実そのとおりである。しかし、当然日本人の中にも様々な理由でこの種の仕事に応募する人は存在する。したがって競争が生じ、その際ラテン・アメリカ人労働者の唯一の強みは多くの場合、若さと頑健さということになる。成田市の東京国際空港に近い自動車部品小企業の経営者は、日系人を含む外国人を雇用する理由について次のように語っている。「日本人の応募者もいますが、多くは中高年です。この仕事の厳しい環境に耐えられるとは思えません。ゴムを加工する私たちの製造工場では、温度が摂氏一七五度に達する工程もあります。すべての工場にエアコンを付ける余裕はないので、夏は暑く、冬は寒い。この種の仕事には若い人が必要です」（情報提供者1）

東京国際空港で日本の航空会社にケータリング・サービスを提供している企業の経営者は、なぜ多くの日系人労働者を雇っているのかという質問に対して、こう答えた。「彼らはよく働くからです。日本人より働く者もいます。母国に残した家族に送金するという目的があるからかもしれません」（情報提供者2）

また、次のように企業にとっての利点がさらに明確にわかるケースもある。「彼らは夜間勤務や日曜・祝日出勤もします。また、期限付き（有期雇用）労働者でもあるので、会社の必要に応じて労働力を調整することが容易になります。彼らはお金を稼ぐために日本に来ているので、なんでも受け入れます」（情報提供者3）

給与に関しては、概してラテン・アメリカ人労働者のほうが日本人よりも低く抑えられている。民間の労働者派遣会社（市原市）の経営者は、ブラジル人労働者だけを雇用している理由を次のように述べた。「ブラジル人を雇うのは、主に経済的理由です。彼らは安いということです」（情報提供者5）

二〇〇二年五～八月に『インターナショナル・プレス』紙に掲載された求人情報三一〇件を分析したところ、外国人労働者の平均時給は一二〇〇円だった。最も低いのが食品産業で九〇〇円前後だった。また夜間勤務のほうがより高く、ある労働者は夜勤で時給一三〇〇円を得たと述べている。夫婦の場合はたいてい共働きで稼いでいる。あるメキシコ人女性は次のように説明している。「私はできるだけ多く働いています。毎月私たちは一〇万円程度を貯金します。メキシコで母とともに暮らしている妹を支えるために

送金しています」（情報提供者8）

前述の労働者派遣会社は、パソコンのハードディスクを製造している近隣の大企業に労働者を派遣している。しかし、低賃金だけでは雇われる保証はなく、言葉（日本語）が重要な要件になりつつあるという。「現在の不景気で、受注競争はますます厳しくなっています。そこで言葉が重要になります。二人の労働者が仕事を求めてきたとして、一方は日本語を話し、もう一方は話せないとしたら、私は日本語を話せるほうの人を雇います」（情報提供者5）

ハローワークの職員も、日本語を話すことの重要性について次のように述べている。「日本語を話せることはもちろん大事です！　ラテン・アメリカ人が仕事に応募してきた場合、彼は同じ仕事を日本人と競うことになるわけですから。私たちは通常、企業に電話を入れてラテン・アメリカ人を受け入れるように依頼しますが、その際たいていの企業は日本語が話せることを求めます」（情報提供者6）

日系ブラジル人の子どもたちが通う茨城県水海道の「オプション校（ブラジル人学校）」の授業風景（2008年10月／写真提供＝田島久歳氏）

求人内容の分析では、二一一の仕事（68％）が日本語能力を求めており、「基礎的」から「流暢な」レベルまで、程度は多様である。この点について法務省で働く日系ブラジル人の通訳に尋ねたところ、彼女の返答は次のようなものだった。「ラテン・アメリカ人労働者を雇用する企業は、以前は通訳を雇っていました。しかし最近では、そのような何も生産しない人に給与を支払うムダは避けたいという認識になっています。したがって企業は通訳のコストを削減するために、外国人労働者が日本語を話すことを要求しています。指示を理解し、工場内の安全基準に従える程度の日本語は必要です。企業は事故による損失を避けたいと考えるからです」（情報提供者7）

弱い立場

移民たちが出身国の労働斡旋業者を通じて仕事を得ていることは一般によく知られている。その実態は次のようなものである。「就労ビザを持っていれば斡旋業者と契約する権利が認められます。雇う側は、健康保険と厚生年金（被雇用者と折半）のほか、契約が六か月以上なら労災保険や失業保険も負担しなければなりませんが、斡旋業者は通常これらの社会保障負担をいやがります」（情報提供者6）

これは労働斡旋業者に限らず、派遣労働者を受け入れる企業もまた、社会保障負担を避ける道を模索している。それは主に、三か月という短い契約を結ぶことで、六か月以上の契約が要件とされる失業保険[3]への加入を免れる方法を通じて行われている。ラテン・アメリカ人労働者の中には、このような慣行に同意して働いていたものの、家族が来日して状況が変わったと語る者もいる。「会社の考えは理解できます。経営者は私に、働いて貯金したいなら社会保障の掛け金を差し引かれるのは不利になると言いました。その時は私も同意しましたが、来月には家族も日本で生活を始めるので、気持ちが変わりました」（情報提供者9）

このように社会保障に関して、ラテン・アメリカ人労働者たちは弱い立場に置かれ、安心した生活を送るという点でリスクを負っているのである。

収入の面でも彼ら／彼女らは弱い立場にいる。現在の不景気の中で、たとえ収入が増えなくても仕事をし続けていかなければならないからである。先の派遣会社経営者は次のように語る。「私の会社では毎年

給与を上げてきました。しかし不景気でその方針を止め、今では昇給なしで働いてもらっています」（情報提供者5）

労働時間についてはどうか。食品産業（弁当工場）で働く情報提供者8は一日一〇時間働いている。自動車部品工場で働く情報提供者9、建設業の情報提供者10も同じく一〇時間働いている。メキシコ人の情報提供者11とペルー人の12は、すべての積荷を運ぶまで（終わりまで）働く。前述の派遣会社経営者に対する聞き取り調査では、ブラジル人労働者の勤務交替は次のように説明されており、以上の情報が裏付けられている。「彼らは、午前八時半から午後八時半までの日中勤務を六日続け、次に午後八時半から午前八時半までの夜間勤務を六日行います。休みは昼夜交替の間に一日ずつあります。この工場は三六五日操業しています」（情報提供者5）

このように、ラテン・アメリカ人労働者がフレキシブルに働いていることは明白である。また東京国際空港の貨物部門で働く労働者たちの場合、労働時間と余暇時間が明確に区別されていない。たとえば「仕事は午後二時に始まりますが、何時に終わるかはわかりません。仕事が終わるまで働きます」（情報提供者13）

日本の労働基準法は原則として一日の最大労働時間を八時間（一週間で四〇時間）と定め（労働基準法第三二条及び第四〇条）、毎週一回は休みを与えるよう（同法第三五条）定めている。しかし、現実は大きく違う。労働基準法があるというだけでは、外国人労働者の安全な労働条件は保障されないことがうかがえる。ちなみに、労働者は自分で国民健康保険に加入することもできるが、実際には多くの人が経済的事情のためそれができずにいる。

海外研修生等との競争

ラテン・アメリカ人労働者は、海外からの研修生や技能実習生との競争にも直面しており、特に後者の増加によって競争はさらに激化している。よく指摘されるように、日本の労働市場は、国際研修協力機構（JITCO）などの機関を通じて、研修生という名目の下に現実には外国人労働者をきわめて低い水準の賃金で使用している。近年、こうした研修生（実態は低賃金労働者）の増加が目立っている。一九九二年の受入れ数は八〇〇〇人だったが、九六年には二万三〇〇〇人、二〇〇〇年には三万二〇〇〇人となっている（JITCO [2002]）。一九九一～二〇〇〇年の研修生の総数は四五万人で、そのうちJITCOの研修プログラムに参加した者が最も多く、46％を占めている。海外技術者研修協会（AOTS）では、一九五九～二〇〇〇年の期間で九万七四〇三人となっている（AOTS [2002]）。研修生は研修修了後、技能実習生として、最長計三年まで日本に滞在でき、外国人労働市場の大きな部分を担っている（現在の研修制度の法的手続きでは研修期間は一年間であり、修了後の試験に合格することを条件に、技能実習生としてさらに二年の滞在期間延長が可能になる）。そして、この研修生の主な出身国となっているのが中国である。

ある経営者は、ラテン・アメリカ人労働者とは三か月契約を結んでいるのに対し、「中国人労働者とは三年契約を結んでいる」と述べた。そして、この雇用期間の格差を正当化する理由は、「中国人はラテン・アメリカ人よりも信頼できるから」というものだった。彼は次のように述べる。「ラテン・アメリカ人の問題は、仕事熱心ではないことです。とにかく彼らは仕事に来ない。そこが中国人とは違います。中国人は三年契約の間勤勉に働いて貯金し、国へ戻ります」（情報提供者1）

このように、日系ラテン・アメリカ人は現在、さらに安い労働力である研修生と3K労働を奪い合っているのが現状であり、このことが労働環境・条件をいっそう悪化させているのである。

5　ラテン・アメリカ人労働者が日本社会にもたらすもの

企業への貢献

ここまで見てきたように、日系ラテン・アメリカ人労働者は、他の外国人労働者と競合しつつ厳しい労働環境の下で働いている。こうした現状は決して望ましいものとはいえないが、他方で企業にとっては生産性の面で多大なメリットがあり、この点からいうと日本の企業への貢献は大変大きいと考えられる。

一般に生産性について論じる際には、「全要素生産性」と「要素別生産性」を区別する。要素別生産性とは投入量に対する産出量の割合を生産要素別に見る指標で、たとえば労働生産性（労働力の一単位に対する産出量）、資本生産性（設備などの資本一単位に対する産出量）などがある。通常、資本が遊ばないようにできるだけ多くの労働力を充てれば、資本の回転率が上昇し資本生産性が高まるが、労働生産性は低下する。逆に労働力が遊ばないようにできるだけ多くの資本を装備すると、労働力の回転率が上昇して労働生産性が高まり、そのかわり資本生産性は低下する。全要素生産性とは、この二つの生産性を総合し、全投入要素一単位に対してどれだけの生産性があったかを測るものである。すでに確認したように、ラテン・アメリカ人労働者の労働環境・条件は、長時間の労働、昼夜交替勤務や休日労働をいとわないこと、低賃金や危険な労働条件の受容など、労働のフレキシビリティに特徴づけられていた。企業が全要素生産性を上昇させる上で、この労働形態が労働基準法の原則を守った場合よりも有利であることは言うまでもない。彼ら／彼女らのフレキシビリティは企業に多大な貢献をしているのである。

「とても多くのラテン・アメリカ人が工場で働いています。就業先には大企業も含まれますが、特に二四時間操業しているところです。そのような労働スケジュールを満たすには、日本人労働者だけでは足りないからです」（情報提供者13）

現在日本の企業、特に中小企業は国内及び海外市場で競争するために、技術や新たな経営手法の開発よりも、低賃金・長時間労働に耐えられる労働者を活用する道を主として選択している。日系ラテン・アメリカ人労働者は、こうした柔軟な労働力として企業に雇用されることによって、日本企業に大きく貢献しているのである。

コミュニティへの影響と貢献

では、企業に対する貢献に加えて、この労働力は日本社会にどのような影響あるいは貢献をもたらしているだろうか。

ラテン・アメリカ人を含む日本への移民一般について、国連は五つのシナリオを描いている（Marshall [1964]）。そのうちの二つは移民がゼロの場合のシナリオであり、あとの三つは移民によって高齢化・低出生率という人口構成上の諸問題が解決されるというものである。現在、高齢化と出生率の低下は日本にとって避けられない課題となっている。それらが社会保障制度の維持や雇用人口の確保などを困難にし、社会的・経済的な問題を引き起こすことは目に見えている。国連のシナリオは、こうした課題の解決に移民の果たす役割が大きいと捉えているのである。したがって、国連のシナリオに基づけば、日本人が現在の生活水準を維持する上で、引き続きラテン・アメリカからの移民を受け入れることは日本社会にとってプラスとなるといえるだろう。

では、こうした移民の人々はこれまで日本のコミュニティにどのような貢献あるいは影響を与えてきたのか、そして将来何をもたらすのだろうか。市民権をめぐる理論的考察については後で触れることにして、ここでは次のことを述べておきたい。それは、移民は日本人とはきわめて異なる文化的伝統を持つ存在であり、両者の交流は日本をより開放的な社会に向かわせる可能性があるということである。たとえば宗教に注目してみよう。よく知られているように、ラテン・アメリカ移民の大部分はカトリック信者である。そして現在、特に日本の大都市において、カトリック信者の数は日本人よりも移民集団の方が多くなっている。本稿で調査した千葉県においても同様である。千葉県のカトリック信者の６８％（一万三二三〇人）が外国人である。彼ら／彼女らにとって教会は社会活動に参加する場所であり、その活動を通して多文化的な環境が形成されている。

外国人信者が多くを占めつつある日本のカトリック教会では、移民の人々を積極的に受け入れ、彼ら／彼女らの生活を支えるためにスペイン語、ポルトガル語、英語のミサを実施し始めている。また、司祭による礼拝以外に、労働、入国手続、人権、日常生活、日本語等に関する問題にも助言を与えている（カトリック東京国際センター千葉事務所のパンフレットより）。今回の調査で成田と実籾のカトリック教会のミサに定期的に参加したところ、前者ではスペイン語、後者ではポルトガル語でミサが行われ、様々な活動が取り組まれていた。そして、こうした教会を中心としたニューカマーの受入れを通して、外のコミュニティとの交流も見られるようになっている。

ラテン・アメリカ人労働者の中には、カトリック教会だけでなく、創価学会などの新興宗教に参加している者もいる。筆者は佐倉市で、主に六人の日系ラテン・アメリカ人とただ一人の日本人で行われている新興宗教の集会に出会ったこともある。いずれにしても、そこでは宗教活動を通して、日本人との親密な人間関係が形成されつつあることが見て取れた。そしてそうした人間関係が、教会が行うバザーなどを通して外の世界に広がりつつある。

こうした活動の積み重ねが、地域コミュニティにおいて、日本人とラテン・アメリカ人との相互理解と尊敬を育む大きな要因となっている。そして、このことが日本社会を開放的な社会へ向かわせると筆者は信じている。この意味では、日系ラテン・アメリカ人は日本社会全体に大きな貢献を与えうると思われる。

おわりに

これまで見てきたように、近年ラテン・アメリカからの移住者が増え、彼ら／彼女らは確実に日本の労働力の一翼を担うとともに、その永住化の傾向は強まっている。そうしたなかで、移住者たちは日本の地域コミュニティにも深く入り込みつつある。こうした現実は、市民権の概念に関する議論を改めて日本社会に投げかけることになるだろう。

市民権概念については大きく分けて二つのアプローチがある。一つは主として権利の観点から論じられるもの、たとえばイギリスの社会学者T・H・マーシャル（一八九三〜一九八一）の議論である。いま一つは、近年みられるようになったもので、コミュニティ構成員間の負担の平等性、つまり義務の観点から市民の資格が定義されるべきとする議論である（Kymlicka & Norman［1994］）。前者の見方に立てば、諸権利は市民性に内在するものである。一方後者の見方からすると、市民権を付与されるにはその資格にふさわしい「良き市民」であることが前提となる。

マーシャルの議論を基礎とする第一のアプローチでは、市民性は諸権利の獲得手段とみなされ（Marshall［1964］）、そこでは市民権は進化論的に拡大するものとして提示されている。歴史的に見ると一八世紀には公民権、一九世紀には政治的権利、そして二〇世紀になって社会的権利（社会権）が市民権として付け加えられてきたのであり、市民権はこのように進化／深化するものとして理解されていたのである。またそこでは市民性は諸権利に関連した地位として理解され、国家は何らかの恩恵を市民に与えるべきだということが含意されていた。

これに対して第二のアプローチは、極めて異なる経済環境から生まれた。このアプローチに最も深い関連を持つのが、一九八〇年代に現れたいわゆる「ニュー・ライト」である（CELADE［2002］，Statistics Bureau［2002］）。この立場は、権利の観点に立った戦後の市民権概念の規定は自由の原則と矛盾していると主張し、両者は対立するものであると考えた（Kymlicka & Norman［1994］p.355）。それに加え、戦後の市民権概念は経済的な欠陥を持つものであると批判した。ニュー・ライトは、自らの経済的必要を満たす能力を持たない市民を「恥」と見なし、「貧しい者たちが社会的・文化的統合の保障を求めるのであれば」、自ら生計を立てる責任を負うべきだと主張した（*ibid.*, p.356）。ニュー・ライトは、市場の諸力に依拠して「有益な市民」とは何かを問い、市民の「選択」を行うことを主張したのである。し

●ニュー・ライト（New Right）　特に1980年代の欧米で，英サッチャー・米レーガン両政権の政治思想を指して使われた言葉であるが，内容的には新保守主義（ネオコン＝Neoconservatism）とほぼ同義であり，かつ新自由主義とも重なる部分が大きい。70年代後半以降，とりわけ米国で影響力を発揮した政治潮流であり，旧来の産業保護・伝統主義などを特徴とする保守主義と対比して「新保守主義」と呼ばれる。①経済政策における自由放任主義，②キリスト教との密接な関係に基づく社会・道徳観の強制，が特徴。具体的には①が「小さな政府」と市場原理主義に基づく規制緩和や福祉削減などとして政策化される。②は中絶や同性愛への反対による「社会の道徳的浄化」や「対テロ戦争」へ向かう。近年の米国はこれらの政策による社会結束の綻びを経験しつつあり，新保守主義ないし新自由主義こそが「安心社会」の最大の障害であることを証明したとさえ言えよう。

かしながら、この市民権概念は結局のところ、特権を持たない多くの階級を社会に包摂することに失敗した。つまり、「それは下層階級を拡大した」(*ibid.*, p.357) のである。

「安心社会」の構築を考える際には、マーシャルの市民権概念に改めて注目する必要がある。マーシャルの議論では、市民権の概念が社会的に変化することが前提となっている (Shafir [1998] p.13)。そして、この市民権概念の社会的変化の要素こそが、日本で現在起こっている変化を解釈するのにふさわしく、興味深いと思われる。増え続け、永住化しつつある日系ラテン・アメリカ人たちが日本社会に経済的・社会的・文化的貢献をもたらしている現実を無視することはもはや不可能である。市民権概念は、この現実の変化の中で新たに拡大される必要があるだろう。「市民権の拡大は国家への新たな集団の編入と関連している」(*ibid.*) のであり、日本社会はまさにこうした現実に直面しているのである。

繰り返せば、市民権概念は、国民国家に限定された範囲とはいえ、一般的にはマーシャルの言うように地理的および機能的な必要に応じて拡大されてきた。これまで日本は同質的な社会だと言われてきたが、現実は違う。近年の移民労働者の拡大は、日本社会に新たな多様性をもたらしつつある。そしてこの現実は、市民権概念の新たな拡大の必要性を日本社会に突きつけている。移民労働者は、労働しコミュニティに参加することによって日本社会に包摂されているのであり、たとえニュー・ライトの立場に立ったとしても同等な市民権を要求する権利があると考えるのが妥当なのである。

とはいっても、公民権、政治的権利、社会的権利といった市民権概念の進化／深化の道は、残念ながらマーシャルが描いたような平坦な道のりではなく、社会的闘争を通じて成し遂げられたものだということを心に留めておかなければならない。したがって、日本社会においても市民権概念の再考にはおそらく様々な社会的闘争がともなうだろう。すでに現実にそうした運動が草の根レベルで起きつつあることに注目したい。まずそれは在日コリアンの人々の中から顕在化してきたし、本稿でインタビューした日系ラテン・アメリカ人たちの多くもそうした運動を求め始めている。こうした運動と闘争を通じた市民権概念の再考によって初めて、日本社会は開かれた社会へと転換していくに違いないと確信する。いち早くグローバル化が進んだ欧米でも、市民権の拡大を進め、社会を開かれたものへと転換する運動と闘争が展開しつつある。日系ラテン・アメリカ人労働者の増加・定住化は、日本における市民権概念の再考と開かれた社会の実現という意味においても、日本社会に多大な示唆を与えるものである。

注

1　二〇〇八年秋以降の米国発の経済危機が日本へも及ぶ中で、日系ラテン・アメリカ人の解雇が増えている。しかし、逆説的ではあるが、彼ら／彼女らが日本企業の「雇用の安全弁」である限り、長期的には日本企業が日系ラテン・アメリカ人労働者を必要とする状況に大きな変化はないであろう。

2　公式統計では人数の少ない集団は「その他」に分類されているため、出身国の分類が不明確で、正確に分析できない場合もあった。しかしそのような制約はあるにせよ、日本におけるラテン・アメリカ人労働者の状況の全体像を把握する上で公式統計はやはり有用であると考え、考察に使用したものである。

3　現在では正式には「雇用保険」と呼ばれている。雇用保険法に定められた雇用保険事業には、失業等給付（求職者給付、就職促進給付、教育訓練給付、雇用継続給付）、雇用安定事業、能力開発事業、の三つがある。雇用保険とは、これらを行うために国が運営する保険の制度。保険者は国で、ハローワークが事務を取り扱う。保険料は事業主と労働者が原則折半で負担する。

CELADE（División de Población, Comisión Económica para América Latina y el Caribe：国連ラテン・アメリカ／カリブ経済委員会CEPALの人口統計部門）［2002］*Estudio Económica de América Latina y del Caribe 2001-2002*（www.eclac.cl/cgibin/getPord.sap?xml=/publicationes/xml/2/10722.xml&xsl=/de/tpl/p9f.xsl）

Douglas, M. & Robert, G.［2000］*Japan and Global Migration:Foreign Workers and the Advent of a Multicultural Society,* London: Routledge

Hayase,Yasuko［2000］*International Migration and Structual Change in the APEC Member Economies,* Tokyo: IDE-JETRO and APEC

International Press［2002］*Linha de produçāco parece formigas trabalhando,* 25th May

Japan Immigration Association［2002］*Statistics on the Foreigners Registered in Japan*

Kagami, Mitsuhiro［2002］"Japan and Latin America," in Kurt W. Radtke & Marianne, W. (eds.), *Competing for Integration Japan, Europe, Latin America, and their Strategic Partners,* London: M. E. Sharpe

JITCO（Japan International Training Cooperation Organization：㈶国際研修協力機構）［2002］*Training and Teaching Internship Training Program, Result and Issues,* Tokyo: JITCO

Kymlicka, Will & Norman,W.［1994］*Return of the Citizenship: A Survey of Recent Work on Citizenship Theory in Ethics,* Chicago: University of Chicago Press

Marshal, Thomas Humphrey［1964］"Citizenship and Social Class," in *Class, Citizenship and Social Development,* New York: Doubleday & Company

Shafir, Gershon (ed.)［1998］*The Citizenship Debates: a Reader,* Minneapolis: University of Minnesota Press

Statistics Bureau（総務省統計局）［2001］*Labour Forces Status Result from the 2000 Population Census of Japan*（www.stat.go.jp/english/info/news/1842.htm）

——————［2002］*Japan Statistical Yearbook 2002*（www.stat.go.jp/english/data/nnenkan/1431-02.htm）

【ウェブサイト】

●中小企業基盤整備機構・国際室「日本の中小企業情報」 www.sme.ne.jp/

●法務省移民局 www.moj.go.jp/

●労働政策研究・研修機構（JILPT） www.jil.go.jp/

——— ［1993b］「クリチバ市のユニークなゴミ対策プロジェクト」，『グローバルネット』29号
——— ［1993c］「クリチバの環境教育――社会問題解決にも予想以上の結果」，『グローバルネット』31号
——— ［1993d］「特徴あるクリチバの交通システム」，『グローバルネット』33号
服部圭郎［2004］『人間都市クリチバ――環境・交通・福祉・土地利用を統合したまちづくり』学芸出版社
福島義和［1998］「エコシティ・クリチバの都市計画」，『ラテンアメリカ・レポート』Vol.15, No.1
ラビノビッチ，J. &レイトマン，J.［1996］「クリチバ市にみる人間重視の都市計画」，『日経サイエンス』5号

【ウェブサイト】
- クリチーバ研究・都市計画学会（Research and Urban Planning Institute of Curitiba） www.ippuc.org.br/
- クリチーバ市役所　www.curitiba.pr.gov.br/
- 日本国土交通省・環境とエネルギーに配慮した新都市づくりのためのウェブサイト www.mlit.go.jp/kokudokeikaku/iten/kankyo/index.html
- パラナ州政府　www.ipardes.gov.br/

●第９章

De Melo Neto Segundo, João Joaquim e Magalhães, Sandra［2003］*Banco Palmas Ponto a Ponto*, Fortaleza: Expressão
Palma Allende, Christian［2002］"QUÉ PASA EN EL TRUEQUE CHILENO MULTIRECÍPROCO CON MONEDA SOCIAL?" (http://money.socioeco.org/documents/146pdf_Chile.pdf)
Primavera, Heloisa, Covas, Horacio y De Sanzo, Covas［2001］"Reinventando el Mercado" (http://digilander.libero.it/paolocoluccia/Reinventando.htm)
Toffler, Alvin［1980］*The Third Wave*, New York：Bantam Books（アルビン・トフラー／鈴木健次他訳［1980］『第三の波』日本放送出版協会）
Verón Ponce, María Belén, Heredia, Lorena y José Sánchez, Juan［2003］"el Trueque: expresión de Economía Solidaria" (http://money.socioeco.org/documents/149rtf_trocES.rtf)
廣田裕之［2001］『パン屋のお金とカジノのお金はどう違う？』オーエス出版
———［2005］『地域通貨入門――持続可能な社会を目指して』アルテ
リエター，ベルナルド／小林一紀訳［2000］『マネー崩壊――新しいコミュニティ通貨の誕生』日本経済評論社

●第10章

AOTS（The Association for Overseas Technical Scholarship：㈶海外技術者研修協会）［2002］*AOTS Management Training Courses*, Tokyo: AOTS
Bauböck, Rainer［1994］*Transnational citizenship: membership and rights in international migration*, Aldershot: E.Elgar
Brody, Betsy［2002］*Opening the door: Immigration, Ethnicity, and Globalization in Japan*, London: Routledge

Censo de Población de 2001," *ICONOS*, No.17, Quito: FLACSO-Ecuador

INEC (Instituto Nacional de Estadística y Censos)［1990］*V Censo de Población y IV de Vivienda,* Quito: INEC

Schodt, David W.［1987］*Ecuador: An Andean Enigma,* Boulder: Westview Press

Treakle, Kay［1998］"Ecuador: Structural Adjustment and Indigenous and Environmentalist Resistance," in Jonathan A. Fox and L. David Brown (eds.), *The Struggle for Accountability: The World Bank, NGOs, and Grassroots Movements,* Cambridge, Massachusetts and London: The MIT Press

van Nieuwkoop, Martien & Jorge E. Uquillas［2000］"Defining Ethnodevelopment in Operational Terms: Lessons from the Ecuador Indigenous and Afro-Ecuadorian Development Project," Latin America and Caribbean Region Sustainable Development Working Paper No.6, Washington D.C.: World Bank

World Bank［2003］"Indigenous and Afro-Ecuadorian Peoples Development Project," Implementation Completion Report, Washington D.C.: World Bank

新木秀和［2000］「噴出するエクアドル先住民運動——九〇年蜂起から一月政変へ」,『ラテンアメリカ・カリブ研究』7

浦野千佳子［2001］「マプチェ族に見るチリの先住民族問題」,『ラテンアメリカ・レポート』18巻2号

野口洋美［2003］「農民組織の経済的機能と家計の関わり——エクアドル高地農村部における事例研究から」,『アジア経済』44巻7号

【ウェブサイト】

- エクアドル先住民族連合（CONAIE） http://conaie.nativeweb.org/
- エクアドル先住民・アフロ系開発プロジェクト（PRODEPINE） www.prodepine.org/

●第8章

Almanaque KURYTYBA［2003］Eduardo Fenianos, Curitiba

Gerenciamento de Resíduos Sólidos Urbanos no Município de Curitiba, Departamento de Limpieza Pública-Prefectura Municipal de Curitiba

Hitoshi Nakamura［2005］"CURITIBA: Today's City of the Future," *APPROACH*, Autumn, TAKENAKA CORPORATION

川内美彦［2005］「都市環境デザイン・クリチバ①——緑あふれる南米の高原都市 そのダイナミックなまちづくりはどこまでも『人間中心』」,『ユニバーサルデザイン』春期号

———［2005］「都市環境デザイン・クリチバ②——都市と人間が共存するクリチバ それは，行政と市民によるコラボレーションの産物だった」,『ユニバーサルデザイン』夏期号

田中字［1999］「ブラジル・クリチバ市が挑戦した『緑』の改革」,『日経ECO21』5月号

戸井十月［2000］「切り崩さず埋め立てず，あるがままの都市計画を日本も考え直すべきときだ」,『THE GOLD』3号

中村矗［1993a］「環境都市クリチバと公園・緑地づくりの工夫」,『グローバルネット』27号

●第6章

ABONG［2002］*ONGs no Brasil 2002: perfil e catálogo das assosiadas à ABONG,* São Paulo
Almanaque Abril［1998］*Almanaque Abril,* São Paulo: Editora Abril
ECLAC［2008］*Social Panorama of Latin America 2007,* Santiago : UN, ECLAC
IBGE［1981］*Anuário Estatístico do Brasil 1981*
――［2008］*Pesquisa Nacional por Amostra de Domicílios-PNAD 2007: síntese de indicadores 2007,* Rio de Janeiro : IBGE
MEC［2002］*Fatos sobre a educação no Brasil: 1994-2001,* Brasília: Ministério da Educação
MRE（Movimento República de Emaús）［2002a］*Relatório da RPV,* Belém, MRE
――――――――――［2002b］*Relatório de atividades Ano 2001,* Belém, MRE
O Liberal, "projeto leva esperança a meninos do Barreiro," 2003/08/15
Shift, Anthony［1997］*Children for Social Change:Education for citizenship of street and working children in Brazil,* Nottingham: Educational Heretics Press
ガドッチ，モアシル／野元弘幸訳［2003］「ラテンアメリカにおける民衆教育の歴史と思想」，江原裕美編『内発的発展と教育』新評論，pp.355-382
久木田純［1998］「エンパワーメントとは何か」，久木田純・渡辺文夫編『現代のエスプリ　エンパワーメント』376号，至文堂，pp.10-34
篠田武司［1999］「開発と市民社会――ブラジルにみる新たな開発の流れ」，小池洋一・堀坂浩太郎編『ラテンアメリカ新生産システム論――ポスト輸入代替工業化の挑戦』アジア経済研究所，pp.301-339
滝澤武久［1998］「教育と内発的動機づけ」，久木田純・渡辺文夫編『現代のエスプリ　エンパワーメント』376号，至文堂，pp.136-145
田村梨花［2001］『ブラジルのコミュニティ教育――NGOによる教育活動の質的理解をめざして』上智大学イベロアメリカ研究所，〈ラテンアメリカ研究シリーズ〉No.21
――――［2002］「カルドーゾ政権における教育開発」，『イベロアメリカ研究』24巻2号，イベロアメリカ研究所，pp.59-69
――――［2003］「モヴィメント・レプブリカ・デ・エマウス」，江原裕美編『内発的発展と教育』新評論，pp.171-179
――――［2008］「ブラジルの社会政策における市民社会との連携」，『イベロアメリカ研究』29巻2号，pp.45-65
野元弘幸［2002］「グローバル時代のブラジルの教育」，富野幹雄・住田育法編『ブラジル学を学ぶ人のために』世界思想社，pp.131-152
フリードマン，ジョン／斉藤千宏・雨森孝悦監訳［1995］『市民・政府・NGO――「力の剝奪」からエンパワーメントへ』新評論
森田ゆり［1998］『エンパワメントと人権――こころの力のみなもとへ』解放出版社

●第7章

Chiriboga, Manuel y Lourdes Rodríguez［1999］"El Sector Agropecuario Ecuatoriano: Tendencias y Desafíos," *Volver los ojos al campo,* Bogotá: CINEP-ALOP-ILSA
Guzmán, Mauricio León［2002］"Etnicidad y exclusión en el Ecuador: una Mirada a partir del

治』平凡社

●第5章

Canto, Manuel [1998] "La participación del las organizaciones civiles en las políticas públicas," en José Luis Méndez (coordinador), *Organizaciones civiles y políticas públicas en México y Centroamérica,* México, D.F.: Academia Mexicana de Investigaciones políticas públicas, Miguel Angel Porrúa

Chant, Silvia [1994] "Women, Work and Household Survival Strategies in Mexico, 1982-1992," *Bulletin of Latin American Research,* Vol.13, No.2

CEPAL [1994] *Panorama social en América Latina,1994,* Santiago de Chile: CEPAL

Conde Bonfil, Carola [2000] *¿Pueden ahorrar los pobres?: ONG y proyectos gubernamentales en México,* Toluca: El Colegio Mexiquense

Datta, Rekha & Judith Kornberg [2002] "Introduction: Empowerment and Disempowerment," in Datta, Rekha & Judith Kornberg (eds.), *Women in Developing Countries*, Boulder: Lynne Rienner

Espinosa Domián, Gisela [1993] "Feminismo y movimiento de mujeres:encuentros y desencuentros," *El Cotidiano*, 53, marzo-abril

González Montes, Soledad [1999] "Los aspectos de las ONG a la salud reproductiva en México,"en Soledad González Montes (coordinadora), *Las organizaciones no gubernamentles mexicanas y la salud reproductiva,* México, D.F.: El Colegio de México

Lau, Ana [2002] "El nuevo movimiento feminista mexicano a fines del milenio," en Eli Bartra et al. (eds.), *Feminismo en México, ayer y hoy,* México, D.F.: Molinos de Viento, UAM

Lustig, Nora [2001] "Introduction," in Nora Lustig (ed.), *Shielding the Poor: Social Protection in the Developing World,* Washington: Brookings Institution Press & Inter-American Development Bank

Pastor, Manuel & Carol Wise [1997] "State Policy, Distribution and Neoliberal Reform in Mexico," *Journal of Latin American Studies,* No.29

Rodríguez, Victoria E.[2003] *Women in Contemporary Mexican Politics,* Austin: University of Texas Press

Sen, Gita & Karen Grown [1988] *Desarrollo, crisis y enfoques alternativos: Perspectivas de la mujer en el tercer mundo,* México, D.F.: El Colegio de México（英語版は1985年出版）

Stephen, Lynn [1992] "Women in Mexico's Popular Movements," *Latin American Perspectives,* Vol.19, No.1, Winter

Tarrés, María Luisa [1996] "Espacios privados para la participación pública: algunos rasgos de las ONG dedicadas a la mujer," *Estudios Sociológicos,* XIV:40, enero-abril

——————— [1998] "The Role of Women's NGO in Mexican Public Life," in Victoria E. Rodríguez (ed.), *Women's Participation in Mexican Political Life,* Boulder: Westview Press

畑惠子［2001］「第3章　メキシコ低所得層における女性労働の変容と社会政策」，宇佐見耕一編『ラテンアメリカ福祉国家論序説』アジア経済研究所

モーザ，キャロライン／久保田賢一・久保田真弓訳［1996］『ジェンダー・開発・NGO——私たち自身のエンパワーメント』新評論

Olvera, Luis, Piazza, María, y Vergara, Ricardo [1991] *Municipios: desarrollo local y participación,* Lima: DESCO

Pásara, Luis, Delpino, Nena, Valdeavellano, Rocío, *et al.* [1992] *La otra cara de la luna: nuevos actores sociales en el Perú,*. Buenos Aires: Centro de Estudios de Democracia y Sociedad

Parodi, Jorge (ed.) [1993] *Los pobres, la ciudad y la política,* Lima: Centro de Estudios de Democracia y Sociedad

Pease, Henry (ed.) [1991] *Construyendo un gobierno metropolitano: políticas municipales 1984-1986,* Lima: Instituto para la Democracia Local

Portocarrero S., Felipe, Millán, Armando, Loveday, James, *et al.* [2006] *Capital social y democracia: explorando normas, valores y redes sociales en el Perú,* Lima: Centro de Investigación de la Universidad del Pacífico

Remy S., María Isabel [2005] *Los múltiples campos de la participación ciudadana en el Perú: un reconocimiento del terreno y algunas reflexiones,* Lima: IEP

Rojas, Julio [1989] *Gobierno municipal y participación ciudadana: experiencia de Lima metropolitana 1984-1986,* Lima: Fundación Friedrich Ebert

Sara La Fosse, Violeta [1984] *Comedores comunales: la mujer frente a la crisis,* Lima: Grupo de Trabajo, Servicios Urbanos y Mujeres de Bajos Ingresos

Starn, Orin [1991] "*Con los llanques todo barro*": *reflexiones sobre rondas campesinas, protesta rural y nuevos movimientos sociales,* Lima: IEP

Stokes, Susan [1995] *Cultures in Conflict: Social Movements and State in Peru,* Berkeley: University of California Press

Tanaka, Martín [2001] *Participación popular en políticas sociales: cuándo puede ser democrática y eficiente y cuándo todo lo contrario,* Lima: IEP

Tovar, Teresa [1986] "Barrios, ciudad, democracia y política," en Eduardo Ballón (ed.), *Movimientos sociales y democracia: la fundación de un nuevo orden,* Lima: DESCO, pp.67-142

Zapata, Antonio [1996] *Sociedad y poder local: la comunidad de Villa El Salvador 1971-1996,* Lima: DESCO

Zárate Ardela, Patricia (ed.) [2005] *Participación ciudadana y democracia: perspectivas críticas y análisis de experiencias locales,* Lima: IEP

Zolezzi, Mario [1984] "Canto Grande: entre los mitos y la realidad de un trabajo barril," en Francisco Eguiguren, *et al., Esperiencias de promoción del desarrollo y organización popular,* Lima: DESCO, pp.79-93

Zolezzi, Mario, y Calderón, Julio [1985] *Vivienda popular: autoconstrucción y lucha por el agua,* Lima: DESCO

大串和雄 [1995]『ラテンアメリカの新しい風——社会運動と左翼思想』同文舘出版

国際協力事業団 [1995]『参加型開発と良い統治』分野別援助研究会報告書

村上勇介 [1999]「ペルーにおける下層民と政治——1980年代以降の研究の特徴と今後の展開に向けての課題」,『地域研究論集』国立民族学博物館地域研究企画交流センター, 2巻1号, pp. 141-179

———— [2002]「ペルーの下層の人々にとって民主主義の持つ意味」,『国際政治(特集:「民主化」以降のラテンアメリカ政治)』日本国際政治学会, 131号, pp. 80-95

———— [2004]『フジモリ時代のペルー——救世主を求める人々,制度化しない政

Boggio, Ana, Boggio, Zolia, Cruz, Hugo de la, *et al*.[1990] *La organización de la mujer en torno al problema alimentario: una aproximación socioanalítica sobre los comedores de Lima metropolitana, década del '80,* Lima: Centro Latinoamericano de Trabajo Social

Bracamonte, Jorge, Millán, Armando y Vich, Víctor, eds.[2004] *Sumando esfuerzos: doce experiencias de participación ciudadana en la gestión local 2003,* Lima: Red para el Desarrollo de las Ciencias Sociales en el Perú

Calderón, Julio, y Valdeavellano, Rocío [1991] *Izquierda y democracia, entre la utopía y la realidad: tres municipios en Lima,* Lima: Instituto de Desarrollo Urbano

Collier, David [1978] *Barriadas y élites: de Odría a Velasco,* Lima: IEP

Córdova, Patricia [1996] *Liderazgo femenino en Lima: estrategias de sobrevivencia,* Lima: Fundación Friedrich Ebert

Cotler, Julio [1968] "La mecánica de la dominación interna y del cambio social en la sociedad rural," en José Matos Mar, *et al., Perú problema: cinco ensayos,* Lima: Francisco Moncloa Editores S.A., pp.145-188

―――――― [1978] *Clases, estado y nación en el Perú,* Lima: IEP

Días-Albertini Figueras, Javier, y Heredia Alarcón, Nadie (eds.)[2003] *La persuación del cambio: la formación de líderes desde las ONGs,* Lima: Escuela para el Desarrollo

Delpino, Nena [1992] "Las organizaciones femeninas por la alimentación: un menú sazonado," en Luis Pásara, *et al., La otra cara de la luna: nuevos actores sociales en el Perú,* Buenos Aires: Centro de Estudios de Democracia y Sociedad, pp.29-72

Frías, Carlos [1989] *Experiencias de gestión del habitat por organizaciones populares urbanas,* Lima: Centro de Investigación Documentación y Asesoría Poblacional e Instituto Francés de Estudios Andinos

Grompone, Romeo (ed.)[2007] *La participación desplegada en la política y sociedad: temas olvidados, nuevos enfoques,* Lima: Red para el Desarrollo de las Ciencias Sociales en el Perú

Joseph, Jaime, y López Ricci, José [2002] *Miradas individuales e imágenes colectivas: dirigentes populares, límtes y potenciales para el desarrollo y la democracia,* Lima: Alternativa

Larrea, José [1989] *Poblaciones urbanas precarias: el derecho y el revés (el caso Ancieta Alta),* Lima: Servicios Educativos El Agustino

López, María A.[1994] "La organización popular en Lima: de la tradición comunitaria a la participación ciudadana," en Tomás R. Villasante (ed.), *Las ciudades hablan: identidades y movimientos sociales en seis metrópolis latinoamericanos,* Caracas: Editorial Nueva Sociedad, pp. 233-250

Lora, Carmen [1996] *Creciendo en dignidad: movimiento de comedores autogestionarios,* Lima: Instituto Bartolomé de Las Casas

Mansuri, Ghazala, and Rao, Vijayendra [2004] "Community-Based and-Driven Development: A Critical Review," World Bank Policy Research Working Paper 3209, Washington, D.C.: World Bank

Matos Mar, José [1984] *Desborde popular y crisis de estado: el nuevo rostro del Perú en la década 1980,* Lima: IEP

Murakami, Yusuke [2000] *La democracia según C y D: un estudio de la conciencia y el comportamiento político de los sectores populares de Lima,* Lima: IEP

Review, Vol.3, No.1
Sen, Amartya［1981］"Public Action and the Quality of Life in Developing Countries," *Oxford Bulletin of Economics and Statistics*, Vol.43, No.4
――――――［1985］*Commodities and Capabilities*, Amsterdam; New York: North-Holland
World Bank［1990］*World Development Report 1990*
石井章［1983］『ラテンアメリカの土地制度と農業構造』アジア経済研究所
内橋克人［2000］『不安社会を生きる』文藝春秋
絵所秀紀［1994］『開発と援助――南アジア・構造調整・貧困』同文舘出版
カストロ，ジョズエ・デ／大沢邦雄訳［1975］『飢餓社会の構造――飢えの地理学』みき書房
金七紀男［1986］「植民地の形成」，山田睦男編『概説ブラジル経済史』有斐閣
加茂雄三編［1985］『ラテンアメリカハンドブック』講談社
黒崎卓・山形辰史［2003］『開発経済学：貧困削減へのアプローチ』日本評論社
小池洋一・西島章次編［1993］『ラテンアメリカの経済』新評論
国連開発計画［1990］『人間開発報告書1990』国際協力出版会
――――――［1991］『人間開発報告書1991』国際協力出版会
――――――［1994］『人間開発報告書1994』国際協力出版会
――――――［1996］『人間開発報告書1996』国際協力出版会
佐野誠［2009］『「もうひとつの失われた10年」を超えて――原点としてのラテン・アメリカ』新評論
鈴木孝憲［1995］『目覚める大国　ブラジル』日本経済新聞社
――――［2002］『ブラジルの挑戦　世界の成長センターを目指して』日本貿易振興機構
玉田樹［2003］「『豊かさ』の終焉――『よりよく生きる』社会モデルへの挑戦」，『知的資産創造』6月号
鶴見和子・川田侃編［1989］『内発的発展論』東京大学出版会
暉峻淑子［1989］『豊かさとは何か』岩波新書
プラドJr.,C.／山田睦男訳［1972］『ブラジル経済史』新世界社
フランク，A. G.／吾郷健二訳［1980］『従属的蓄積と低開発』岩波書店
ミュルダール，G.／大来佐武郎監訳［1971］『貧困からの挑戦』上・下，ダイヤモンド社
森野勝好・西口清勝［1994］『発展途上国経済論』ミネルヴァ書房
山崎幸治［1998］「貧困の計測と貧困解消政策」，絵所秀紀・山崎幸治編『開発と貧困：貧困の経済分析に向けて』アジア経済研究所
ロストウ，W. W.／木村健康他訳［1974］『経済成長の諸段階――一つの非共産主義宣言』ダイヤモンド社

●第4章

Ballón, Eduardo(ed.)［1986］*Movimientos sociales y democracia: la fundación de un nuevo orden*, Lima: DESCO, Centro de Estudios y Promoción del Desarrollo
Barrig, Maruja, y Fort, Amelia［1987］*La ciudad de las mujeres: pobladores y servicios, el caso de El Agustino*, Lima: Instituto de Estudios Socioeconómicos y Fomento de Desarrollo
Blondet, Cecilia, y Montero, Carmen［1995］*Hoy, menú popular: comedores en Lima*, Lima: Instituto de Estudios Peruanos (IEP) y UNICEF

Mesa-Lago, Carmelo［1994］*Changing Social Security in Latin America,* Boulder & London: Lynne Rinner Publishers

――――［1998］"Comparative Features and Performance of Structural Pension Reform in Latin America," *Brooklyn Law Review,* Vol.64, No.3

O'Donell, Guillermo［1997］*Contrapuntos: Ensayos escogidos sobre autoritarismo y democratización,* Buenos Aires: Paiós

Panadeiro, Mónica［1991］*El sistema de Obras Sociales en la Argentina,* Buenos Aires: FIEL

Salamon, Lester M.［1995］*Partners in Public Service,* Baltimore: The Johns Hopkins University Press

Tokman, Víctor E.［1994］"Informalidad y pobreza: progreso social y modernización productiva," *El trimestre económico,* Vol.60, No.241

Tussie, Diana y Tuzzo, María Fernada［1999］"Introducción," Diana Tussie(ed.), *El BID, el Banco Mundial y la sociedad civil,* Buenos Aires: FLACSO

Tussie, Diana, Mendiburu, Marcos y Patricia I. Vásquez［1999］"Los nuevos mandatos de los Bancos Mundiales de Desarrollo: su aplicación en el caso Argentina,"Diana Tussie (ed.), *ibid*.

Verduzco, Gustavo［2001］"La evolución del tercer sector en México y el problema de su significado en la relación entre lo público y lo privado," *Estudios sociológicos,* Vol.XIX, No.55

World Bank［2000］*World Bank-Civil Society Relations,* Washington D.C.: The World Bank

宇佐見耕一編著［2001］『ラテン・アメリカ福祉国家論序説』アジア経済研究所

――――編著［2003］『新興福祉国家論　アジアとラテン・アメリカの比較研究』アジア経済研究所

ジョンソン，ノーマン／青木郁夫・山本隆訳［1993］『福祉国家のゆくえ：福祉多元主義の諸問題』法律文化社

ペストフ，ビクトール・A.／藤田暁男他訳［1996］『市場と政治の間で――スウェーデン協同組合論』晃洋書房

●第3章

Almanaque Abril 2003, Editora Abril

Andrade, Manuel Correia de［1980］*The Land and People of Northeast Brazil,* Albuquerque: University of New Mexico Press

Baer, Werner［1995］*The Brazilian Economy-Growth and Development,* Connecticut: Praeger

Kutcher, Gary P. & Scandizzo, Pasquale L.［1976］"A Partial Analysis of Sharetenancy Relationships in Northeast Brazil," *Journal of Development Economics,* No.3

Amin, Samir［1976］*Unequal Development: An Essay on the Social Formations of Peripheral Capitalism,* New York: Monthly Review Press（S.アミン／西川潤訳［1983］『不均等発展――周辺資本主義の社会構成体に関する試論』東洋経済新報社）

Cardoso, Eliana & Helwege, Ann［1997］*Latin America's Economy*, Massachusetts：MIT Press

Cardoso, Fernando Henrique & Faletto, Enzo［1971］*Dependencia y Desarollo en América Latina,* México, D.F.：Siglo Veintiuno Editores

Hirschman, A.O.［1968］*Journeys Toward Progress: Studies of Economic Policy-Making in Latin America,* New York: Greenwood Press

Myint, Hla［1985］"Organizational Dualism and Economic Development," *Asian Development*

日本リサーチセンター編［2004］『世界60カ国価値観データブック』同友館
アスレイナー，エリック・M.／西山優子訳［2004］「知識社会における信頼」，宮川公男・大守隆編『ソーシャル・キャピタル』東洋経済新報社
家計経済研究所［2002］『消費生活に関するパネル調査』
金子郁容［2004］「ソーシャル・キャピタルはコミュニティの『資本』となりうるか」，丸山真人・内田隆三編『〈資本〉から人間の経済へ』新世社
小池洋一［2005］「ポルトアレグレが作る新しい世界」，『オルタ』2005年3月号
国際協力事業団 国際協力総合研修所［2002］『ソーシャル・キャピタルと国際協力』国際協力事業団
坂田正三［2004］「ソーシャル・キャピタル」，絵所秀紀・穂坂光彦・野上裕生編『貧困と開発』日本評論社
佐藤俊樹［2002］『不平等社会日本』中央公論新社
佐藤寛編［2001］『援助と社会資本』アジア経済研究所
篠田武司［2004］「分極化する社会と新自由主義」，立命館大学現代社会研究会編『21世紀の日本を見つめる』晃洋書房
篠原一［2004］『市民の政治学』岩波書店
セン，アマルティア／池本幸生・野上裕生・佐藤仁訳［1999］『不平等の再検討』岩波書店（Sen［1992］邦訳）
橘木俊詔［1998］『日本の経済格差』岩波書店
パットナム，ロバート・D.／河田潤一訳［2001］『哲学する民主主義――伝統と改革の市民的構造』NTT出版（Putnam［1993］邦訳）
ペストフ，ビクトール・A.／藤田暁男他訳［1996］『市場と政治の間で――スウェーデン協同組合論』晃洋書房
松下冽［2004］「ネオリベラリズム型グローバリズムと反グローバリズムを越えて――途上国の参加と民主主義の視点から」，『立命館国際研究』16巻2号
宮川公男［2004］「ソーシャル・キャピタル論」，宮川公男・大守隆編『ソーシャル・キャピタル』東洋経済新報社

●第2章

CENOC［1998］*Hacia la constitución del tercer sector en la Argentina: Las actividades de las organizaciones de la comunidad inscriptas en el CENOC,* Buenos Aires: CENOC
CEPAL［2001］*Panorama social de América Latina 2000-2001,* Santiago de Chile: CEPAL
Chaves Teixira, Ana Claudia［2002］"A atuação das organizações não-governamentais: entre o estado e o conjunto da sociedade," Daginino, Evelina (ed.), *Sociedade civil e espaços públicos no Brasil,* São Paulo: Editora Paz y Terra
Esping-Andersen, Gφsta［1990］*The Three Worlds of Welfare Capitalism,* Cambridge: Polity Press
Garretón, Manuel Antonio［2001］*Cambios Sociales, actores y acción colectiva en América Latina,* Santiago de Chile：CEPAL
ILO［2004］www.ilo.org/public/english/protection/socsec/
Martínez, Daniel y Tokman, Víctor E.［1999］"Efectos de las reformas laborales: entre el empleo y la protección," Víctor E. Tokman y Daniel Martínez (ed.), *Flexibilización en el margen: La reforma del contrato de trabajo,* Ginebra: ILO

——［2006］*Social Panorama of Latin America 2006,* Santiago de Chile: CEPAL

——［2007］*Social Panorama of Latin America 2007,* Santiago de Chile: CEPAL

Encarnación, Omar G.［2003］*The Myth of Civil Society: Social Capital and Democratic Consolidation in Spain and Brazil,* New York: Palgrave Macmillan

Forwerker, Joe［2001］"Grassroots Movements, Political Activism and Social Development in Latin America: A Comparative of Chile and Brazil," *Civil Society and Social Movements Program Paper Number 4*, United Nations Research Institute for Social Development

Friedman, John［1992］*Empowerment: The Politics of Alternative Development,* Oxford: Blackwell（ジョン・フリードマン／斉藤千宏・雨森孝悦監訳［1995］『市民・政府・NGO』新評論）

Hooghe, Mare & Stolle, Dietlind (eds.)［2003］*Generating Social Capital: Civil Society and Institutions in Comparative Perspective*, New York: Palgrave Macmillan

Howard, Marc Morjé［2003］*The Weakness of Civil Society in Post-Communist Europe,* Cambridge: Cambridge University Press

Krishna, Anirudh［2002］*Active Social Capital: Tracing the Roots of Development and Democracy,* New York: Columbia University Press

Levi, Margaret［1996］"Social and Unsocial Capital: A Review of Robert Putnam's Making Democracy Work," *Politics and Society,* No.24

Prakash, Sanjeev & Selle, Per［2004］*Investing social capital,* London: Sage Publications

Putnam, Robert D.［1993］*Making Democracy Work: Civic Traditions in Modern Italy*, Princeton: Princeton University Press

Sen, Amartya［1992］*Inequality Reexamined,* Oxford: Oxford University Press

Townsend, Peter［1985］"A Sociological Approach to the Measurement of Poverty," *Oxford Economic Papers*, Vol.37

UNDP［2000］*Human Development Report 2000*（国連開発計画『人間開発報告書2000』国際協力出版会）

——［2003］*Human Development Report 2003*（国連開発計画『人間開発報告書2003』国際協力出版会）

Uslaner, Eric M.［2003］"Trust, Democracy and Governance: Can Government Politics Influence Generalized Trust?," Hooghe & Stolle (eds.), *op.cit.*

Valderrama, Mariano［1998］*El Fortalecimiento Institucional y los Acelerados Cambios en las ONG latinoamericanas,* Lima: ALPO-CEPES

Vetter, Stephen［1995］"Mobilizing Resources: The Business of Grassroots Development," *Grassroots Development,* Vol.19, No.2.

Woolcock, Michael［1998］"Social Capital and Economic Development: Toward a Theoretical Synthesis and Policy Framework," *Theory and Society,* No.27

World Bank［2001］*World Development Report 2001,* New York: Oxford University Press（世界銀行／西川潤監訳［2002］『世界開発報告2000/2001　貧困との闘い』シュプリンガー・フェアラーク東京）

————［2002］*A More Equitable, Sustainable, and Competitive Brazil: Country Assistance Strategy FY 2003-2007,* Washington D.C.: World Bank

World Values Survey Association［2002］*World Values Survey 2002,* Stockholm（電通総研・

遅野井茂雄・宇佐見耕一編［2008］『21世紀ラテンアメリカの左派政権：虚像と実像』アジア経済研究所 - JETRO
ギデンズ，アンソニー／松尾精文・小幡正敏訳［1993］『近代化とはいかなる時代か？——モダニティの帰結』而立書房（Giddens, Anthony［1990］*The Consequences of Modernity,* Cambridge: Polity Press）
——————／佐和隆光訳［1999］『第三の道——効率と公正の新たな同盟』日本経済新聞社（Giddens, Anthony［1998］*The Third Way: the renewal of social democracy*, Cambridge: Polity Press）
小池洋一［2003］「自由と公平——ブラジルの経済改革」，『ラテンアメリカ・レポート』20巻2号
———［2005］「ポルトアレグレがつくる新しい世界」，『オルタ』3月号
国連開発計画［2003］『人間開発報告書2003』，国際協力出版会（UNDP［2003］*Human Development Report 2003*, Oxford: Oxford University Press）
坂口安紀［2003］「ネオリベラル経済改革，10年後の政治的調整：特集にあたって」，『ラテンアメリカ・レポート』20巻2号
松下冽［2003］「ネオリベラル型グローバリズムと反グローバリズムを越えて（下）」，『立命館国際研究』16巻3号
バラ，アジッド・S．＆ラペール，フレデリック／福原宏幸・中村健吾訳［2005］『グローバル化と社会的排除』昭和堂（Bhalla, A. S. & Lapeyre, Frédéric［2004］*Poverty and Exclusion in a Global world*, 2nd edition, New York: Palgrave Macmillan）
フィッツパトリック，トニー／武川正吾・菊地英明訳［2005］『自由と保障——ベーシック・インカム論争』勁草書房
ベック，ウルリッヒ／東廉・伊藤美登里訳［1998］『危険社会：新しい近代化の道』法政大学出版局（Beck, Ulrih［1986］*Risikogesellschaft: Auf dem Weg in eine andere Moderne,* Frankfurt am Main: Suhrkamp Verlag）
内閣府［2004］『国民生活白書（平成16年版）』国立出版局
内閣府国民生活局［2004］『平成16年度市民活動団体基本調査』内閣府（www.npo-homepage.go.jp/report/h16kihonchousa.html）
山森亮［2009］『ベーシック・インカム入門』光文社新書

●第１章

Ahuja, V. et. al.［1997］*Everyone's Miracle?: Revisiting Poverty and Inequality in East Asia,* Washington D.C.: World Bank
Bhalla, Ajit S. & Lapeyre, Frédéric［2004］*Poverty and Exclusion in a Global World,* 2nd Edition, New York: Palgrave Macmillan（アジット・S．バラ＆フレデリック・ラペール／福原宏幸・中村健吾訳［2005］『グローバル化と社会的排除』昭和堂）
Berman, Sheri［1997］"Civil Society and the Collapse of Weimar Republic," *World Politics 49*, No. 3
CEPAL［2001-2002］*Social Panorama of Latin America 2001-2002*, Santiago de Chile: CEPAL
———［2003］*Social Panorama of Latin America 2003,* Santiago de Chile: CEPAL
———［2005］*The Millennium Development Goals: a Latin America and Caribbean perspective,* Santiago de Chile: CEPAL

各章参考文献

●序章

CEPAL, *Balance preliminar de las economías de América Latina y el Caribe,* Santiago de Chile: CEPAL，各年号

——［2004］*Anuario estadístico de América Latina y el Caribe 2004,* Santiago de Chile: CEPAL

——［2005］*The Millenium Development Goals: a Latin American and Caribbean perspective,* Santiago de Chile: CEPAL

INDEC［2005］*Mercado de trabajo: Principales indicadores, primer trimestre,* Buenos Aires: INDEC

Lagos, A. Ricardo［1995］*Effects of Extreme De-regulation of the Labour Market: Chile 1974-1990,* Santiago de Chile: ILO

Ocampo, Jos Antonio［2001］*Equity, development and citizenship-Abridged edition,* Santiago de Chile: CEPAL

Van Parijs, Philippe［1992］"Competing Justifications of Basic Income," Van Parijs (ed.), *Arguing for Basic Income: Ethical Foundations for Radical Reform,* London: Verso

——————［1995］*Real Freedom for All: What (If Anything) Can Justify Capitalism?*, Oxford: Clarendon Press（ヴァン・パリース，フィリップ／後藤玲子・齋藤拓訳［2009］『ベーシック・インカムの哲学』勁草書房）

Word Bank［2002］*World Development Report 2002,* Washington: World Bank

新木秀和［2000］「先住民と軍人の共闘？：エクアドル1月政変の背景と波紋」，『ラテンアメリカ・レポート』17巻1号

——［2000］「噴出するエクアドルの先住民運動：90年蜂起から1月政変へ」，『ラテンアメリカ・カリブ研究』7号

居神浩［2003］「福祉国家動態論への展開」，埋橋孝文編著『比較のなかの福祉国家』ミネルヴァ書房

岩田正美［2008］『社会的排除――参加の欠如・不確かな帰属』有斐閣 Insight

上谷直克［2008］「『分割政府』から『委任型民主主義』へ向かうエクアドル・コレア政権」，遅野井茂雄・宇佐見耕一編『21世紀ラテンアメリカの左派政権：虚像と実像』アジア経済研究所 - JETRO

ヴェルナー，ゲッツ・W.／渡辺一男訳／小沢修司解題［2007］『ベーシック・インカム基本所得のある社会へ』現代書館

——————／渡辺一男訳［2009］『すべての人にベーシック・インカムを基本的人権としての所得保障について』現代書館

内橋克人［2000］『不安社会を生きる』文藝春秋

小沢修司［2002］『福祉社会と社会保障改革――ベーシック・インカム構想の新地平』高菅出版

あとがき

二〇〇二年八月、編者の一人宇佐見は、貧困人口が五〇%に達した経済危機下のアルゼンチンの首都ブエノスアイレスを歩いていた。真冬の寒空のもと、ヨーロッパ風の街並の至る所にホームレスの人々が溢れていた。幼い子供を連れた家族が、毛布一枚で南から吹きつける寒風をしのぎつつ、軒下で一夜を過ごす姿を見て、同じ幼子を持つ身として胸が痛んだ。ブエノスアイレスの街がこれほどの数のホームレスで溢れる風景は、「失われた一〇年」と呼ばれた一九八〇年代の累積債務危機下においてすら、あまりみられなかった。ラテン・アメリカの都市の中でも中産層が比較的厚く、タンゴ、バレエ、オペラやクラシックなど魅力に富んだ文化芸術を多くの市民が楽しみ、活気に満ちていたあのブエノスアイレスはどこに行ってしまったのであろうかと、大きな戸惑いと悲しみにとらわれた。

アルゼンチンでは他のラテン・アメリカ諸国同様、「失われた一〇年」を契機として、九〇年代に市場機能を重視する新自由主義的政策が導入された（それ以前にもアルゼンチンとチリは七〇年代に、世界に先駆けて新自由主義改革を経験している）。その結果、八〇年代までは（フォーマルセクターに限定されていたとはいえ）存在していた雇用保障と、それに連動した社会保障機能が弱体化した。それまで安定的雇用の場であった国営企業の多くは民営化され、その過程で多くの労働者が不安定な雇用を強いられることになった。また、フォーマル労働のインフォーマル化も進行し、市場の中で個人が生存を賭けて行動しなければならない場面もしばしば出現していた。それはラテン・アメリカ的「安心社会」の崩壊であったともいえる。

二〇〇一～〇二年の経済危機が、そのようにすでに九〇年代以降不安定化していたアルゼンチン社会を襲った。職も家も失った人々が街路にひしめく状況は、程度の差こそあれ、二〇〇八年後半以降の「世界経済危機」の余波を受け、派遣労働者の解雇の拡大やホームレスの増加に苦しむ日本社会と重なってみえる。

他方アルゼンチンでは、こうした経済危機の中でむしろ市民社会が活性化し、連帯を基盤とした市民同士の互助活動やボランティア活動の活発化もみられた。第2章で紹介したNGO「連帯ネットワーク」のホームページには次のような文章がある。「がん患者、臓器移植受容者、農村学校、コミュニティ食堂、病院、そして障害を持つ人たちのニーズに対して、非常に多くの人々から支援と協力が差し出されています。（……）わたしたちは真の意味で、急速に拡大するボランティア活動領域を目撃しつつあるのです」。このような、市民同士の信頼や連帯を基にした市民社会組織の興隆は、ラテン・アメリカにおける新たな「安心社会」のひとつの柱になるであろう。

本書で紹介したように、ラテン・アメリカ全域で、こうした連帯への動きが少しずつではあるが確実に発展しつつある。しかし一方で、このような九〇年代以降のラテン・アメリカ市民社会組織の興隆は、一面においては、同地で長らく支配的であった新自由主義との多様な相互作用により形成されたものとも言える。したがってそこには当然ながら、組織の民主性や資金の面で数々の課題も存在する。本書では、これら多様な市民社会組織の内部に分け入り、人々の喜びと苦難を部分的にではあれ共有してきた経験を持つ執筆者たちが、その活動実態を肯定的側面のみならず問題点や課題をも含めて紹介し、そこから日本社会への示唆を抽出することに努めた。

二〇〇八年初秋の米国発金融危機以降、市場原理主義ないし新自由主義に対する反省の声が世界的に起こりつつある。日本政府は〇九年四月には「安心社会実現会議」という名の有識者会議を発足させた。しかし、わたしたちは「安心社会」を空疎なスローガンにしないためにも、「小さな政府」「規制緩和」の政策がもたらしたさまざまな弊害——格差の拡大と固定化、セーフティネットの崩壊、雇用不安定性など——に対する真摯な反省を行い、真に人間の生が中心に据えられた社会をめざす必要がある。そのためには、国家や市場のみを重視するのではなく、市民社会における信頼や連帯をも重んじる「安心社会」のモデルを構想する必要があろう。本書で紹介した「安心社会」の創出に向けたラテン・アメリカの経験が、新自由主義に代わる新たな開発モデル／社会モデルを模索する現代日本に対して、なにがしかのヒントを提供できれば、執筆者一同にとってこれ以上の幸いはない。

本シリーズの企画は二〇〇二年四月、新自由主義の行き過ぎに危機感を抱く研究者有志が集い、立ち上げられたものである。早くから日本の「構造改革」を鋭く批判し続けてこられた内橋克人氏にも共同編集代表としてお力添えをいただきつつ、〇五年、シリーズ第一巻『ラテン・アメリカは警告する——「構造改革」日本の未来』が刊行された。その後続巻として本書が刊行されるまでに四年余が経過してしまった。続巻をお待ちくださっていた読者の皆様、ならびに早々に原稿を提出していただいた執筆者の皆様に対し、本巻の編者として深くお詫び申し上げる。また、この企画に全面的にご賛同いただき、編集作業を忍耐強く見守ってくださった新評論編集長の山田洋氏、本巻の編集過程で原稿を丹念に読んでくださった同社編集部の吉住亜矢氏に心より感謝申し上げたい。

最後に、本書第10章の執筆者グロリア・サルガド・メンドサさんについて一言述べておきたい。グロリアさんは本書の刊行をみないまま、二〇〇八年一月に故郷のメキシコ・ベラクルス市で亡くなられた。グロリアさんは二〇〇二年の日本滞在中、在日ラテン・アメリカ人の生活・労働実態を精力的に調査され、その成果を本書に寄稿してくださった。病床からたびたび本書の刊行を心待ちにしている旨のメールをいただいたが、残念ながら生前の刊行はかなわなかった（したがって第10章については編者の責任において、各種データの更新など最低限の加筆修正を行わせていただいた）。執筆者一同、グロリアさんのご冥福を祈るとともに、日本とラテン・アメリカの社会の行く末を見極めることに全力を注いで逝った彼女に本書を捧げたい。

二〇〇九年六月

篠田武司
宇佐見耕一

田村梨花（たむら　りか）　1972年生まれ。上智大学外国語学部ポルトガル語学科准教授。社会学専攻，ブラジル地域研究。「ブラジルのコミュニティ教育――NGOによる教育活動の質的理解をめざして」（『上智大学イベロアメリカ研究所ラテンアメリカ研究シリーズ』No. 21　2001）。「教育開発と社会の変化：格差是正への取り組み」（堀坂浩太郎編『ブラジル新時代　変革の奇跡と労働者党政権の挑戦』勁草書房　2004）。［第6章］

野口洋美（のぐち　ひろみ）　1968年生まれ。東京大学大学院総合文化研究科地域文化研究専攻博士課程単位取得満期退学。「農民組織の経済的機能と家計の関わり――エクアドル高地農村部における事例研究から」（『アジア経済』44巻7号　2003），「農村開発――多民族が共存するための開発を目指して」（新木秀和編『エクアドルを知るための60章』明石書店　2006），「エクアドルの自然環境と生業経済――農村開発と先住民」（坂井正人・鈴木紀・松本栄次編『朝倉世界地理講座14　ラテンアメリカ』朝倉書店　2007）。［第7章］

中村ひとし（なかむら　ひとし［矗］）　1944年生まれ。1966年，大阪府立大学農学部造園学科修士課程修了。70年，ブラジル・パラナ州に移住。89～94年クリチーバ市環境局長を務める。現在，ブラジル新首都建設公社総裁補佐，ジャイメ・レルネル都市計画研究所コンサルタント。国連環境賞受賞。訳書ジャイメ・レルネル『都市の鍼治療』（服部圭朗との共訳　丸善　2005）。［第8章］

廣田裕之（ひろた　やすゆき）　1976年生まれ。立命館アジア太平洋大学（APU）博士後期課程単位取得退学。世界各地の補完通貨の事例やその理論的な背景を研究。『パン屋のお金とカジノのお金はどう違う？』（子安美知子監修　オーエス出版　2001），『地域通貨入門――持続可能な社会を目指して』（アルテ　2005），「地域通貨から補完通貨へ――持続可能な地域経済のための通貨システム」（西川芳昭・伊佐淳・松尾匡編『市民参加のまちづくり・事例編』創生社　2005），“Les experimentations de monnaies locales au Japon: les monnaies au service de l'uchi”.（Jerome Blanc ed., *Exclusion et liens financiers*, Paris: ECONOMICA, 2006）［第9章］

サルガド・メンドサ，グロリア・トリニダ（Gloria Trinidad Salgado Mendoza）　1961年メキシコ生まれ。ラス・アメリカス大学で国際関係修士，サセックス大学でPh. D.取得。1999年よりプエブラ自治大学教授，2002年4～6月日本貿易振興機構アジア経済研究所客員研究員。2008年2月逝去。“Citizenship as a Theoretical Framework”（*Essex Journal of Sociology*, Vol.3, 2000）他。［第10章］

櫻井純理（さくらい　じゅんり）　1963年生まれ。立命館大学大学院国際関係研究科博士後期課程修了。現在，大阪地方自治研究センター研究員，立命館大学産業社会学部非常勤講師。『何がサラリーマンを駆りたてるのか』（学文社　2002），「ホワイトカラー労働者の企業内キャリア形成」（辻勝次編著『キャリアの社会学』ミネルヴァ書房　2007），訳書M. B.スティーガー『グローバリゼーション』（共訳　岩波書店　2005）。［第10章翻訳］

寺澤宏美（てらざわ　ひろみ）　1958年生まれ。名古屋大学大学院国際開発研究科博士課程後期在学中。学術修士。日本ラテンアメリカ学会会員。研究テーマは在日日系ペルー人。「『外国人相談』における提供情報の変化――在日日系南米人を対象に」（名古屋大学大学院国際開発研究科『国際開発フォーラム』35号　2007）。［第10章コラム］

執筆者紹介
（掲載順）

内橋克人（うちはし　かつと）　1932年生まれ。経済評論家。『匠の時代』（全12巻　講談社文庫　1982－91），『破綻か再生か』（文藝春秋　1994），『規制緩和という悪夢』（共著　文藝春秋　1995），『共生の大地』（岩波新書　1995），『経済学は誰のためにあるのか』（編著　岩波書店　1997），『内橋克人　同時代への発言』（全8巻　岩波書店　1998－99），『不安社会を生きる』（文藝春秋　2000），『「人間復興の経済」を目指して』（共著　朝日新聞社　2002），『もうひとつの日本は可能だ』（光文社　2003），『「節度の経済学」の時代』（朝日新聞社　2004），『悪夢のサイクル　ネオリベラリズム循環』（文藝春秋　2006），『共生経済が始まる——世界恐慌を生き抜く道』（朝日新聞出版　2009）など。［はじめに］

篠田武司［序章・第1章］　編者紹介参照

宇佐見耕一［序章・第2章］　編者紹介参照

細江葉子（ほそえ　ようこ）　1971年生まれ。東京大学大学院経済学研究科博士課程修了。「ラテンアメリカ債務危機」（末廣昭・小森田秋夫編『自由化・経済危機・社会再構築の国際比較』東京大学社会科学研究所　2001），「連載資料　後発工業国における女性労働と社会政策　第2回：ブラジル」（『アジア経済』43巻9号　2002），「ブラジル」（仲村優一他編『世界の社会福祉年鑑2002』旬報社　2002）。［第3章］

近田亮平（こんた　りょうへい）　1971年生まれ。日本貿易振興機構アジア経済研究所・副主任研究員。ブラジル地域研究・社会学専攻。「ブラジルのルーラ労働者党政権——経験と交渉調整型政治にもとづく穏健化」（遅野井茂雄・宇佐見耕一編『21世紀ラテンアメリカの左派政権——虚像と実像』アジア経済研究所　2008）。［第3章コラム］

村上勇介（むらかみ　ゆうすけ）　1964年生まれ。京都大学地域研究統合情報センター准教授。ラテン・アメリカ地域研究，政治学専攻。『フジモリ時代のペルー——救世主を求める人々，制度化しない政治』（平凡社　2004），*La era del Chino: la politica no institucionalizada y el pueblo en busca de un salvador.*（Instituto de Estudios Peruanos, 2007）［第4章］

畑　惠子（はた　けいこ）　1951年生まれ。早稲田大学社会科学総合学術院教授。メキシコ近現代政治史専攻。『ラテンアメリカの国際関係』（共編著　新評論　1993），「メキシコ——民主化の担い手としての市民組織」（久塚純一・岡澤憲芙編『世界のNPO』早稲田大学出版部　2006），「メキシコの労働・社会保障改革」（宇佐見耕一編『新興工業国における雇用と社会保障』アジア経済研究所　2007）。［第5章］

編者紹介

篠田武司（しのだ　たけし）
1945年生まれ。立命館大学産業社会学部教授。現代社会経済学研究専攻。『新しい公共性』（共著　有斐閣　2003），『市民の社会経済学』（共編著　八千代出版　2007），『グローバル化とリージョナリズム』（共編著　御茶の水書房　2009）など。

宇佐見耕一（うさみ　こういち）
1959年生まれ。日本貿易振興機構アジア経済研究所ラテンアメリカ研究グループ長。ラテン・アメリカ社会保障論専攻。『ラテンアメリカ福祉国家論序説』（編著　アジア経済研究所　2001），『新興福祉国家論』（編著　アジア経済研究所　2003）など。

【シリーズ（全3巻）共同編集代表】
内橋克人　佐野　誠　田中祐二　小池洋一　篠田武司　宇佐見耕一

シリーズ〈「失われた10年」を超えて――ラテン・アメリカの教訓〉第3巻
安心社会を創る　ラテン・アメリカ市民社会の挑戦に学ぶ

2009年7月25日　初版第1刷発行

編　者　篠田武司
　　　　宇佐見耕一
発行者　武市一幸

発行所　株式会社 新評論

〒169-0051　東京都新宿区西早稲田3-16-28
http://www.shinhyoron.co.jp
TEL　03（3202）7391
FAX　03（3202）5832
振替　00160-1-113487

定価はカバーに表示してあります
落丁・乱丁本はお取り替えします

装訂　山田英春
印刷　フォレスト
製本　河上製本

ISBN 978-4-7948-0775-5
Printed in Japan